わかりやすい 新聞販売の 諸規則

改訂5版

新聞公正取引協議委員会

新 聞 倫 理 綱 領

2000（平成12）年6月21日制定

　21世紀を迎え、日本新聞協会の加盟社はあらためて新聞の使命を認識し、豊かで平和な未来のために力を尽くすことを誓い、新しい倫理綱領を定める。

　国民の「知る権利」は民主主義社会をささえる普遍の原理である。この権利は、言論・表現の自由のもと、高い倫理意識を備え、あらゆる権力から独立したメディアが存在して初めて保障される。新聞はそれにもっともふさわしい担い手であり続けたい。

　おびただしい量の情報が飛びかう社会では、なにが真実か、どれを選ぶべきか、的確で迅速な判断が強く求められている。新聞の責務は、正確で公正な記事と責任ある論評によってこうした要望にこたえ、公共的、文化的使命を果たすことである。

　編集、制作、広告、販売などすべての新聞人は、その責務をまっとうするため、また読者との信頼関係をゆるぎないものにするため、言論・表現の自由を守り抜くと同時に、自らを厳しく律し、品格を重んじなければならない。

自由と責任
　表現の自由は人間の基本的権利であり、新聞は報道・論評の完全な自由を有する。それだけに行使にあたっては重い責任を自覚し、公共の利益を害することのないよう、十分に配慮しなければならない。

正確と公正
　新聞は歴史の記録者であり、記者の任務は真実の追究である。報道は正確かつ公正でなければならず、記者個人の立場や信条に左右されてはならない。論評は世におもねらず、所信を貫くべきである。

独立と寛容
　新聞は公正な言論のために独立を確保する。あらゆる勢力からの干渉を排するとともに、利用されないよう自戒しなければならない。他方、新聞は、自らと異なる意見であっても、正確・公正で責任ある言論には、すすんで紙面を提供する。

人権の尊重
　新聞は人間の尊厳に最高の敬意を払い、個人の名誉を重んじプライバシーに配慮する。報道を誤ったときはすみやかに訂正し、正当な理由もなく相手の名誉を傷つけたと判断したときは、反論の機会を提供するなど、適切な措置を講じる。

品格と節度　公共的、文化的使命を果たすべき新聞は、いつでも、どこでも、だれもが、等しく読めるものでなければならない。記事、広告とも表現には品格を保つことが必要である。また、販売にあたっては節度と良識をもって人びとと接すべきである。

新　聞　販　売　綱　領

2001（平成13）年6月20日

　日本新聞協会の加盟社は、「新聞倫理綱領」の掲げる理念を販売の分野においても深く認識し、その実践を誓って、新しい「新聞販売綱領」を定める。

販売人の責務　新聞が国民の「知る権利」にこたえ、公共的・文化的な使命を果たすためには、広く人々に読まれることが不可欠である。新聞販売に携わるすべての人々は、それぞれの仕事を通じ、民主主義社会の発展に貢献する責務を担う。

戸別配達の堅持　新聞は読者のもとに届けられてはじめて、その役割を果たすことができる。新聞がいつでも、どこでも、だれもが、等しく読めるものであるために、われわれは戸別配達を堅持し、常に迅速・確実な配達を行う。

ルールの順守　新聞販売に携わるすべての人々は、言論・表現の自由を守るために、それぞれの経営の独立に寄与する責任を負っている。販売活動においては、自らを厳しく律し、ルールを順守して節度と良識ある競争のなかで、読者の信頼と理解を得るよう努める。

読者とともに　新聞は読者の信頼があってこそ、その使命をまっとうできる。販売に携わるすべての人々は、読者の期待にこたえつつ、環境への配慮や地域貢献など、新しい時代にふさわしい自己変革への努力を続ける。

『わかりやすい新聞販売の諸規則』改訂5版の刊行にあたって

　このたび、新聞販売に関するルールを網羅した『わかりやすい新聞販売の諸規則』改訂5版を刊行しました。

　13年ぶりの改訂となる今回は、2011（平成23）年3月刊行の改訂4版をベースとし、景品表示法や特定商取引法、消費者契約法、個人情報保護法などの諸法令、新聞公正競争規約、施行規則や新聞購読契約に関するガイドラインなど自主規制の制定・改正内容を盛り込みました。懸賞に関連する項目をまとめるなど使い勝手を高めたうえで、新聞社が提供する電子サービスと公正競争規約に関する章を追加するなど、時代に即した内容にしています。

　新聞界は、かねて消費者とのトラブルは業界の自主的な取り組みによって解決でき、行政による訪問販売の規制強化は不要であると申し述べてきました。それによって立つ基盤となるものが販売ルールの順守・徹底です。新聞販売に携わるおのおのが本書を熟読し、責任と自覚を持って規則とマナーを守るよう心掛けをお願いします。

　規約・施行規則は、時代の変容に合わせて見直され続けてきました。本書は現行規則の解説にとどまらず、特殊指定の歴史的経緯を含め、新聞公正取引協議会と中央協・地域別協議会の役割・関係性などについても包括的に触れています。いずれも販売人に必須の知識ですから、常日頃から手元に置いて活用いただければ幸いです。

2024（令和6）年3月
新聞公正取引協議会
新聞公正取引協議委員会
委員長　高　橋　高　則

目 contents 次

contents

contents

第1章 独占禁止法、景品表示法と新聞

事業活動の基本的ルールを定めた法律に「私的独占の禁止及び公正取引の確保に関する法律」（独占禁止法）があります。独占禁止法は、公正で自由な競争を促進するため、「不公正な取引方法」を禁止しています。独占禁止法は全ての業種・業界に適用されますが、「新聞業における特定の不公正な取引方法」（特殊指定）のように新聞業だけに適用される告示もあります。

また、一般消費者による自主的かつ合理的な選択を阻害する恐れのある不当な景品類やその表示による顧客の誘引を防止し、一般消費者の利益を保護することを目的とした「不当景品類及び不当表示防止法」（景品表示法）があります。

景品表示法のもとに「新聞業における景品類の提供に関する事項の制限」告示（新聞業告示）が設けられ、これに基づく自主規制として新聞公正競争規約があります。これらの諸規則が、新聞業における基本ルールとなっています。それぞれ関連は7ページのとおりです。

新聞公正競争規約を守るために設けられた自主組織が、新聞公正取引協議会（新聞公取協）です。

本章では、独占禁止法と景品表示法の概要、特殊指定、再販適用除外制度、公正取引委員会、消費者庁について紹介します。

1 「私的独占の禁止及び公正取引の確保に関する法律」（独占禁止法）

（1）目的

独占禁止法の目的は、1条に規定してあります。事業活動の公正かつ自由な競争を促進し、一般消費者の利益を確保することを目的とし、事業者がしてはならない行為を具体的に規定しています。新聞は国民生活に欠かすことのできない情報を日々届けるという公共的役割を担っていますが、新聞社が新聞を発行し、販売所が新聞を販売することは事業活動ですから、他の業種と同様、この法律の制限を受けます。

また、独占禁止法は法律の目的を達成するため、内閣総理大臣の所轄機関として公正取引委員会（公取委）を置くと27条で定めています。公取委はこの法律を守るよう事業者を指導し、違反がないかどうか監視し、違反かどうか判定し、違反の場合は一定の措置をとる権限を持っています。その権限を行使する際に他から干渉を受けることのないよう、28条により職権行使の独立性が保障されています。

（2）禁止事項

禁止事項は三つで2条に規定されています。

①私的独占（2条5項）…ある事業者が他の事業者を市場から追い出したり、その事業活動を妨害したりして、自分たち以外の事業者が活動できなくすることや、自分たちの力の強さによ

り他の事業者の活動を制約することで、公共の利益に反して競争を実質的に制限する場合をいいます。

②**不当な取引制限**（2条6項）…この法律の目的にもあるように、事業活動は個々の事業者が自由に決定すべきものですが、事業者同士が自分たちに都合のいいよう自由な事業活動、競争をお互いに制約し、これが公共の利益に反する場合をいいます。一般にカルテルといわれるものです。

③**不公正な取引方法**（2条9項）…事業者同士の取引が次の六つの類型に当てはまり、公正な競争が妨げられる恐れがあるものをいいます。

1. 共同の取引拒絶…正当な理由がないのに、同業者と共同して、特定の事業者と取引しないように制限すること。
2. 差別対価…不当に、地域または相手方により差別的な対価をもって商品を供給し、または供給を受けること。
3. 不当廉売…正当な理由がないのに、供給に必要な経費を大幅に下回る価格で継続して販売するなどして、競争事業者の事業活動を困難にさせる恐れがあること。
4. 再販売価格の拘束…正当な理由がないのに、取引先事業者に対して、販売する商品の価格を指示し、拘束させること。
5. 優越的地位の乱用…取引上の地位を利用して取引の相手方に不当に不利益を与えること。
6. 上記1〜5のほか、次のいずれかに該当し、公正な競争を阻害する恐れのあるもののうち、公取委が指定するもの
   - イ．不当に他の事業者を差別的に取り扱うこと。
   - ロ．不当な対価をもって取引すること。
   - ハ．不当に競争者の顧客を自己と取引

するように誘引し、または強制すること。
   - ニ．相手方の事業活動を不当に拘束する条件をもって取引すること。
   - ホ．自己の取引上の地位を不当に利用して相手方と取引すること。
   - ヘ．自己または自己が株主もしくは役員である会社と国内において競争関係にある他の事業者とその取引の相手方との取引を不当に妨害し、または当該事業者が会社である場合において、その会社の株主もしくは役員をその会社の不利益となる行為をするように、不当に誘引し、そそのかし、もしくは強制すること。

「4.再販売価格の拘束」については、新聞は適用除外措置が取られています（6ページ（5）参照）。

公正取引委員会は、違反行為をした者に対し、排除措置命令や課徴金納付命令を行うことがあります。課徴金の対象となるのは、私的独占、不当な取引制限のほか、不公正な取引方法のうち「共同の供給拒絶」「差別対価」「不当廉売」「再販売価格の拘束」「優越的地位の乱用」です。共同の供給拒絶、差別対価、不当廉売、再販売価格の拘束については、同一の違反行為を10年以内に繰り返した場合に、優越的地位の乱用については、違反行為を継続して行った場合に課徴金の対象となります。

（3）一般指定と特殊指定

「不公正な取引方法」については、独占禁止法の規定だけでは内容が不明確なので、別に公取委の告示により具体的禁止事項を定めています。

この告示には、どの業種にも当てはまる不公正な取引方法を具体的に挙げた「（一般の）不

公正な取引方法」（一般指定）告示と、特定の業種に対して具体的禁止事項を定めた「特定の不公正な取引方法」（特殊指定）告示の２通りがあります。

一般指定は独占禁止法上の「不公正な取引方法」（２条９項６号）により６類型に分類されたものをさらに15通りに分類して詳しく規定したものです。しかしここで指定された取引方法を行っても、どの業界でどのような条件のもとで問題が起こっているかは、よく調べないとわかりませんから、正当な理由なく、または不当に行われている違反かどうかは、公取委が判定する仕組みになっています。

これに対して特殊指定は「○○○業における特定の不公正な取引方法」といったように指定され、特定の業界のみを対象としますから、その業界で行われる取引の用語をそのまま使用するといった具体的な内容になっています。

新聞業に対しては「新聞業における特定の不公正な取引方法」（特殊指定）が告示されています。

「告示」とは公の機関が、ある事項を広く一般に知らせる行為をいいます。また、そのための形式を指すこともあります。特殊指定も一般指定も、公取委が告示という形式を取って広く一般に知らせています。

（４）新聞業における特殊指定

新聞業の特殊指定は、次のことを禁止しています。

①特殊指定の内容
○差別定価、定価割引の禁止

特殊指定は、新聞社（発行業者）と販売業者について別々に規定しています。新聞社については、新聞を読者に販売するとき、直接売るか間接的に売るかにかかわりなく、販売する地域あるいは読者によって異なる定価を付したり、定価を割り引いたりすることを禁止していま

す。学校教育教材用、大量一括購読者向け、その他正当かつ合理的理由のあるものは例外として禁止事項から除外しています。

販売業者についても、新聞を読者に販売するとき、直接売るか間接的に売るかにかかわりなく、販売する地域あるいは読者によって、定価を割り引くことを禁止しています。この禁止規定の拘束を受けるのは、戸別配達の方法によって新聞を販売する販売業者だけです。

新聞は１人でも多くの人に読まれることによって、その社会的使命を果たすことができます。このため、差別定価、定価割引の禁止には、同じ新聞はどこでも誰でも同じ定価で購読できるようにしたいという考え方と、新聞販売の混乱防止の二つの意味が込められています。

新聞販売の混乱防止ということでは、例えば定価の割引が自由であれば新聞の割引競争が激しくなり、値崩れし、販売所も新聞社も経営危機に陥ってしまうでしょう。独占禁止法は消費者利益保護の観点から品質と価格による競争を奨励しています。しかし、新聞については公共的性格と販売の仕組みから、特に公共の利益にかなうとして割引の禁止が認められているものです。こうした例はほかにありません。

また、差別定価が認められるならば、地域によって実質的な定価の割引が可能です。地域を極端に小さく考えれば、事実上割引が自由となり、定価割引の禁止が形骸化していまいます。

> **特殊指定**
> ①新聞社の地域・相手方による異なる定価の設定、値引きを禁止。例外として、学校教育教材用や大量一括購入、その他正当かつ合理的な理由がある場合は許容。
> ②販売所の地域・相手方による値引きを禁止。
> ③押し紙の禁止。

相手方による差別定価についても同様のことが言えます。実は同じようなことが一般指定でも禁止されています。その内容は「不当に地域又は相手方により差別的な対価をもって、商品やサービスを供給したり、されたりしてはいけない」という趣旨です。これは取引関係の固定した地盤や消費者から得た利潤を利用し、競争地域において不当に低い価格で自社の商品を販売することによって競争者の顧客を奪うことを防止するためです。新聞業における差別定価の禁止は、この点をさらに新聞という商品にふさわしく徹底したものと言えるでしょう。

○押し紙の禁止

新聞社は販売業者に新聞を供給する場合、注文部数を超えてはいけません。

新聞はニュースの鮮度が生命ですから、古くなれば商品価値を失ってしまいます。売れ残れば返品して別の場所でまた売ればよいというわけにはいきません。そこで販売所は新聞社に必要な部数を注文し、その原価を支払う仕組みが取られています。販売所から見ると大部分の読者は月決め購読者ですから、必要な部数はあらかじめ計算でき、その分を新聞社に注文すればよいのです。

ところが新聞社が注文部数より多く送りつけると、販売所は売れない新聞の分まで原価を負担することになります。そこで新聞社が販売所の注文部数を超えて新聞を送りつけないように、いわゆる押し紙を禁止しているのです。

独禁法では、自分の取引相手に対し自分の地位が優越していることを利用して、正常な商習慣に照らして不当に自分に有利な取引をすることを、「優越的地位の乱用」として禁止しています。実際には問題ごとに「不当」かどうか公取委が判断することになります。これに対し新聞業における特殊指定では、新聞社が販売所の注文部数を超えて送りつけることを押し紙として、公取委が判断するまでもなく禁止しているというわけです。

②特殊指定の対象となる事業者

特殊指定の対象は「新聞を戸別配達の方法により販売することを業とする者」と新聞社に限定され、一部売りのコンビニ等の販売業者は含まれていません。

新聞社は厳密にいうと「日刊新聞の発行を業とする者」と定義され、新聞を発行していれば、仮に雑誌の発行を主な事業としている出版社でも新聞業として対象となります。この場合の新聞とは日刊紙に限り、週刊紙や月刊紙を発

差別定価と差別対価

一般指定が新聞の特殊指定と大きく違うのは差別「定価」ではなく差別「対価」とされている点です。これは他の商品の場合、割引販売が認められていることから実際の取引価格（対価）が問題となるためです。もう一つ違うのは、最初に「不当に」との文言が入っていることです。地域や相手によって異なる対価にしても「不当」でなければ差し支えないのです。差別対価が禁止されているのは、例えば大企業が競争者がいる地域だけを狙い撃ちにして商品を特別安く売り、競争を有利にして独占化を進めていると判断される場合など、公取委が「不当」と認めたときに初めて違反とされるのです。

これに対し新聞業にあっては、定価を設定することは認められていますが、同じ新聞が地域あるいは読者によって異なる定価を付けることが禁止されています。したがって、新聞については「不当」かそうでないかといった判断の入る余地はありませんでしたが、1999（平成11）年の改正後は、「正当かつ合理的な」理由の有無によって判断されます。

行する場合はこの限りではありません。なお、日刊紙を発行する者は新聞協会の加盟社であるかどうかは関係ありません。

③特殊指定の変遷

新聞業における特殊指定は、現在に至るまで三つの段階を経てきました。1951（昭和26）年5月1日、新聞用紙と購読料の統制が撤廃され、新聞販売が専売制に移行すると、業界は乱売合戦に突入しました。こうした中、新聞業界の強い働きかけもあって、55（昭和30）年12月29日、公取委が「新聞業における特定の不公正な取引方法」（特殊指定）を指定しました。その骨子は次の4点でした。

1．景品類、抽選券等の提供の禁止
2．無代紙、見本紙の禁止
3．地域または相手方による差別定価、定価割引の禁止
4．押し紙の禁止

これにより新聞の購読勧誘手段としての景品類の提供、新聞の無代提供、定価の割引と、新聞社が販売所に注文部数より多くの新聞を供給すること（押し紙）が、「不当に」とか「正当な理由なく」といった事情は関係なく、行為それ自体が不公正な取引方法として禁止されるようになったのです。新聞界ではこの「特殊指定」の順守に努めてきましたが、1962（昭和37）年、景品表示法が施行されたことに伴い、特殊指定4項目のうち、「景品類」「無代紙」など景品類の提供にあたる2項目が景品表示法に移管され、64（昭和39）年10月9日に施行された「新聞業における景品類の提供に関する事項の制限」告示（景品制限告示）により禁止されました。また、特殊指定のうち残りの「差別定価、定価の割引」「押し紙」は同日、新たに指定された特殊指定により、引き続き禁止されることになりました。

現行の特殊指定は、1998（平成10）年から新聞界と公取委とで見直しのための話し合いが

行われ、99（平成11）年5月に合意し、6月30日の公聴会を経て、7月に改定、9月から改正施行されました。

公取委は、差別定価と定価の割引部分については、価格設定の多様化を阻害する恐れがあること、押し紙に関しては新聞社が販売所に指示して注文部数を増やすようにさせる行為が規制されることが明確になっていないなどの理由から、見直しを求めていました。

1999年の改正点は、①学校教育教材用、大量一括購読者向け、その他正当かつ合理的な理由をもってする新聞の異なる定価の設定または割引については、不公正な取引方法に該当しないことを明確化する、②特殊指定の対象となる販売業者は「新聞を戸別配達の方法により販売することを業とする者」とする、③新聞社が販売所に指示して注文部数自体を増やすようにさせる行為が不公正な取引方法として規制されることを明確化する、などです。

その後、2005（平成17）年11月に公取委は、新聞特殊指定を見直すことを表明しました。公取委と新聞協会との間で6回の対話を重ねた結果、06年（平成18）年6月2日に公取委は「今回の見直しでは、結論を出すことを見合わせる」と表明しました。

特殊指定は最初の告示から数えて2度改正されましたが、新聞業界では法目的と規制の内容は当初から変わらないと受け止めています。

④特殊指定と新聞公正取引協議会（新聞公取協）の関係の変遷

新聞業は、他の業界とは違う特別のルール、つまり特殊指定と景品提供の制限告示の二つを持つわけですが、実質は表裏一体の関係でした。公取委もかつてはこの関係を次のように説明していました。

「公取委としては景品表示法告示・規約の規定も独占禁止法の特殊指定（定価割引、差別定価、押し紙）も旧特殊指定の中で一本で制定さ

れていたものであり、その後、独占禁止法の特例法として景品表示法ができるに及んで二本立てとなったにすぎないから、その全体がセットであると考えている」（1983〈昭和58〉年12月公取委奥村取引部長＝当時）。

新聞業の公正競争規約は景品表示法に基づいてできており、新聞公取協は規約に基づいてできていますから、新聞公取協は厳密には、景品類提供の問題だけを扱うことになります。しかし、もともとは新聞公正競争規約の内容と特殊指定の内容は一体のものでしたから、1964（昭和39）年以降の長い間、新聞公取協は公取委の承認のもとに、公正競争規約と特殊指定の両方を扱い、規約違反も特殊指定違反も業界の自主ルールで禁止していました。ところが、公取委は98（平成10）年8月、公正競争規約を認定する際、独占禁止法上の特殊指定については公取委自らが厳正に対処するとして、それまでの方針を変更しました。したがって、現在では、新聞公取協の仕事は公正競争規約の問題だけで、特殊指定については委ねられていません。

99（平成11）年9月に改正特殊指定が施行されましたが、差別定価、定価の割引については、新聞という公共性、公益性を持つ商品の特性から、一部例外的に異なる定価設定が認められるなどの変更があるものの、「地域又は相手方により、定価を割り引いて新聞を販売すること」は、引き続き不公正な取引方法として指定されています。新聞界では、旧特殊指定と比べ、大きな変更はないものと受け止めています。

また、それまで新聞業界の商慣行として無代紙が景品として扱われてきたことを認めてきた公取委は、98（平成10）年1月16日付取引部長名の文書で、「無代紙は値引きと認められる経済上の利益であり、景品類に当たらない」（公取委事務総局「新聞業の景品規制の見直しについて」）と、これまでの方針の変更を伝え

てきました。以降、新聞界は、無代紙を公正競争規約で取り締まれなければ現場が混乱するとして、無代紙を景品類として扱うよう主張し続けています。

（5）再販適用除外制度

①概要

新聞社が自由な言論・報道機関として、独立して他から干渉されることなく公共的な機能を維持していくためには、経営の安定は必要不可欠です。このため、新聞社、販売所は事業者の一員として、安定経営を目指して事業活動を展開しているのです。新聞は確かに事業者の一つではありますが、日々、社会・経済・政治など国民生活に欠かせない情報を、読者の自宅まで確実に届けるという民主主義社会の維持に深くかかわる使命を担っており、どこでも、誰に対しても公平に入手できることが保障されなくてはなりません。このため新聞には、独占禁止法上、他の一般事業者には認められていない適用除外制度があります。

新聞などの著作物に認められている再販適用除外制度（再販制度）は、独占禁止法上の条文に明確に規定されたもので、新聞が果たす公共的機能を保障する効果を持っています。

商品が生産者から小売業者、そして消費者と流通している場合に、生産者が小売価格を決めて、それを守ることを条件に小売業者と取引することを再販売価格維持行為といい、独占禁止法2条9項4号で禁止されています。しかし、同法23条4項で「著作物」については適用除外が認められています。これを著作物に対する再販適用除外制度といいます。新聞は「著作物」であるので、新聞社が販売業者に対して新聞の販売価格を指定し、これを守らなかった場合は取引契約を解除する、という契約を結んでも不公正な取引方法に当たらない（違反ではない）ことになっています。

独占禁止法、景品表示法、告示、公正競争規約等の関連

1947(昭和22)年4月

独占禁止法

1964(昭和39)年10月告示
1999(平成11)年7月全部改正告示

新聞業における特定の
不公正な取引方法(特殊指定)

●定価割引・差別定価、押し紙の禁止

1962(昭和37)年5月

景品表示法

1964(昭和39)年10月告示
1998(平成10)年8月改正告示
2000(平成12)年8月改正告示

新聞業における景品類の提供に
関する事項の制限(告示)

新聞公正競争規約

施行規則
組織・運営に関する規則

独占禁止法と一般指定、特殊指定

独占禁止法
不公正な取引方法(2条9項)

1. 共同の供給拒絶
2. 差別対価
3. 不当廉売
4. 再販売価格の拘束
5. 優越的地位の乱用
6. 上記1～5のほか、6号
イ～へのいずれかに該当し、
公正な競争を阻害する恐れの
あるもののうち、公取委の指
定するもの

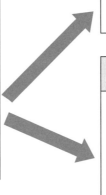

不公正な取引方法
(一般指定)1982(昭和57)年6月告示15号

公取委が15通りに分類。全業種に適用さ
れる。

新聞業における特定の不公正な取引方法
(特殊指定)1999(平成11)年7月告示9号

○差別定価、定価割引(値引き)の禁止:
　地域または相手方によって異なる定価を
　つけたり、定価を割り引くこと。
○押し紙の禁止:
　新聞社が販売所に対し注文部数を超えて
　新聞を送る行為と、販売所に必要部数を
　超えて注文させる行為。

「著作物」の中には、新聞をはじめとして書籍、雑誌、レコード、音楽用テープと音楽用CDが含まれています。これらの商品は、広く国民に文化・教養を普及させる公共性の高い役割を担っていること、古くから定価販売の商慣習が確立していたことなど特別な理由から再販商品として法で認められているものです。

このことは、1953（昭和28）年、国会で国の文化政策として新聞その他の出版物に再販適用除外が認められた経緯からも明らかになっています。この考え方は、もともとドイツにおいてとられたもので、同年に独占禁止法の適用除外として新聞を含めた著作物の再販を認めたのも、ドイツ法制をモデルにして許容されたものです。

新聞は再販制度によって、多様性を維持し、広く国民に購読される合理的な流通システムを維持し、その商品特性をいかんなく発揮しています。新聞の再販制度の果たす意義は、新聞への公平なアクセスや多様な言論を確保し、責任配達区域制による戸別配達システムを維持することによって、民主主義社会における読者の利益を守ることにあります。

②制度の見直しと公取委の結論

著作物の再販制度は、独占禁止法の条文に明確に規定されていますが、1991（平成3）年以降、制度の存廃を含めて見直しの検討が行われました。制度の存廃をめぐる議論は、市場経済原理一辺倒の廃止論者と新聞をはじめ著作物の公共性、文化性を主張する業界側の間で、し烈を極めましたが、98（平成10）年3月31日に公取委が公表した「著作物再販制度の取扱いについて」の方針では再販制度について「文化の振興・普及と関係する面もあるとの指摘もあり、これを廃止した場合の影響について配慮と検討を行う必要がある」とされ、2001（平成13）年3月23日には、「現段階において独占禁止法の改正に向けた措置を講じて著作物再販制度を廃止することは行わず、当面同制度を存置することが相当であると考える」との結論が発表されて、10年間にわたる議論にやっと終止符が打たれました。

③特殊指定との関係

新聞の再販制度は、特殊指定の差別定価、定価割引の禁止と同じではないかと思われるかもしれません。しかし、特殊指定の場合は「新聞を戸別配達の方法により販売することを業とする者（以下「販売業者」という。）が、直接か間接かを問わず、地域又は相手方により、定価を割り引いて新聞を販売すること」が不公正な取引方法とされ、販売業者が定価を割り引く行為そのものが違反に問われます。他方、再販制度の場合は新聞社が指示した価格を販売業者が守らなかったことを理由に、取引契約を一方的に解除してもよい（解除しなくてもよい）というもので、直接定価割引の禁止をうたったものではありません。

また、特殊指定は新聞社や販売業者を例外なく対象としていますが、再販の場合は再販売価格維持契約をしていない小売業者や、消費生活協同組合法など独占禁止法で指定されている13の法律に基づいて設立された団体等にあってはその効力は及びません（同法23条5項）。

つまり、再販だけでは、仮に小売業者が指定価格を守らなくても直接違反に問われることはなく、また、その場合も取引契約の解除を生産者に義務付けるものではありません。

したがって、新聞の場合、定価の割引販売が行われないようにするためには再販指定だけでは不十分で、特殊指定により割引が全面的に禁止され定価販売が完全励行されているわけです。

（6）事業者団体の活動と禁止行為

1ページ（2）で述べましたが、独占禁止法は事業者の私的独占、不当な取引制限、不公正

な取引方法を禁止しています。これに基づき、公取委は事業者団体がこのような禁止行為をしないよう、「事業者団体の活動に関する独占禁止法上の指針」（団体ガイドライン）を明らかにしています。なお、事業者団体の具体的な活動が独占禁止法に違反する恐れがあるかどうかは、実際には個々の事案ごとに判断を要する場合が多いので、公取委では事前相談制度を設け、相談に応じています。

事業者団体とは、同種の事業を営む事業者の集まりで、一般的には協会、連盟、連合会、同業組合などをいいます。

事業者団体の活動目的は多種多様であり、団体としての活動自体が、すべて独占禁止法に違反するということではありません。問題になるのは、団体が①会員事業者の競争を制限または阻害する、②非会員の企業や団体に働きかけ、事業活動を拘束または妨害する行為などです。

◇多摩新聞販売同業組合に対する勧告等

1992（平成4）年2月17日、東京都田無市（現・西東京市）の多摩新聞販売同業組合が公取委から独占禁止法8条1項4号（構成事業者の機能・活動の不当な制限、条文は当時）に基づく勧告を受けました。

勧告の内容は、同業組合が多摩折込広告組合の要請を受け、同折込広告組合非加盟の業者の多摩地区への参入を抑制するため、①同業組合が折込広告組合非加盟の業者を準会員として入会させ、別途入会金、会費を徴収する、②準会員に対する取次手数料を多摩地区の実勢よりも低く設定する、ことを決定し、組合員に広く周知のうえ実施していた行為が、独占禁止法8条1項4号に違反するというものです。

排除措置勧告の主な内容は、①多摩新聞販売同業組合は、非会員折込広告業者に対する取次手数料率の設定に関する決定を破棄すること、②今後、折込広告業者に対する取次手数料率の設定に係る、組合員の事業活動を制限する行為をしないこと、などです。

◇公取委の新聞協会事務局強制捜査事件

公取委は、1959（昭和34）年4月7日、消費者団体連合会（消団連）から同年4月からの新聞購読料改定は独占禁止法に違反するとの審査申し立てを受け、同年4月18日に新聞協会事務局の強制調査を行いました。消団連の申し立ては「新聞協会会議室で各社代表者が協議して、3月30日に新聞購読料金の改定を社告することを取り決め、これを実施した」との内容で、これは独占禁止法上の「不当な取引制限」に該当する行為、つまり価格カルテルであり、事業者団体の禁止行為に該当するというものです。

これに対して新聞協会は「今回の購読料改定はまったく各社の自主性に基づくもので、いわゆる価格協定など独占禁止法に違反する事実はない」という見解で対処しました。

8月13日、佐藤基公取委委員長は「新聞購読料のいっせい引き上げが、各新聞社の拘束性のある申し合わせに基づいて行われたものであるかどうかの点に関して、審判を開始するに足りる十分な証拠があるか否かをあらゆる見地から検討したが、相互になんら拘束を受けておらず、従って独占禁止法違反の疑いはないものと認め、本件を審判手続きに付すことを取りやめるのが相当であると決定した」との談話を発表、同案件は決着をみました。

①の場合、市場を支配してしまうほどであれば、独占禁止法8条1号「競争の実質的制限」（カルテル）にあたり、そこまでいかない場合でも同法8条4号「構成事業者の機能・活動の不当な制限」違反に問われます。

②の場合も同法8条5号「事業者に不公正な取引方法に該当する行為をさせるようにすること」、さらには「カルテル」に問われる恐れがあります。

「事業者団体」には、一般社団法人、公益社団法人、一般財団法人、公益財団法人のほか、法人格をもたない任意団体も含まれます。新聞関係の組織でいえば、日本新聞協会や新聞公正取引協議会だけでなく、地区・支部新聞公正取引協議会、実行委員会、販売同業組合、系統会、店主会、所長会、現地会など、さらには2事業者以上の内輪の集まりなども含まれます。

団体としての行動で留意する必要があるのは、団体の意思は全会員の意見が一致しなくても、決定される場合があるということです。その会合で決定に反対した、または会合に欠席していた場合でも、団体の一員としての法的な責任を問われる可能性がありますので注意してください。

団体による価格カルテルなど、価格に影響のあるカルテル行為には、その団体の会員に課徴金が科されます。

団体として活動する際に注意すべき主な事項

◇**新聞販路協定事件**（公取委1951〈昭和26〉年4月7日審決、東京高裁53〈昭和28〉年3月9日判決）

公取委は1949（昭和24）年12月、新聞の共同販売制のもつ販路協定的性格を対象として、東京地区の新聞発行本社と販売所を相手どり独占禁止法4条1項3号（旧法の販路協定）違反容疑で審判を開始しました。

違反の要旨は、「新聞の共同販売機関だった共販連盟解体後、発行本社と販売所が新たに新聞販売契約を結んだとき、1地域1販売所という共販連盟時代の販売形態をそのまま維持した。本社も結局これを認めてその維持に努めていた」というものです。

審判の結果、公取委は①発行本社と販売所は新聞紙の販売地域協定を破棄しなければならない、②発行本社は東京都以外の地区においても、本件と同一または類似の協定をしたりまたは維持遂行してはならない、③発行本社も販売所も将来いかなる地区においても、本件と類似の申し合わせや、新聞の販売競争を有効に制限するような協定をしてはならない、との排除措置を命じました。

これに対して発行本社と販売所は、公取委の審決を不服として、東京高等裁判所に審決取り消し請求の訴えを提起しました。高裁の判決は在京5社の発行本社側については地域協定をした事実が認められず、公取委の審決を取り消しました。しかし、販売所については地域協定ありと認めて、審決取り消し請求を棄却しました。

高裁の判決の要点は以下のとおりです。

①不当な取引制限は相互に競争関係にある事業者間（発行本社同士、あるいは販売所同士）の「水平的（横の関係）」結合による制限だけを指す。（＊その後の裁判例において、この考え方が変化していると言われています。）

②「一定の取引分野における競争の実質的制限」はそれ自体すでに公共の利益に反する。

③共同認識と一致行動があれば、協定の存在が認定される。

④独占禁止法違反行為は私法上も無効である。

は次のとおりです。

①参入制限行為等

　団体が事業者の新規開業を困難にし、既存の事業者を排除するなどして、事業者数を制限すると、原則として違反となります。

②価格制限行為

　団体が価格の設定に関与することは、理由のいかんによらず違反となります。新聞購読料の場合は、新聞は著作物という商品の特殊性から独占禁止法で例外として、発行本社の再販売価格維持行為が認められています。これにより発行本社は自社が設定する定価による販売を義務付けることができます。また、新聞に対する特殊指定で地域または相手方によって異なる定価を付けたり、定価を割り引いたりすることは禁止されています。

　しかしこれは新聞購読料についてのみで、発行本社から販売所への補助金、折り込み広告の手数料などを、事業者団体として決めて会員に強制することは違反になります。料金に関して、単に情報を交換する程度なら問題ありませんが、決定に至らなくても、その結果、会員の間で価格制限などに関する暗黙の了解または共通の意思が形成されたとみなされると、違反に問われますので、十分注意が必要です。

　公取委は、価格カルテルは特に悪質性の強い違反行為とし、刑事告発も含め積極的に法的措置を取ると表明しています（9ページ「多摩新聞販売同業組合に対する勧告等」、「公取委の新聞協会事務局強制捜査事件」を参照）。

③顧客、販路等の制限行為

　団体が会員の顧客や販路を制限することは、供給者の販売先選択の自由を制限し、同時に消費者の購入先選択の自由を阻害するので、原則として違反となります。

　違反となるケースは、①相互に他の事業者の

> ### ◇高層住宅の夕刊配達拒否に対する行政指導
> 　1991（平成3）年9月の中央協正副委員長と公取委との懇談で、公取委の取引課長から「一部地区で販売組合が、高層住宅への夕刊配達を行わない旨を取り決め、チラシで周知した。これは独占禁止法8条1項4号（条文は当時）の事業者団体の禁止行為に該当するので行政指導し、その後『改めた』旨の回答を得た」との報告がありました。

顧客と取引しないこと、②会員各社が顧客を登録し、登録した顧客以外とは取引しないことを取り決めること、③会員各社別に製造する商品の企画や品質を制限すること、④会員各社別に販売地域を制限すること、⑤受注の配分や受注予定者の決定や選定方法を決めること、⑥見積もり合わせなどへの参加を制限すること——などです。

　販売所はそれぞれ責任配達区域制のもとで活動していますが、これは新聞公正取引協議会、新聞協会といった事業者団体で決定しているのではありません（10ページ「新聞販路協定事件」、上記「高層住宅の夕刊配達拒否に対する行政指導」を参照）。

　そのほか、営業の種類、内容、方法等に関する行為、非会員の事業活動の妨害行為、設備または技術の制限行為、数量制限行為、種類・品質・規格等に関する行為、情報活動などに対して、事業者団体の活動に関する法令上の規定が設けられています。

② 「不当景品類及び不当表示防止法」（景品表示法）

（1）目的

　事業者は、売上や利益をあげるために、品質や価格等について不当表示をしたり、過大な景品類の提供を行う可能性があります。このような行為は、良質で安価なものを選ぼうとする消費者の適正な選択を阻害することになります。

　景品表示法は、1条（目的）にあるように、一般消費者の利益を保護することを目的として、商品および役務の取引に関連して不当な景品類や表示による顧客の誘因を防止するために、一般消費者による自主的かつ合理的な選択を阻害する恐れのある行為を制限、禁止する事項を定めています。

　つまり、消費者が適正に商品・サービスを選択できる環境を守るために、過大な景品類の提供と適切でない広告等の表示を明確に指定し、禁止事項を具体的に規定しています。

　この法は、公正な競争を確保する目的の下に独占禁止法を補うために1962（昭和37）年8月に施行されました。2009（平成21）年9月の消費者庁発足に伴い、景品表示法の所管は、それまでの公正取引委員会から消費者庁に移管されました。

　景品類や表示の問題は、提供の事実と表示内容を直接目で見ることができます。そのため、景品表示法では禁止事項は明確に示されており、その結果、違反処理も迅速に行われます。

　景品類と表示について細かく禁止事項を定め、違反に対しては、不当表示により一般消費者に与えた誤認の排除、再発防止策の実施、今後同様の違反行為を行わないことなどを命じる「措置命令」を行います。違反の事実が認められない場合であっても、違反の恐れがある行為が見られた場合は「警告」、違反につながる恐れのある行為がみられた場合は「注意」の措置が取られます。違反の疑いがある場合は、消費者庁が事業者への事情聴取、資料収集などを行い、調査を実施します。

　また、違反行為の迅速、効果的な規制のため、各都道府県知事にも一部権限が与えられています。

（2）公正競争規約制度

　景品表示法には、もう一つ大きな柱があります。世の中にはさまざまな業種、業界があり、独特の商慣習もあります。そこで、景品表示法はそれぞれの業界が内部で話し合ってルールを作り、違反があれば業界内で一定の範囲の措置を取ることができるような制度を設けています。これを公正競争規約制度といいます。

　公正競争規約で定めることのできる内容は、表示または景品類に関する事項に限られますが、このほか規約を運用するために必要な組織や手続きに関する規定を定めることもできます。

　特定の業界のことはその業界の人が一番よく知っているので、違反行為の探知も消費者庁より業界の人の方が容易です。各業界の人たちが業界に最もふさわしいルールを作り、お互いに守ることが違反の防止に最も効果的だという考えが背景にあります。

　業界に最もふさわしいルールといっても、どんなルールを作ってもよいというわけではありません。事業者同士が自分たちの利益のためだけに勝手にルールを作ってもよいとなると、公正な競争や消費者利益を阻害する可能性があります。そのような行為は、事業者同士がお互いの事業活動を制限する不当な取引制限（カルテル）として独占禁止法違反になります。

　公正競争規約は独占禁止法と景品表示法に反しない範囲で、むしろ法の目的である公正かつ自由な競争を促進するためのものでなければなりません。そのために業界がルールを作る際には、あらかじめ公取委および消費者庁にその趣

旨に沿っているかどうかを確認してもらう必要があります。これが「認定」という手続きで、「認定」の際、公聴会を開くなどして関係事業者、一般の意見を聞き参考にすることがあります。これらの手続きを経て、公正競争規約として業界ルールが成立します

2024（令和6）年3月現在、景品関係で37、表示関係で66の公正競争規約が認定されています。景品と表示、両方の規約を持つ業界もありますが、新聞業は景品の公正競争規約を持っています。新聞業の規約は1964（昭和39）年9月に認定され、10月から施行されました。

新聞の公正競争規約については、第2章以降で詳しく解説します。

◇新聞と独占禁止法、景品表示法とのかかわり

独占禁止法や景品表示法が事業者に公正かつ自由な競争の促進を求めていることはこれまでに述べたとおりで、新聞業も例外ではありません。

言論を含む一切の表現の自由は憲法21条で保障され、多様な言論を維持することは、民主主義の発展に欠かすことのできないものです。新聞は代表的な言論・報道機関で、その機能はまさに公共の利益そのものといえます。つまり新聞とは「民主主義の基礎にかかわる特殊な商品」（1983〈昭和58〉年4月公取委奥村取引部長＝当時）なのです。公取委はその刊行物で「新聞のような文化的に崇高な使命を有する一流の商品はあらゆる市場において、すべて単一の価格をもって販売されるべきで、その定価を『割引』して販売すべきものでは断じてないということが今日の常識であるとされている」と述べています（公正取引委員会事務局編『「新聞業における特殊指定」解説』1956〈昭和31〉年発行）。1991（平成3）年7月に公取委の「政府規制等と競争政策に関する研究会」がま

とめた『独占禁止法適用除外制度の見直し』では、著作物再販制度を存続させる理由として「国民生活にとって欠かせない情報を購読者に対して、毎日、迅速に、しかも同一紙・全国同一価格という形で広く販売されるということと関連があると思われる」と、新聞の特殊性を指摘しています。

しかも、新聞は国や外部の手を経ずに、読者の手元に直接、毎日一定の時刻に確実に配達されるという戸別配達制度によって、その公共的使命を全うしているという意味からも、きわめて特殊な商品です。このため、独占禁止法や景品表示法上、他業界とは異なる特別な扱いがされています。

3 公正取引委員会と消費者庁

（1）公正取引委員会

独占禁止法を運用する行政機関である公正取引委員会は、内閣府の外局として設置されています。どこからも指揮・監督を受けることなく独立して独占禁止法に基づいた仕事を行います。独占禁止法は、自由社会における企業の事業活動の基本的ルールを定めたものですから、その運用に当たっては政治的な影響を受けることなく、中立的な機関による公正な運用が図られなくてはならないからです。

公取委には、法律または経済の学識経験のある委員長と4人の委員がいます。委員会の事務を処理するために事務総局が設置されており、東京の本局のほか八つの地方事務所等があります。

違反行為をした者に対し、公取委は、意見申述・証拠提出の機会を与えて事前に手続きをしたうえで、排除措置命令や課徴金納付命令を行います。

（2）消費者庁

2009（平成21）年9月に、消費者の利益の

擁護と増進、消費者による商品の自主的かつ合理的な選択を確保することを目的に、消費者庁が設立されました。

これにより、公取委の所管であった景品表示法は、消費者庁に移管されました。景品表示法の１条の目的は、かつて事業者同士の「公正な競争を確保する」という位置付けだったものから、「一般消費者保護による自主的かつ合理的な選択を確保する」というように一般消費者の保護に重点を置くようになりました。

消費者庁も、公取委と同じく内閣府の外局としてあり、表示対策課（所管：景品表示法、公正競争規約等）、取引対策課（同：特定商取引法等）、消費者制度課（同：消費者契約法等）、地方協力課（同：国民生活センターに関する事務等）など九つの課で構成されています。

公正競争規約制度は、表示対策課の所管です。新聞公正競争規約、施行規則、運営規則を改正する場合は、事前に消費者庁長官および公取委に承認を受けなくてはなりません。

４　新聞販売綱領

新聞業の特殊指定や規約ができる以前、日本新聞協会では新聞という公共的な商品を扱う新聞販売について、公正な販売方法を確立するために1954（昭和29）年12月16日、「新聞販売綱領」を制定し、その実践に努めることを誓いました。

当時の「新聞販売綱領」は、新聞は公共的使命を果たすために、広く普及される必要があること、しかし普及方法にはおのずと制約があるとし、特に景品などを使って購読勧誘をしてはいけない、定価の割引をしてはいけないことなどを申し合わせています。この精神は後に制定された新聞業の特殊指定にも引き継がれました。

1955（昭和30）年11月５日、大阪で新聞社による２億円の福引社告を巡る問題が起き、公

取委が東京高裁に社告を撤回する緊急停止命令を申し立てたのに対し、東京高裁が公取委の申し立てどおり緊急停止命令を決定しました。当時の東京高裁の決定は新聞事業が文化的、公共的使命を持つものであるとの立場に立って、新聞販売競争のあるべき姿についても「新聞販売綱領」を支持していました。

この綱領はその後、1992（平成４）年10月７日、制定時の趣旨は全く変えずに、当時の社会状況にふさわしい表現に用語を改めました。さらに98（平成10）年５月の公正競争規約改正により、それまで禁止されていた景品類の提供が、一定の制限のもと解禁されたのに伴い、綱領第３項の「購読の勧誘は新聞自体のもつ価値によって行い、景品などの供与によらない」は実情にそぐわなくなったので、全面的に見直しを行い、2001（平成13）年６月20日、21世紀の新聞販売にふさわしい綱領として新たにスタートしました。

第2章 新聞業における景品類提供の告示、規約、施行規則

　　景品表示法に基づき「新聞業における景品類の提供に関する事項の制限」（新聞業告示）が定められています。告示により、新聞発行本社と販売業者は、景品類の提供が制限されています。これは、新聞公正取引協議会に入会しているかどうかを問わず、新聞を日刊で発行している新聞社と販売業者すべてが対象となります。

　　その内容をさらに明確にしたのが「新聞業における景品類の提供の制限に関する公正競争規約」（規約）です。

　　規約は、告示により定められた新聞業の景品類提供につき、景品類の種類、提供できる範囲について明確にしています。新聞公正取引協議会に参加する会員は、規約に則って景品類を提供しなくてはなりません。

　　さらに、この「規約」を順守・運営するための手続きを詳細に定めたものが「新聞業における景品類の提供の制限に関する公正競争規約施行規則」（施行規則）です。規約で定めた景品類の提供につき、内容の解釈や、景品類提供に必要な手続き、違反行為に関する手続き等を定めています。

1 告示の概要

　景品表示法では、不当表示のほか、不当な景品類の提供による顧客の誘引を禁止していますが、具体的に何が不当な景品類の提供に当たる行為かは、景品表示法3条の規定に基づいて、内閣総理大臣が告示により指定しています。これには大別して二つあり、どの業種にも適用される告示（一般ルール）と、特定業種にのみ適用され、当該業界では一般ルールより優先する告示（業種別告示）があります。

　一般ルールとしての告示は「懸賞による景品類の提供に関する事項の制限（1977〈昭和52〉年3月1日、公取委告示第3号）」、「一般消費者に対する景品類の提供に関する事項の制限（昭和52年3月1日、公取委告示第5号）」などがあります。

　業種別告示は、「新聞業における景品類の提供に関する事項の制限」のほか、雑誌業、不動産業、医療用医薬品業、医療機器業および衛生検査所業があります。

　業種別告示を持つ各業界では、この業種別告示に基づいて公正競争規約が作られています。業種別告示と公正競争規約は、同じ内容を規定しています。

　公正競争規約は規約に参加する新聞事業者（インサイダー）にのみ有効な業界の自主ルールです。規約の執行機関として業界内に設けられた公正取引協議会が、インサイダーに対し公正な競争を指導したり、違反処理したりする際の根拠となります。

　これに対し業種別告示は、景品表示法に基づいて消費者庁が当該業界全体を規制しているものであって、規約の参加者であるインサイダーのほか、規約に参加していない新聞事業者（アウトサイダー）も含む、その業界の構成事業者のすべてに適用されるルールです。消費者庁が

一般ルール

・対象
　　事業者が提供する景品類　　　　《適用対象例》電子版（単体）、英字新聞等

・規制内容
(1) 一般懸賞

取引価額	景品類の最高額	総額
5,000円未満	取引価額の20倍	懸賞に係る売上予定総額の 2％以内
5,000円以上	10万円	

(2) 共同懸賞

景品類の最高額	総額
取引価額にかかわらず30万円	懸賞に係る売上予定総額の 3％以内

(3) 総付景品類

取引価額	景品類の最高額
1,000円未満	200円
1,000円以上	取引価額の20%

新聞業告示

・対象
　　新聞（日本語で発行される日刊新聞）の発行または販売を業とする者が、新聞を購読する者に対して提供する景品類
　　《適用対象例》協議会非加盟新聞、子ども向け新聞（日刊かつ発行本社が協議会非加盟）
　　※ただし協議会加盟の販売所が非加盟新聞を扱う場合は、規約の適用を受ける

アウトサイダー

・規制内容

(1) 一般懸賞

最高額	総額
取引価額の10倍または 5 万円のいずれか低い金額	懸賞に係る売上予定総額の0.7%

(2) 共同懸賞
　一般ルールと同じ

(3) 総付景品

景品類の最高額
取引価額の 8 ％もしくは 6 か月分の購読料の 8 ％のいずれか低い金額

(4) 新聞類似の付録等
(5) 公開招待
(6) 編集企画による特例懸賞（最高額＝ 3 万円）

新聞公正競争規約

・対象
　　協議会加盟の新聞事業者（96社87系統〈2024年 3 月現在〉）が、
　　新聞（一定の題号を用い、時事に関する事項を掲載し、日日発行するもの）を購読する者に対して提供する景品類　　《適用対象例》協議会加盟の全国紙、ブロック紙、地方紙、
　　　　　　　　　　　　　　　　　子ども向け新聞（日刊かつ発行本社が協議会加盟）

・規制内容　　　新聞業告示と同じ。ただし、共同懸賞は以下のとおり。

インサイダー

共同懸賞

	最高額	総額
（イ）小売り・サービス業者が共同で行う	30 万円	売上予定総額の 3 ％以内
（ロ）商店街で小売り・サービス業者が行う	30 万円	売上予定総額の 3 ％以内
（ハ）新聞販売業者が行う	15 万円	売上予定総額の0.15％以内
（ニ）新聞社が行う	30 万円	売上予定総額の 3 ％以内

業界を指導する際には、公正競争規約によらず、この業種別告示を根拠として規制を行います。実際には規約を持つ業界には、規約の内容がその業界の正常な商慣習ということで、消費者庁はこれを参酌してアウトサイダーを指導しています。

内閣総理大臣は必要と認めるときは景品類の提供を制限し、あるいは禁止することができ（景品表示法4条）、新聞業に対しても「新聞業における景品類の提供に関する事項の制限」告示により、景品類の提供を制限しています。

この告示は「新聞」を発行する新聞社や「新聞」を販売する販売所などの販売業者が、新聞を購読する者に対して景品類を提供する行為を制限しています。告示において「新聞」とは日本語で発行される日刊新聞で、英字紙など外国語の新聞は含まれません。この告示は大別して二つの部分から構成されています。

一つは新聞社や販売所などの販売業者が新聞を購読する者に対して景品類を提供してもよい範囲を具体的に示している部分です。もう一つは新聞業に特例として認められている「編集企画により自紙の購読者に限定しないで景品類を提供する場合」（特例懸賞）について、景品類を提供できる範囲を定めた部分です。内容は、基本的に規約と同じです。詳しくは第4章で説明しますが、告示全文は151ページをご参照ください。

② 規約の概要

景品表示法が禁止する不当な景品類や不当な表示は、品質や価格による競争に比べ、小さなコストで売り上げの増加をもたらすため、競争事業者に同様の行為が広がりやすく、競争事業者間でその内容が次第にエスカレートし、際限なく広がっていく恐れがあります。このため、行政当局だけでは効果的に規制することが困難です。そこで業界の自発的かつ良識ある協力により実効を上げるための具体的な手段として、公正競争規約制度が設けられています。

公正競争規約は、それに参加する意思を持った事業者や事業者団体が定めるルールであるため、法律の要件を満たす限り、法律や告示では線引きが困難な基準などを対象商品の内容に即して設定することや、法令上義務付けられていない事項についての基準を規約参加者同士で義務付けることも可能です。業界自らがこのようなルールを設定し、厳正に順守することによって、消費者を保護するところに、公正競争規約制度の意義があります。

「新聞業における景品類の提供の制限に関する公正競争規約」（規約）は、どのようなものが「景品類」か、どのような行為が「景品類の提供の制限」にあたるのかを明らかにし、これを守るため新聞公正取引協議会をつくり、その仕事を定めているものです。

規約は、事業者や事業者団体が消費者庁長官および公正取引委員会の認定を受けて設定するものです。規約を新たに設定したり、変更したりする場合は、消費者庁長官および公取委に認定申請をします。認定されると、告示され、法的な裏付けが与えられます。

③ 規約の変遷

新聞業界における販売倫理化運動、販売正常化の自主規制の歴史は、当初、日本新聞協会を中心に昭和20年代半ばから始まりました。1951（昭和26）年5月1日、新聞用紙と価格の統制が撤廃され、各社専売制に移行する過程で、販売競争が激化し、53（昭和28）年2月、全国新聞経営者協議会（地方紙40数社の経営者で構成）が「新聞業における不公正な販売手段排除に関する意見書」を公取委に提出、景品類の提供を制限する「特殊指定」の制定を要請しました。

1954（昭和29）年12月16日、新聞協会は

「新聞販売綱領」を制定し、55（昭和30）年12月29日、公取委が、「新聞業における特定の不公正な取引方法」（特殊指定）を指定。①景品類、②無代紙、③差別定価、定価の割引、④押し紙——を禁止しました。

1962（昭和37）年、景品表示法が施行され、64（昭和39）年10月9日、公取委が新聞特殊指定を改正、「新聞業における景品類の提供に関する事項の制限」を告示し、「新聞業における景品類提供の禁止に関する公正競争規約」を認定しました。この時に、それまでの特殊指定のうち、①景品類、②無代紙は公正競争規約、③差別定価、定価の割引、④押し紙は、新しくなった特殊指定により、それぞれ禁止されることになりました。

当時の告示では、日刊新聞を発行する新聞社と販売業者、すなわち新聞事業者は、新聞を購読する者に対して景品類を提供してはならないとし、例外的に提供してよい場合を具体的に列記していました。列記されていたのは、①災害見舞いの場合、②新聞類似の付録等を提供する場合、③自紙の購読者に限定しないで、催し物等に公開で優待・招待する場合、④予約紙等無償で提供する新聞で正常な商慣習の範囲内の場合、⑤編集企画により自紙の購読者に限定しないで景品を提供する場合——の五つでした。

その後、細かい部分では複数回、改正されましたが、基本的にはそのままの形で長年運用されていました。

1996（平成8）年4月に公取委は、社会・経済環境、消費者の購買行動、景品の誘引効果などの変化を理由に挙げて、前述の一般ルールを緩和しました。併せて、公取委は業種別告示の改正の検討を開始し、各業界にも公正競争規約の見直しを要請しました。98（平成10）年4月に新聞業告示が改正され、新聞購読にかかわる景品類の提供が「原則禁止」から「上限付きの制限」となりました。「懸賞によらない場合」、取引価額の8％以内の景品類を提供でき

ることとし、取引期間の上限は3か月としていました。

告示改正に伴い、1998（平成10）年9月に規約が改正され、それまでの基本原則だった景品類提供の禁止を「制限」に変更しました。このため、規約の名称も、「新聞業における景品類提供の禁止に関する公正競争規約」から「新聞業における景品類の提供の制限に関する公正競争規約」に変更されました。

また、従来の規約の守備範囲から独占禁止法、特殊指定にかかわる部分が除外されました。景品提供が緩和されたことにより、懸賞によらない景品類提供の場合、一般ルールでは取引価額の10％が上限でしたが、新聞業では上限を取引価額の8％または3か月分の購読料金の8％のいずれか低い金額、と定めました。

一方、懸賞による景品類の提供については、この時点では新聞界で合意に達していなかったため、規約では「正常な商慣習の範囲」と表記し、その後、規約の施行規則にルールを明記して翌1999（平成11）年1月から施行しました。

さらに、この時の改正の特色は、2年以内の見直しが明記されていた点です。そのため翌2000（平成12）年9月、現行の規約に改正されました。

現行の規約では、懸賞によらない景品類提供の場合、上限は取引価額の8％または6か月分の購読料金の8％のいずれか低い金額へと変更されています。

公取委は2007（平成19）年、総付景品告示を改正し、懸賞によらない景品類提供の一般ルールについて、取引価額の10％としていた上限を20％に引き上げました。

懸賞の規定は2000（平成12）年の改正では変更されていませんが、1998（平成10）年9月改正に間に合わなかったため、暫定的に施行規則にあった懸賞規定のうち、上限額など制限規定は規約に移し整理し、現在のかたちになりました。

現行の規約では、新聞業における公正な競争の確保の観点から特段の事由がなければ長く効力を持つルールとなっており、各新聞社、販売所が順守に努め、運用しています。

4 規約の要件と参加者

（1）要件

規約は、景品表示法の定めにより、不当な顧客の誘引を防止し、一般消費者による自主的かつ合理的な選択および事業者間の公正な競争を確保するため、公取委と消費者庁の認定を受けて締結・設定されるものです。以下の要件を備えていない公正競争規約は認定されません。

①不当な顧客の誘引を防止し、一般消費者による自主的かつ合理的な選択および事業者間の公正な競争を確保するために適切なものであること。

②一般消費者および関連事業者の利益を不当に害する恐れがないこと。

③不当に差別的でないこと。

④当該協定もしくは規約に参加し、または当該協定もしくは規約から脱退することを不当に制限しないこと。

①は、規約制度そのものの目的でもありますが、例えばアウトサイダーが多すぎて、事実上、実効が上がらず、当該の業界のルールたり得ないような場合です。②は、規約が業界のカルテル行為の温床となることを防止しようというものです。品質や価格の競争を不当に妨げるようなものは、一般消費者や関係事業者の利益を不当に害することになります。③は、例えば大手事業者だけに有利で中小の事業者にとって不利なものや、正当な理由もなくアウトサイダーを締め出すような差別的な内容は認められません。④については、強制加入や脱退拒否を内容としているものも認められません。新聞業の規約もこれらの要件を満たしています。

（2）参加者

新聞の規約は新聞事業者（新聞の発行または販売を業とする者）を対象としています（規約2条）。したがって、新聞社、販売業者なら誰でも参加することができ、また、自由に退会することができます。

また、「新聞」とは、一定の題号を用い、時事に関する事項を掲載し、日々発行するものとされています。「販売業者」とは、それらの新聞の販売を業とする者です。現在の規約には2024（令和6）年3月の時点で96社の新聞社と87の系統会に属する販売業者が参加しています。

規約は景品表示法に基づき消費者庁と公取委の認定を受けたルールですから、参加者に守ることを義務づけ、違反者には違約金等の措置を採ることが認められています。

（3）規約の構成

規約の構成は、第1章総則で規約で用いられる用語の定義、第2章で購読勧誘に当たっての景品類の提供が認められる範囲を列記し、最後の第3章で、規約の実施に当たっての組織や手続き、違約金等を定める、というものです。

5 施行規則の概要と構成

（1）概要

「新聞業における景品類の提供の制限に関する公正競争規約施行規則」（施行規則）では、規約で定めた内容の解釈・運用を明確にし、違反被疑行為の探知、申告、調査、措置などの一連の違反処理の手続きや、罰則、支部新聞公正取引協議会（支部協）、支部協委員長や事務局長の役割、権限など細部にわたって明確にしています。したがって、施行規則は単独では存在せず、常に規約と一体のものとして運用されなくてはなりません。

施行規則は業界内で話し合って、誰にでも分

かりやすく、また、規約の目的を遂行するためによりよい運営方法を定めています。

協議会には地域別新聞公正取引協議会が置かれていますが、規約は一つです。施行規則も規約の目的を遂行するために地区新聞公正取引協議会（地区協）、支部協の役割や事務局長の権限、違反行為の調査その他手続きを詳しく定めたものですから、本来、各地域別協議会共通のものであるべきです。事実、施行規則はそのようにつくられていますが、地域の実情や長年の商慣行を尊重して規約の趣旨を逸脱しない範囲で、独自のルールを持つところもあります。あくまで手続きや地区協、支部協の仕事や役割分担についての独自のルールということで、例えば規約の上限を超えて景品類提供を認めることはできません。もちろん、地域別協議会で手続き面だけ独自に定める場合でも、新聞公正取引協議委員会（中央協）の承認を得なければ認められません。

また、罰則規定についても従来から厳しい基準を設けている地区協、支部協は、中央協に報告して、従来どおりの厳しい基準を適用することが認められています。

本書の第4、5章では、実際に支部協でルールを運用する際の手続きについて解説しています。施行規則本文では規定していない細かい解釈は中央協で確認し、解釈を決めていますので、巻末の「Q&A」と併せてご覧ください。

（2）構成

施行規則は四つの章に分かれ、49条で構成されています。各章の内容は以下のとおりです。

第1章が「景品類提供の範囲」です。規約では懸賞による方法、懸賞によらない方法、試読紙、新聞類似の付録など提供できる景品類の範囲を規定していますが、施行規則では提供方法や期間などを含め、より具体的に細部にわたって規定しています。

第2章は「提供景品類の届出」で、使用する景品類の届け出の手続きや書式と支部協事務局での処理、支部協と支部協事務局長の権限、一時停止命令や届け出違反に対する措置などを規定しています。

第3章「違反行為の処理手続」は、上限を超えた景品類提供行為に対する探知、調査と事務局長の権限、緊急停止命令など支部協の暫定措置から、支部協での違反措置、罰則規定、支部協で処理できない場合の上部機関への移管措置などが規定されています。

そして第4章では、「違反行為の防止措置等」で、セールススタッフの登録手続きや正常化状況の監視、事務局職員の研修、正常販売のPRといった内容になっています。

6　新聞公正取引協議会と協議会規則

（1）組織

新聞公正競争規約には、この規約を運営していくための執行機関として協議会を設置することが規定されており、これに基づき新聞公正取引協議会が設置されています。この協議会は規約に参加する新聞事業者で構成されます。

協議会は、規約に関する相談、指導に関することや、規約の順守状況の調査、違反事実の調査、違反行為に対する処理などを行います。

協議会は、規約の実施、運営に関する事項について、別に規則を定めることができます（規約9条）。

協議会の組織、事業活動を定めるために「新聞公正取引協議会の組織および運営に関する規則」（以下「協議会規則」）があります。この協議会は、規約に定められた規定に違反した場合の処理、景品類の提供に関する調査や研究、消費者庁との連絡、その他必要なことがらを行うことになっています。

協議会の組織は、2024（令和6）年4月現

在、新聞公正取引協議委員会（中央協）と、その下部組織に全国11地区の地区新聞公正取引協議会（地区協）、そしてその下に57の支部新聞公正取引協議会（支部協）、さらにその下に地域別実行委員会（実行委）が設けられています。新聞公正取引協議会はこれら組織の総称です。協議会全体を構成するこれらの組織は構成メンバー、役割がそれぞれ異なりますが、規約上は7条3項に掲げる事業を行う旨規定されています。

（2）新聞公正取引協議委員会（中央協）

新聞公正取引協議会の中央組織として新聞公正取引協議委員会（中央協）があります。中央協自体は1955（昭和30）年に発足し、当時は新聞業の特殊指定の順守徹底をその任務としていました。その後、第1章で述べたように64（昭和39）年に特殊指定が、公正競争規約と特殊指定に分離した際、それまであった中央協以下の協議会組織が公正競争規約の運用機関として位置づけられました。

中央協は発足した当時から、日本新聞協会の委員会組織の一つでもありました。したがってかつては、中央協の決定は日本新聞協会の決定ということになり、新聞協会加盟の全新聞社はこれを守る義務がありました。規約もまた、中央協で審議し、決定しますので日本新聞協会の全加盟社が守らなければならないとされていました。

これは日本新聞協会が新聞業界の中心的な役割を果たしてきたこともももちろんありますが、さらに新聞という特殊な商品（憲法に保障された言論、報道の自由にかかわる）の性格からも、日本新聞協会のバックアップが必要という考えによるものです。この考え方は規約の中にも受け継がれており、当時の協議会規則は、日本新聞協会の販売正常化委員会へ違反処理について判断を求める条項など、双方の緊密な関係が色濃く出ている内容でした。

新聞業界における販売正常化の自主規制は、もともと日本新聞協会を中心に昭和20年代の半ばころから始まりました。規約の「前身」ともいうべき独占禁止法上の新聞業における不公正な取引方法（旧特殊指定）の制定の際にも、日本新聞協会と公取委の間で検討され、その後、規約をつくるに当たっても同様でした。

ところが、1998（平成10）年の景品制限告示、規約の改正の際、公取委の行政指導により、日本新聞協会と新聞公正取引協議会の関係の整理を求められ、現在、両者は別の組織として位置づけられています。

（3）協議会規則の構成と内容

協議会規則は、第1章が目的を定めた総則、第2章が新聞公取協の組織、第3章は違反者に対する措置などを定めた新聞公取協の運営方法という内容です。地区協、支部協はさらに規約、施行規則、協議会規則に基づいて独自の規則を中央協の承認を得て、定めることができます。

①協議会会長と協議会総会（協議会規則4条、5条）

協議会は会員総会において会長を選出しています。会長の任期は2年間で、再任を妨げません。

また、協議会は原則として年1回総会を開催することになっていますが、急に対応しなくてはならない議事があるたびに会員に諮る場合、日々新聞を発行し、配達している全国の新聞社や販売業者の代表が一堂に会することは困難です。そこで、協議会の日常的な事業活動は中央協に委任しています。

従来は、協議会運営の執行は中央協の専管事項で、規約改正などの際は中央協委員長が協議会代表として公取委に申請していましたので、総会も会長も設置していませんでしたが、公取委の指導で協議会全体の意思決定機関としての

総会の開催と、会長の設置を協議会規則に盛り込むことになりました。

②新聞公正取引協議委員会（中央協）（協議会規則6～12条）

中央協は協議会加盟のうち新聞社の代表者59人（委員長社は2人）と、新聞社の系統と同数の販売業者代表58人の計117人で構成され（2024年4月現在）、原則毎月1回開かれています。ただ、日々全国各地で新聞の配達業務に従事している販売業者の代表が毎月、集まるには支障がある場合もありますので、例会には全国11地区の販売業者代表11人が出席しています。中央協には地区協委員長も出席しているので、本社側、販売業者側2人から各地区協に対して中央協の議事内容を伝達しています。本社側、販売業者側すべての中央協委員が出席する会合を年に1回開催しており、これを中央協全体会議と称しています。中央協は規約、施行規則等の改正や解釈のほか、販売現場の問題処理、そして規約の順守状況調査にウエートが置かれ、消費者庁との連絡、地域別新聞公正取引協議会への指導、監督を行います。このため、中央協は地域別協議会に対し議事録や違反処理状況をはじめ、その他必要な報告を求めることができます。

中央協は規約、施行規則の改正申請や解釈、消費者庁との連絡など協議会全体の運営にかかわる業務を行うため、事務局を置くこととされています。中央協事務局の業務は、中央協がかつて日本新聞協会の委員会のひとつであった経緯から、新聞協会事務局に委嘱することが協議会規則に明記されています。また、事務局には必要に応じて事務局長、幹事が置かれます。

③地域別新聞公正取引協議会（協議会規則13～20条）

地区新聞公正取引協議会（地区協）、支部新聞公正取引協議会（支部協）、地域別実行委員会（実行委）を総称して地域別新聞公正取引協議会（地域別協議会）といいます。地区協と支部協は、当該協議会の所管する地域の新聞社の代表者と販売業者代表で委員を構成しており、実行委は当該地域の新聞社の販売担当者と販売業者、もしくは販売業者のみで構成しています。また、地区協と支部協は必要に応じて常任委員会を置くことができますが、最終的な決定機関はあくまで地区協、支部協です。

また、地域別協議会には必要に応じて事務局を置くことができます。このうち支部協には必ず事務局を置かなくてはなりません。これは支部協事務局が使用景品類の届け出をはじめ、規約、施行規則にかかわる諸手続を行うことが施行規則上位置付けられており、実際の違反調査、違反処理においても第一線としての重責を担っているからです。支部協は違反行為の調査能力を持ち、あわせて支部協の運営をスムーズにできるよう事務処理を担当する第三者の事務局を設置することが義務付けられています。

これに対して地区協は①支部協から活動報告を受け、十分活動していないときは活動するよう指導する、②複数の支部協にまたがった違反、支部協決定に対する不服申し立てなどの解決にあたる、といった仕事を特に割り当てられています。

④協議会の運営（協議会規則21～28条）

中央協や地区協、支部協は規約の周知、徹底だけでなく違反の取り締まりを行います。新聞公取協では違反措置について支部協一審制を採っていますが、地区協や中央協で措置することもあります。支部協での違反措置については罰則も含め第5章で詳しく紹介しているので、ここでは地区協と中央協の措置について触れます。

通常の違反行為はすべて支部協で措置されるのが大前提ですが、まれに何かの理由で支部協では解決できないような場合は、地区協に裁定

を求めることがあります。同様に地区協も中央協に裁定を求める場合があり、規則に「地域別新聞公正取引協議会の上申」として規定されています。

一般に支部協で処理不能な事案とは、これまでに例のない事案や、規約・施行規則等の解釈、運用にかかわる問題が中心であることが多く、現実には地区協を経由して中央協まで上申されてくることがほとんどです。中央協では、地区協から裁定を求められた場合、全国の会員に関係するテーマであれば中央協で処理しますが、特定の地域に限定されるような問題であれば、その地域に関係のある中央協委員で構成する小委員会を設けて処理することもできます。

また、中央協委員長が「緊急を要する」と判断した場合は、中央協の議を経ずに違反事業者に対し一時違反停止を勧告することができます。

新聞公正取引協議会と新聞協会販売委員会は、2014（平成26）年にウェブサイト（https://www.nftc.jp/）を開設し、一般消費者に向けて新聞販売ルールの概要や、各発行本社の読者相談窓口を周知しています。18（平成30）年からは、それまでの『中央協だより』に代わり、毎月の中央協確認・決定事項を掲載しています。

〔新聞公正取引協議会と中央協の組織〕（2024年4月現在）

新聞公正取引協議会

会長	新聞協会販売改革特別委員長が兼務
会員	発行本社　　96社
	販売業者　　87系統

新聞公正取引協議委員会（中央協）

発行本社　　58社　59人
（委員長社は1社2人）
販売業者　　58系統58人
販売業者地区代表　　11人

常任委員会

発行本社の委員18社18人

正副委員長会議

発行本社の委員から選任

委員長	1社	1人
副委員長	11社	11人

〔新聞公正取引協議会組織一覧〕（2024年4月現在）

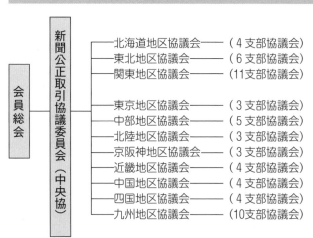

会員総会 ─ 新聞公正取引協議委員会（中央協）

- 北海道地区協議会───（4支部協議会）　道央、道南、道北、道東
- 東北地区協議会───（6支部協議会）　青森、岩手、秋田、宮城、山形、福島
- 関東地区協議会───（11支部協議会）　神奈川、埼玉、千葉、茨城、栃木、群馬、新潟、長野、山梨、静岡、多摩
- 東京地区協議会───（3支部協議会）　東部、中部、西部
- 中部地区協議会───（5支部協議会）　名古屋市、尾張、三河、岐阜、三重
- 北陸地区協議会───（3支部協議会）　石川、富山、福井
- 京阪神地区協議会───（3支部協議会）　大阪、神戸・阪神、京都
- 近畿地区協議会───（4支部協議会）　兵庫、滋賀、奈良、和歌山
- 中国地区協議会───（4支部協議会）　岡山、広島、島根、鳥取
- 四国地区協議会───（4支部協議会）　香川、愛媛、徳島、高知
- 九州地区協議会───（10支部協議会）　山口、北福・筑豊、南福、佐賀、長崎、熊本、大分、宮崎、鹿児島、沖縄

新聞協会と新聞公正取引協議会の関係

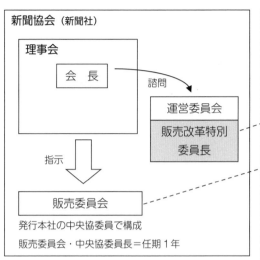

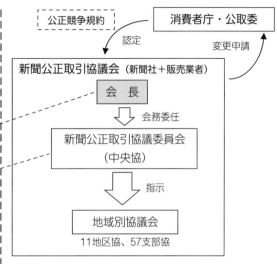

【関係法令】

1. 独占禁止法（所管＝公取委）
   ○著作物再販
   ○不公正な取引方法
   （差別対価、優越的地位の濫用など）
   ○カルテル行為（価格や供給量の制限）
2. 特殊指定（公取委告示）
   ○差別定価・値引き、押し紙の禁止
3. 特定商取引法（共管＝消費者庁、経産省）
   ○訪問販売
   ・書面交付義務や再勧誘禁止など
   ・クーリングオフ規定

1. 景品表示法（所管＝消費者庁）
   ○新聞業告示、新聞公正競争規約
   ・「6・8ルール」
   景品額＝取引価額の8％（上限6か月）
   （一般ルール〈20％〉より制限）

※公取委は各業界の公正競争規約の認定に際し、独禁法の観
点から審査に関与している。

第3章 景品類提供ルールの基本

新聞業の景品類の提供については、「新聞業における景品類の提供に関する事項の制限」（新聞業告示）により定められています。新聞業界では、この告示を守るための自主規制ルール「新聞業における景品類の提供の制限に関する公正競争規約」（規約）を定め、景品類の種類、提供できる上限などを明示しています。

さらに、この規約の内容の解釈・運用を定めたものが、「新聞業における景品類の提供の制限に関する公正競争規約施行規則」（施行規則）です。施行規則には景品類提供で必要な手続き、違反処理の手続きや罰則、地区協と支部協事務局の役割や権限などを明確に定めています。

新聞公正取引協議会に参加する会員は、景品類の提供や、違反行為の処理をする場合は、規約と施行規則に則って運用、手続きをします。

1 景品類の種類

規約2条は、規約で使われる用語や行為について定義しています。

景品類 この規約で制限される「景品類」とは、新聞事業者が、顧客を誘引するための手段として、方法のいかんを問わず、自己の供給する新聞の取引に付随して、新聞を購読するものに提供する物品、金銭その他経済上の利益を指します。

新聞事業者 「新聞事業者」とは、新聞社と販売所の代表者のことですが、新聞社の役員、従業員、販売所の従業員、新聞社や販売所から委託を受けたセールススタッフもこの規約の対象に含まれます。新聞社の場合、販売局に属する人だけでなく、広告局でも編集局の人でも同じ扱いになります。

専業の新聞販売所でなくても、新聞の販売を行っていれば販売業者として「新聞事業者」に含まれます。例えば、雑貨屋さんが新聞販売を兼業している場合、新聞販売にかかわる部分は新聞事業者として扱われることになります。

顧客誘引の手段として →
取引に付随して提供する → 「景品類」に該当
経済上の利益 →

※値引き、アフターサービス等は除きます。

27

顧客を誘引するための手段 「顧客を誘引するための手段」とは、新聞販売所や発行本社が新聞を購読させ、または購読を継続させるためのあらゆる手段をいいます。

方法のいかんを問わず 「方法のいかんを問わず」とは、読者に景品類を提供する際、新聞社や販売所が直接提供することだけでなく、間接的に第三者を通じて景品類を提供することもこの規約の対象とすることをいいます。

例えば、以下のような行為も新聞社や販売所による景品類の提供に含まれます。

①新聞事業者が家電メーカーとタイアップして、自紙の読者に限り、電気製品を割引価格で提供する

②化粧品会社が、P新聞の読者に限り化粧品を割引価格で提供する旨の広告を、P新聞に掲載する

③婦人会、自治体などの団体、組織に寄付を行い、見返りとして構成員に新聞購読をさせるように仕向け、購読させる

④中元、歳暮、開業記念などと称して、物品等を提供する

⑤販売所のPR誌にクイズ、クロスワードパズルを掲載、あるいは投稿を募り、正解者、入選者に賞金、賞品を提供する

⑥くじ引きで景品類を提供する

景品類を提供する 「顧客を誘引するための手段」として「方法のいかんを問わず」提供する行為を指しますが、読者が実際に景品類を受け取らなくても、提供を申し出る行為も規

物品、金銭その他の経済上の利益 （規約2条1項）

①物品および土地、建物その他工作物

・物品＝洗剤、台所用品、タオル、缶ビール、新聞、雑誌、書籍など

　　無代紙は、懸賞により提供する場合、他の景品類と複数提示していずれかを選択させた場合、他の景品類と無代紙を提示した結果、消費者から「両方くれれば購読する」といわれ提供した場合、景品類とされます。

・土地、建物その他工作物＝不動産

②金銭、金券、預金証書、当せん金付証票および公社債、株券、商品券その他の有価証券

・金券＝郵便切手、収入印紙など

・有価証券＝手形、小切手、商品券、図書券、債券など

・当せん金付き証票＝宝くじ

　　金銭は、懸賞により提供する場合、他の景品類と複数提示していずれかを選択させた場合に、景品類の扱いを受けます。新聞の購読勧誘を目的に借金の肩代わりや本人に代わって保険代金を支払うなども含まれます。金券とは商品券のことではなく、その券自体が特定の金銭的価値を持つもので、郵便切手や収入印紙のことです。有価証券のように権利を表象するだけのものは金券とは言いません。有価証券とは、手形、小切手、商品券、債券などを言いますが、ここでは一般的なものだけ例示しています。当せん金付証票は宝くじのことです。

③きょう応

　　飲食の提供、映画・演劇・スポーツ・旅行その他催し物等への招待・優待など

④便益、労務その他の役務

　　引っ越しの手伝い、家屋・調度品の修繕、買い物代行など

約の対象とされます。ただし、新聞社や販売所が評論家や有識者を文化的・教育的な催し物に招待することは、販売手段ではないので除外されています。

新聞を購読するもの　現在新聞を購読している者のほか、将来新聞を購読する可能性がある者も含まれます。「新聞を購読するもの」には現在新聞を購読しているかどうかにかかわりなく、全ての消費者が該当します。

販売現場では、購読契約を延長してもらうために景品類を付けたり、他紙の読者や新聞を購読していない人に景品類を提供して自紙の読者・予約読者にしたりすることも考えられます。全ての消費者を「新聞を購読するもの」の範囲の中に入れておかないと完全ではないというわけです。

物品、金銭その他経済上の利益　規約2条1項で具体例を挙げています。

2　提供方法による違い

制限される景品類提供行為は、「懸賞による方法」と「懸賞によらない方法」の二つに大別されます。

懸賞による方法には、一般懸賞と共同懸賞があります。このほか、オープン懸賞がありますが、新聞の取引には付随しませんので、規約でも、景品表示法でも規定していません（詳しくは4章参照）。

一般懸賞は、景品類の最高額が取引価額の10倍または5万円のいずれか低い額（一般ルールの2分の1）、景品類の総額は取引予定総額の0.7％以内（一般ルールは2％以内）、年間の実施期間は9か月以内とし、抽選は透明性を確保しなければなりません。

共同懸賞は、イ）小売り・サービス業者が行う、ロ）商店街で小売り・サービス業者が行う、ハ）新聞販売事業者だけが行う、ニ）新聞社だけが行う、に分類し、イ）ロ）ニ）は一般

ルールと同じ（景品類の最高額30万円、景品類総額は取引予定総額の3％以内）とし、ハ）は最高額15万円、取引予定総額の1.5％以内（一般ルールの2分の1）としています。

「懸賞によらないで提供する景品類」（総付景品）については、取引価額の8％以内または6か月分の購読料金の8％以内のいずれか低い額に制限されています。これがいわゆる「6・8ルール」と呼ばれているものです。

このほかに「新聞類似の付録等を提供する場合」（新聞類似の付録等）、「自紙の購読者に限定しないで、催し物等に公開で優・招待する場合」（公開招待）、「予約紙等」であって「新聞業の正常な商習慣に照らして適当と認められるもの」について、提供が認められています。

「編集企画により自紙の購読者に限定しないで景品類を提供する場合」は、新聞の編集に関連したクイズ、アンケート等の募集を行う場合、「懸賞により提供する景品類」「懸賞によらないで提供する景品類」の規定にかかわらず3万円以内の景品類を提供できるとしています。これについては、4章で詳しく説明します。

3 価額の算定

　提供する景品類の価額は、現金が賞品の場合には疑義が生じませんが、物品等の場合には価額の算定方法が問題となります。

　公取委の規定（「景品類の価額の算定基準について」1978〈昭和53〉年11月30日事務局長通達第9号）では、次のとおりとされています。

```
      景品類の価額の算定

①景品類と同じものが市販されている場合
 は、景品類の提供を受ける者が、それを通
 常購入するときの価格
②市販されていない場合は、提供する者がそ
 れを入手した価格、類似品の市価等を勘案
 して、提供を受ける者がそれを通常購入す
 ることとしたときの価格を算定し、その価
 格による
```

　これは懸賞によらないで提供する景品類（総付景品）、懸賞により提供する景品類にかかわらず同じ基準で算定することとなっています。価額は消費税込みで算定します。

　つまり、景品類の価額は実際に消費者が手にするときの価額であり、卸売価格や原価ではありません。したがって、提供できる景品類の最高額が5万円の場合、仕入れ原価が5万円だからといって、市価7万円の商品を提供することはできません。また、実際は3万円の商品なのに、あたかも5万円の価値があるように告知広告したり、表示したりすることは懸賞の上限価額規定には違反しませんが、消費者に誤認される表示として規制される恐れがあります。

　券類の場合も、表示されている価格であり、仕入れたときの価額ではありません。オリジナルデザインの商品券に製作手数料がかかった場合も、景品類の価額は表示されている価格となります。同様に、通常、観賞するためには2,000円かかる映画を、無料で鑑賞できる招待券を映画館から無料で入手し提供しても、価額はやはり2,000円の景品類として判定します。また、この場合、無料招待券ではなく1,300円で鑑賞できる券なら差し引き700円分の経済上の利益を供与したことになります（700円の景品類と判定）。

　1枚300円の宝くじを当選前に景品類として提供する場合、宝くじの景品類としての価額は300円です。

　メーカー希望小売価格が1,000円の洗剤であっても、その洗剤が景品類として使用される地域のほとんどの小売店で800円が実勢価格となっていれば、景品類の価額は800円になります。

　また、発売当初は1,000円で売られていたタレントの肖像写真が印刷されたプリペイドカードなどで、その新品がなく、プレミアムが付いて、金券ショップやカードショップで販売されている場合などは、その価格を実勢価格として判断基準とするのが妥当でしょう。

　一般に販売されていないオリジナルグッズの場合、類似した他の商品の価額を参考にして判定してください。オリジナルタオルの場合は、デパートやスーパーなどタオル売り場で、同様のサイズ、素材の品物の価格を参考にして価額を判定してください。類似品が市販されていない場合は、届け出時に添付された製造単価の根拠などを勘案し、景品類の提供を受ける者がそれを通常購入するときの価格を算定して妥当かどうかを判断します。

第4章 懸賞（一般懸賞、共同懸賞、オープン懸賞、編集企画）

「懸賞」とは、くじなど偶然性を利用して、またクイズの正誤、作品の優劣などによって景品類を提供する行為です。

新聞事業者が実施する懸賞には、一般懸賞、共同懸賞、オープン懸賞、編集企画の4種類あります。

このうち編集企画は、新聞社が新聞の編集の企画上、必要があると認める場合に限り実施できる特例懸賞です。販売業者は実施できません。

新聞社、販売所が実施する一般懸賞・共同懸賞・オープン懸賞・編集企画の概要

	事前届出	景品類の最高額 ※1	景品類の総額	年間の実施期間	応募用紙の刷り込み	編集用アンケートなど
一般懸賞 ※2	必要	取引価額の10倍または5万円のいずれか低い額	売上予定総額の0.7%以内	通算9か月以内	可	任意
共同懸賞	必要	（イ）小売・サービス業者が共同で行う、（ロ）商店街で小売・サービス業者が行う、（ニ）新聞社が行う場合は30万円、（ハ）新聞販売業者が行う場合は15万円	（イ）小売・サービス業者が共同で行う、（ロ）商店街で小売・サービス業者が行う、（ニ）新聞社が行う場合は3%、（ハ）新聞販売業者が行う場合は1.5%	通算70日以内（ロ、ハのみ）	可	任意
オープン懸賞	不要	制限なし	制限なし	制限なし	不可	読者でないと回答できないものは不可
編集企画（新聞社のみ）	不要	3万円	当選者数が過大にわたらないこと	制限なし	不可	必要※3

※1 景品類の価額は、市価（市販されていない場合は類似品の市価）、消費税込みで評価します。また、当選1本あたりで評価します。例えば1人1万円の宿泊券を2人1組で景品とした場合、価額は2万円となります。

※2 電子サービス単体の購読者のみを対象とした企画は、規約ではなく景品表示法に基づく一般懸賞の制限を受けます（80ページ参照）。

※3 ①アンケートの質問事項、クイズ等についての回答、②ある事実についての将来の予想もしくは推測、③趣味、娯楽、教養等に関する問題の解答を募集

懸賞とは

「懸賞による景品類の提供に関する事項の制限」の運用基準（2012〈平成24〉年6月28日消費者庁長官通達第1号）

①くじその他偶然性を利用して定める方法

・抽選券を用いる方法

・レシート、商品の容器包装等を抽選券として用いる方法

・商品のうち、一部のものにのみ景品類を添付し、購入の際には相手方がいずれに添付されているかを判別できないようにしておく方法

・すべての商品に景品類を添付するが、その価額に差等があり、購入の際には相手方がその価額を判別できないようにしておく方法

・いわゆる宝探し、じゃんけん等による方法

②特定の行為の優劣または正誤によって定める方法

・応募の際一般には明らかでない事項（例えば、その年の10大ニュース）について予想を募集し、その回答の優劣または正誤によって定める方法

・キャッチフレーズ、写真、商品の改良の工夫等を募集し、その優劣によって定める方法

・パズル、クイズ等の解答を募集し、その正誤によって定める方法

・ボウリング、魚釣り、〇〇コンテストその他の競技、演技または遊技等の優劣によって定める方法（ただし、セールスコンテスト、陳列コンテスト等は含まれない）

1　一般懸賞

　新聞事業者の一般懸賞は、景品類の最高額が取引価額の10倍または5万円のいずれか低い額、景品類の総額は売上予定総額の0.7％以内で実施できます。新聞社については、1999（平成11）年1月に施行規則の一部を変更し、関連条文を盛り込みました。また、販売業者については、2002（平成14）年4月から系統新聞社と連名で支部協議会に届け出て、違反した場合は、系統新聞社の連帯責任とすることとし、懸賞を実施できることになりました。

　懸賞とは、①くじその他偶然性を利用して定める方法、②特定の行為の優劣または正誤によって定める方法——によって、景品類を提供される人または提供する景品類の価額を決めることです。

先着表示

　よく「先着何名様にプレゼント」というような企画を目にします。来店または申し込みの先着順で提供の相手を定めることは、「懸賞」には該当せず、「懸賞によらないで提供する景品類」のルールが適用されます。

　ただし、例えばウェブサイトでの購入申込順に景品類を提供するなど、購入者が、申し込み時点で景品類の提供を受けることができるかどうか分からず、偶然性によって決まると認められる場合は、懸賞とみなされることがあります。

（「『懸賞による景品類の提供に関する事項の制限』の運用基準」2012〈平成24〉年6月28日消費者庁長官通達第1号）

新聞社が実施する懸賞は紙面やウェブサイトで告知し、全読者を対象に実施する方法が一般的です。一方、地域に密着した販売業者の場合は、対象読者が新聞社よりは少なく、小回りが利くので、例えばスポーツ競技や、絵画、作文のコンクールを実施して小・中学生にも楽しく参加してもらえるような企画を実施するなど、いろいろな創意工夫の余地があります。

（1）対象と範囲

①対象

一般懸賞の対象は、新聞の購入者です。現読者だけ、または新規契約の購読者だけとすることもできますし、両者を対象とすることも可能です。また、購読1か月以上、あるいは3か月以上といった取引期間や取引金額の条件を付すことも、定期購読に限らず、「即売読者だけ」という企画も可能です。

さらに新聞事業者がP紙、Q紙、R紙の複数紙を扱っている場合、P紙だけ、またはP紙とQ紙、あるいはP紙とR紙というように一部の新聞の購読者を対象に実施することもできますし、取り扱っている全ての新聞の購読者を対象に実施することもできます。

ただし、懸賞により提供できる景品類の最高額および総額は、ケースごとに異なりますので、注意が必要です。

②範囲

懸賞により提供する景品類については、最高額と総額の制限が設けられています。

また、通常、値引きと解釈される現金や取引対象紙の提供行為なども、懸賞により提供する場合は「景品類提供」として扱われます。（「景品類等の指定の告示の運用基準について」1977（昭和52）年4月1日、事務局長通達第7号）

なお、景品類の提供方法としては、懸賞によ

るものと、懸賞によらないもの（総付景品）がありますが、これらは異なる提供方法なので、同じ事案の契約に対し、懸賞によらない景品類、すなわち「6か月・8％以内」の景品類の価額と、懸賞により提供される景品類の価額を合算して上限違反とされることはありません。

もちろん、懸賞による景品類を「6か月・8％ルール」による景品類の脱法行為として提供した場合は、違反とされます。

（2）実施期間と回数

一般ルールでは期間や回数の制限はありませんが、新聞業では、新聞社も販売業者も実施期間と回数に制限を設けています。実施期間とはキャンペーン期間、つまり懸賞の応募受付期間です。回数は、告知開始から締め切り、当選者の発表、賞品発送までの一連の作業を通して1回と数えます。

原則として、年間の実施回数は3回、実施期間は3か月をそれぞれ限度としていますが、実施期間の通算が9か月を超えない範囲で実施回数の増加、および実施期間の延長を行うことができます（規約3条1項1号ニ）。

4か月間の懸賞を2回実施しても、1か月間の懸賞を9回実施しても良いわけです。毎月1回・計年間12回や、それ以上の回数で懸賞を実施することも可能です。

実施期間は、新聞社、販売業者とも毎年9月1日を起算日とし、翌年の8月末日までの1年間の中で期間と回数をカウントします。この1年間を経過すれば、また、新たな1年を期間・回数ゼロから始めます。新聞社の懸賞は中央協、販売業者の懸賞は支部協で、どの事業者が、何回、何か月実施したかを把握することが義務付けられています。

（3）実施地域と実施主体

　新聞業では懸賞を実施する際、実施地域に制約を設けています。規約3条1項1号ハで「懸賞の実施地域の最小単位は、都道府県とすること。ただし、新聞の発行・配布区域が一の都道府県の一部にとどまる場合は、その配布区域の範囲内とする」と規定しています。

【新聞社の場合】

　一つの都道府県以上の発行エリアを持つ新聞社は一つの都道府県以上の区域、発行エリアが一つの都道府県に満たない新聞社の場合は、発行全区域が最小実施区域となり、それより狭い範囲での懸賞は認められません。

【販売業者の場合】

　一般的には自らの配布地域の全体が対象となります。したがって、販売所の場合は配布区域の一部分だけを対象とした一般懸賞は実施できません。販売所に自己の配布全地域より狭い範囲で懸賞を認めると、例えば〇丁目の読者だけとか、〇番地の読者だけという企画が行われる

実施期間と実施地域

　実施地域は最低実施単位以上であれば、自由に設定できます。全国を発行エリアとする新聞社の場合、例えば宮城県と山形県を対象地域に4か月間懸賞を実施し、その後、全国を対象に6か月間実施しようとした場合、ほとんどの地域では規定の9か月間以内という範囲に収まっていますが、宮城県と山形県では期間の制限を超えるので、後から実施する懸賞は違反となってしまいます。

　販売業者の場合、配布区域がP、Q二つの支部協にまたがっている場合、全区域を対象とするので、届け出はそれぞれP、Q二つの支部協に行います。当該店は計算上、P支部協で9か月間、Q支部協でも9か月間まで、実施できます。

など特定の個人を対象とした「総付景品の脱法行為の手段」（対外的には、懸賞に当選したと偽り、景品類を提供し、一契約で合算すると、「6か月・8％」の上限を超えた過大な景品類を提供する行為）として使われる恐れがあるからです。新聞社の場合も同様の理由です。

　懸賞の実施主体は「事業者」なので、複数の配布区域のそれぞれの代表者が別々の名義になっていれば、それぞれが独立した1店舗として扱われます。

　販売業者の集まりである系統会は、懸賞を実施する「事業者」には当たりません。系統会が同一企画の懸賞を実施する場合がありますが、この場合も店舗ごとに ①提供する景品名と価格 ②当選者数 ③提供する景品総額 ④売上予定総額に占める③の割合——をあらかじめ算出し、支部協事務局に届け出ることになります（2021〈令和3〉年2月18日・第702回中央協確認・決定事項）。これは、系統会に属する複数の販売所で実施することをうたい、実際は特定の販売所エリアの読者に集中して景品類を提供するような行為を防ぐためです。また、複数の事業者が共同で実施するからといって、共同懸賞になるとは限りません。詳しくは、44ページ「2．共同懸賞」を参照ください。

《1人の所長が離れた複数の配布区域を持つ場合や、複数の販売所を兼営している場合》

①同一支部協内で複数の配布区域がある場合

　配布区域全域を対象に実施できることは言うまでもありませんが、複数の配布区域がそれぞれ別の市区町村に存在する場合は、それぞれの区域ごとに別個に実施しても構いません。ただし、実施回数、実施期間は同一事業者の懸賞として算入することになります。

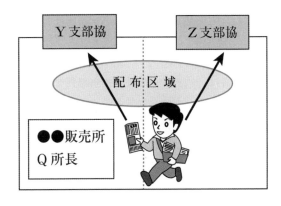

例1）P所長がＸ支部協で同一企画をイ区域とロ区域で１か月実施する場合
→実施回数１回、実施期間１か月とカウントします。

例2）P所長がＸ支部協でイ区域は１月、ロ区域は２月にそれぞれ実施する場合
→区域ごとにカウントせず実施回数２回、実施期間２か月とカウントします。

複数の配布区域で実施するとうたい、実際は一部の配布区域の読者に集中して景品類を提供するような行為は、「総付景品の脱法行為」となります。または、配布区域が極めて近接している場合に、ある区域だけを対象とする企画は、支部協の判断により、個別実施を禁止し、区域全体を対象とするよう求めることができます。

②複数の支部協にわたって配布区域がある場合

配布区域が複数の支部協にわたって切り離された状態で存在する場合は、それぞれの支部協に届け出たうえで、実施します。

配布区域が複数の支部協にわたって連なっている場合は、原則、全区域を対象とした同一企画となりますが、届け出はそれぞれの管轄の支部協に届け出るものとします。

例3）Q所長の配布区域が二つの支部協にわたる場合
→Q所長は、Ｙ、Ｚ支部協どちらにも届け出をします。実施回数、実施期間は、Ｙ、Ｚ支部協でそれぞれ１回、１か月とカウントします。

たまたま二つ例示しましたが、これ以外にも実施区域に関するさまざまな疑問や問題が出てくると思います。支部協で審議し、結論が出ない場合は中央協に上申してください。

（4）中央協、支部協への届け出

①定例会議までに届け出

懸賞を実施する際には、新聞社は中央協、販売業者は支部協に、それぞれ事前に届け出を行わねばなりません。新聞社の懸賞には、販売局以外の部門が実施する企画もありますが、一般懸賞に該当するものは全て届け出が必要です。販売業者が複数の支部協にまたがって実施する場合、実施する地域の全ての支部協へ届け出が必要です。

新聞社の届け出は「様式第５号」により行い、販売業者は「様式第６号」により行います。新聞社の場合、申請者はその社を代表する方なら誰でも構いませんが、中央協委員社の場合は中央協委員とするのが一般的です。押印は省略しても構いません。

また、販売業者の場合は、系統新聞社と連名で支部協に届け出なければなりません（施行規則14条の２第１項２号）。この場合の系統新聞社責任者は、代表者、局長、担当部長などですが、後述するように販売業者の違反があった場合、系統新聞社は指導監督責任、連帯責任を問われ違反措置の対象となりますので（施行規則23条、23条の２）、誰が署名してもその事実を新聞社として認知していることが前提となります。押印は省略しても構いません。

中央協、支部協への届け出は、事務局による事前確認のため懸賞実施（告知）前の定例会議開催日までに余裕をもって提出してください。定例会議では懸賞企画の実施内容を報告します。

届け出を受けた中央協事務局、支部協事務局長は提出された書類に記載漏れや不備がないか、また、懸賞の規定に照らして問題がないかどうかを確認します。記載事項に不備がある場合や、上限額、総額、実施期間や実施地域など企画段階で違反がある場合は、受理せず、訂正の上、再提出を求めてください。

配布区域が複数の支部協に飛び地のように点在しているような場合については、関係する支部協で実情に即して、「配布地域の一部」に該当するかどうかを判断します。配布地域と届け出る支部協の関係について、不明の場合は中央協に上申してください。

書類の記入の仕方や、懸賞ルールの解釈で不明な点がある場合は、中央協事務局または支部協事務局にお問い合わせください。

なお、販売業者の懸賞の場合、系統新聞社と販売業者が連名で届け出を行いますが、販売業者が実施する懸賞については、新聞社の懸賞の実施期間および回数にはカウントしません。

②中央協への報告

支部協は、中央協に対し、毎月、懸賞の届け出状況のほか違反事案等の処理状況について報告を行います。

（5）懸賞の告知、実施方法

①告知

中央協、支部協で了承された後は、懸賞の実施を読者に告知することができます。新聞社、販売業者とも紙面、ウェブサイトやSNS、広報誌、放送、折り込み広告、ポスター掲示などの方法で告知することになります。告知の方法や量は自由に選択できます。

②実施方法

一般懸賞は取引に付随した懸賞ですから、自紙の読者に対し、抽選券、応募券を配布して行う方法や、抽選券、応募券を用いなくても応募を読者に限定して行う方法があります。

抽選券を配布して懸賞を実施する方法としては、例えば氏名、住所、電話番号等を記載する懸賞応募用紙（はがき）を作成し、集金時や新規購読契約時に手渡すといった方法が考えられます。また、集金時の領収書を応募券に代えて申し込んでもらうことも可能です。

【新聞社の場合】

紙面に応募券、抽選券を刷り込んで実施することも可能です。ただし、例えば３か月以上の購読者を対象として実施した場合、即売紙を買った人も、他人からもらった人も応募はできるわけですから、当選した人が間違いなく自紙の読者であり、３か月以上の購読者かどうか確認してからでないと賞品を提供できません。この確認作業を「購買証明確認」と呼んでいます。

【販売業者の場合】

販売業者が、読者に配布しているミニコミ誌などを活用して懸賞の告知をすることが考えられ、この場合も一般懸賞となります。

応募券、抽選券を用いなくても懸賞企画を掲載したミニコミ誌またはチラシ広告を自店扱いの新聞に折り込む場合、あるいは自店扱いの新

懸賞企画の届出用紙（例）

＜様式第5号＞　　　　　　　　　　　　　　　No.

●●年　9月　1日　提出

新聞公正取引協議委員会
　　　　委　員　長　殿

　下記により懸賞企画を実施いたしますので届け出ます。

　申請系統名　＿中央協新聞社＿　　申請者名＿朝刊　太郎＿印
　住所　＿東京都千代田区内幸町2-2-1＿　届出者名＿夕刊　次郎＿印
　電話　＿03-3591-4405＿
　ファクス　＿03-3591-6149＿

　　　　　　　　　　　　　　　記

1．主 催 者　＿中央協新聞社＿
2．名　　　称　＿中央協新聞創刊100周年記念　ご愛読感謝懸賞＿
3．実施する懸賞の種別（〇で囲む）
　①一般懸賞　②共同懸賞
　　　　　（イ他業者の懸賞に販売店が参加　ロ商店街の懸賞に販売店が参加
　　　　　　ハ新聞販売業者の共同懸賞　ニ新聞発行社の共同懸賞）
4．実施期間　＿●●年１０月１日〜３１日＿
5．実施地域　＿発行エリア全域（東京都、埼玉県・千葉県の一部）＿
6．提供する景品類の内容

景　品　名	金　額	当選本数	計
1等　〇〇社掃除機（品番SV1234567）	41,990	10	419,990　円
2等　〇〇ホテルペアランチ券	5,000	10	50,000　円
3等　クオカード	500	10	5,000　円

　　　　（売上予定総額の0.05 ％相当）　景品総額　474,990　円

7．実施方法（告知方法と応募のあて先）
　　告知方法：本紙紙面および折込チラシ、ウェブサイト、宛先：中央協新聞社販売局
8．応募対象（現読者・新規契約者の別）　1か月以上の現読者、3か月以上の新規購読者
9．応募方法　①現読者　＿ウェブサイトの応募フォーム、メール、郵便で応募＿
　　　　　　　②新規契約者　＿同上＿
10．抽選方法と抽選日　＿第三者立ち会いのもと抽選＿　＿11月　5＿日
11．当選者の発表方法と発表予定日　＿賞品の発送をもって代える＿　11月10 日
12．当選者への賞品の発送方法　＿本社から宅配便で直送、一部は販売所経由で送る＿
13．販売店を経由して景品類を届ける場合、配布開始予定日と配布完了予定日
　　開　始　＿11月　20＿日　　完　了　＿12月　9＿日
　　　　　　　　　　　　　　　　　　　　　　　　　　　以　上

① 協議会に事前に届け出ます（新聞社は中央協、販売業者は支部協）

② ・申請者は代表者名（中央協委員社は中央協委員名で）
・押印は省略可（2023〈令和5〉9月21日第630回中央協決定事項）

③ 実施地域の最小単位は1都道府県。1都道府県に満たない場合は発行エリア全域

④ 景品類の最高額は、取引価額の10倍もしくは5万円のいずれか低い金額を超えない範囲

⑤ 景品類の総額は、売上予定総額の0.7％を超えない範囲

⑥ 第三者立ち会いの下で抽選を行うなど、透明性を確保します

⑦ 当選者氏名を公表しない場合は「当選者の発表は賞品の発送をもって代える」などの何らかの表記とする

⑧ 販売業者を経由して景品類を送付するときは、10の抽選日から60日以内に送付を開始し、開始後3週間以内を目途に終える

聞と配布する場合は、一般懸賞となります。応募券、抽選券を刷り込んでいない場合でも、自己の取引の相手に限定して懸賞の「告知」を行う場合は一般懸賞となりますのでご注意ください。販売所が作成する読者向けミニコミ誌に文章や写真投稿を募り、優秀な作品に賞を出す場合も一般懸賞になります。

（6）提供できる景品類の総額と最高額

（算出方法）
　懸賞により提供する景品類の総額と最高額の上限については、制限が設けられています。いずれも一般ルールより低い価額で設定されています。

①提供できる景品類の総額

　提供する景品類の総額は、一般業種では懸賞にかかわる取引の予定総額の2％ですが、新聞業の場合、懸賞にかかわる取引の予定総額（売上予定総額）の0.7％を超えない額の範囲内とされています（規約3条1項1号ロ）。懸賞にかかわる取引の予定総額とは、一つの懸賞企画について、懸賞企画実施期間（応募受付期間）全体を通じての対象商品に関する取引の予定総額を言います。例えば、1か月購読料4,000円のP紙が、現読者を対象に2か月間の懸賞企画を実施し、月決め購読者が1万人いる場合、4,000円×1万人×2か月＝8,000万円が、売上予定総額となります。提供する景品類の総額は8,000万円の0.7％以内でなくてはなりません。

　あくまで、売上予定総額、売上見込みですから、見込みが外れる場合もあります。予定以上に販売できた場合は、予定とは違っても制限額の範囲内ですが、逆に、取引価額が予定に達しない場合もあります。この場合は、当初設定した総額が結果的に上限を超えてしまいますが、当初の計画が客観的に見て合理的に推計されたものであれば違反に問われることはありませ

ん。ただし、当初から過大な景品類を提供する意図で、根拠のない極端な予定額を見積もった場合は違反に問われます。

一般懸賞

（規約3条1項1号、施行規則1条）
・景品類の最高額＝取引価額の10倍もしくは5万円のいずれか低い額
・景品類の総額＝取引予定総額の0.7％以内
・年間の実施期間、回数＝1年間に3回各3か月を限度とするが、通算9か月を超えない範囲内で実施回数の増加、実施期間の延長ができる

---

②提供できる景品類の最高額

　懸賞により提供する景品類の最高額は、懸賞にかかわる取引価額の10倍または5万円のいずれか低い金額を超えない範囲でなければいけません（規約3条1項1号イ）。懸賞にかかわる取引価額とは、懸賞に応募するために消費者が支払う最低金額です。例えば、1か月購読料4,000円のP紙を1か月以上購読している人を条件とした場合、4,000円×1か月＝4,000円が懸賞にかかわる取引価額となります。この取引価額の10倍＝4万円が景品類の最高額となります（景品類が5万円を超える場合は、これが上限額となります）。

　さまざまなケースが考えられますが、例1～3（39～42ページ）を参考に算出してください。

（7）当選者の選定

　一般ルールでは規定はありませんが、新聞業の懸賞の当選者の選定に当たっては、透明性の確保が求められています。これは届け出より多くの当選者を選定する行為を業者間で監視するためと、懸賞参加者に対する透明性を担保する

例1）　現読者と新規契約の購読契約期間に差をつけた場合

　懸賞実施期間４月１日〜５月31日（２か月間）で、応募対象Ｐ紙の（１か月以上購読している）現読者と、３か月以上の購読契約をした新規購読者とした場合。

（Ｐ紙購読料　１か月4,000円、景品類の総額は６万円として計算）

・応募者見積もり

　現読者（１か月以上購読）　1,000 人

　新規購読者（懸賞期間中に３か月以上契約）　200 人

・売上予定総額（実施期間２か月　４月１日〜５月31日）

4,000 円×	1,000 人×	2 か月	800万 円	現読者
4,000 円×	200 人×	3 か月	240万 円	新規購読者
		合計	1,040万 円	Ⓐ

※　現読者に購読期間の条件がない場合は、実施期間２か月分が算定基準となり、新規購読者は契約した３か月分が算定基準となります。

・提供できる景品類の総額の上限

　　　Ⓐ 円×　　　0.7 ％　　　　　　　7万2,800 円

・売上予定総額に占める景品類の総額（６万円）の割合

　　　６万 円÷　　　Ⓐ　　　×100　　　0.577 ％

・懸賞にかかわる取引価額

　　　4,000 円×　　　１か月　　　　　4,000 円　Ⓑ

※　懸賞にかかわる取引の価額は、同一企画を現読者と新規購読者と差をつけた場合は、低い方である取引価額（現読者）の１か月分が算定基準となります。

・提供できる景品類の最高額

　　　Ⓑ　　　×　　　10　　　　　　　4万 円　　＜５万 円

◆よって、提供できる景品類の総額の上限は　７万2,800円、提供できる景品類の最高額は４万円となります。

※　上限額５万円までの景品類を提供したい場合は、現読者は２か月以上購読していることを条件とするか、応募対象者を新規契約者のみに限定するなど取引期間、対象者を調整することで可能となります。

例２）　現読者と新規契約の購読契約期間を３か月以上とした場合

　懸賞実施期間４月１日～５月31日（２か月間）で、応募対象Ｐ紙を３か月以上購読している現読者と３か月以上の購読契約をした新規購読者とした場合。

（Ｐ紙購読料１か月4,000円、景品類の総額は６万円として計算）

・応募者見積もり

現読者（３か月以上購読）	1,000 人
新規購読者（懸賞期間中に３か月以上契約）	200 人

・売上予定総額　（実施期間２か月　４月１日～５月31日）

4,000 円×	1,000 人×	2 か月	800万 円	現読者
4,000 円×	200 人×	3 か月	240万 円	新規購読者
		合計	1,040万 円	Ⓐ

※　現読者は実施期間の２か月、新規購読者は契約した３か月分が算定基準となります。

・提供できる景品類の総額の上限

Ⓐ 円×	0.7 ％	7万2,800 円

・売上予定総額に占める景品類の総額（６万円）の割合

6万 円÷	Ⓐ　　×100	0.577 ％

・懸賞にかかわる取引価額

4,000 円×	3 か月	1万2,000 円	Ⓑ

※　懸賞にかかわる取引の価額は、現読、新規とも３か月分購読契約をしているため、算定基準は３か月分となります。

・提供できる景品類の最高額

Ⓑ	×	10	12万 円　　＞5万 円

◆よって、提供できる景品類の総額の上限は７万2,800円、提供できる景品類の最高額は５万円となります。

例3） P紙とQ紙をそれぞれ別の企画として実施する場合

　懸賞実施期間4月1日〜5月31日（2か月間）で、P紙またはQ紙を、それぞれ（1か月以上）購読している現読者と、懸賞期間中にP紙またはQ紙を3か月以上購読契約した新規購読者を対象とした場合。

（1か月購読料　P紙4,000円、Q紙1,000円、景品類の総額は5万円＜P紙4万円・Q紙1万円＞として計算）

・応募者見積もり
　P紙

現読者（1か月以上購読）	2,000 人
新規購読者（懸賞期間中に3か月以上契約）	200 人

　Q紙

現読者（1か月以上購読）	1,500 人
新規購読者（懸賞期間中に3か月以上契約）	100 人

・売上予定総額（実施期間2か月　4月1日〜5月31日）

P紙

4,000 円×	2,000 人	×2か月	1,600万 円	現読者
4,000 円×	200 人	×3か月	240万 円	新規購読者
		合計	1,840万 円	Ⓐ

Q紙

1,000 円×	1,500 人×	2か月	300万 円	現読者
1,000 円×	100 人×	3か月	30万 円	新規購読者
		合計	330万 円	Ⓑ

2紙合計

Ⓐ	＋	Ⓑ	＝	2,170万 円　Ⓒ

・提供できる景品類の総額の上限

＜同一企画の場合＞	Ⓒ	×	0.7% ＝	15万1,900 円

＜企画をP紙、Q紙で分ける場合＞

P紙	Ⓐ	×	0.7 %	12万8,800 円
Q紙	Ⓑ	×	0.7 %	2万3,100 円

・売上予定総額に占める景品類の総額（5万円）の割合

<同一企画の場合>　5万円　÷　Ⓒ　×　100＝　　　　　0.23 ％

<企画をP紙、Q紙で分ける場合>

P紙　　　　4万円　÷　Ⓐ　×　100＝　　　　　0.217 ％

Q紙　　　　1万円　÷　Ⓑ　×　100＝　　　　　0.303 ％

・懸賞にかかわる取引価額

P紙　　　　4,000 円×　　1か月　　　　　　4,000 円　Ⓓ

Q紙　　　　1,000 円×　　1か月　　　　　　1,000 円　Ⓔ

・提供できる景品類の最高額

<同一企画の場合>　　　Ⓔ　×　　　　10　　　　　1万円　　<5万円

※4,000円のP紙、1,000円のQ紙のうち、低い方の取引価額1,000円を基準とします。

<企画をP紙、Q紙で分ける場合>

P紙　　　　　　　Ⓓ　×　　　　10　　　　　4万円　　<5万円

Q紙　　　　　　　Ⓔ　×　　　　10　　　　　1万円　　<5万円

◆よって、同一企画の場合、提供できる景品類の総額の上限は、15万1,900円、提供できる景品類の最高額は、1万円となります。

◆P紙、Q紙で企画を分ける場合、提供できる景品類の総額の上限は、P紙12万8,800円、Q紙2万3,100円。

　提供できる景品類の最高額は、P紙4万円、Q紙1万円となります。

留意点）

　P紙とQ紙をそれぞれ別の企画として実施する場合には、当然のことながら、それぞれの懸賞が混同されないよう別個に管理する必要があります。例えば、Q紙の読者（最高額1万円）にP紙の読者用の4万円の景品類を提供すれば上限額の違反となります。そういうことがないようにP紙の読者の応募と、Q紙の読者の応募を、それぞれきちんと管理して実施する必要があります。実際にはP紙、Q紙の併読の場合など混乱することも予想され、P紙の懸賞とQ紙の懸賞は同時ではなく、順次、別々に実施する方が無難でしょう。

・景品類の最高額は条件を付した購読期間、景品類の総額の上限は実施期間（新規契約者は条件を付した契約期間）が算定基準となります。

・現読者の売上予定総額を実施期間から算出するのは、実施期間が終了したのち、購読契約を終了する場合があるため、確実に何か月分の購読料が支払われるかが実施期間中にわからないからです。ただし、新規契約者は、契約した期間が3か月以上などと確実にわかるため、契約期間が算定基準となります。

ためです。訪問販売業である新聞販売業ではあってはならないことですが、「懸賞に当ててあげるから新聞を購読してくれ」「懸賞に当たったことにしてテレビをあげるから新聞を購読してくれ」などといった総付景品類提供の脱法行為が起きる可能性があります。

　抽選方法は具体的には、公開の場、第三者の立ち会いの下で行うなどにより透明性を確保するものとし、スピードくじその他これに類する方法によっては行わない（施行規則１条１項１号）としています。これは、読者の自宅で抽選をするなど、懸賞によらない方法での景品類の提供と紛らわしくないよう、不透明な方法での選定を禁止する趣旨です（施行規則１条２項）。

　新聞社の場合は、広い会場を借り、読者代表や著名人を招いて大々的に抽選会を開催するところもあります。販売業者の場合は、公民館や学校の体育館を借りて行うほどの規模でもないため、往々にして自宅で家族だけで選定ということにもなりがちです。ルールでは「読者の自宅など」での選定を明確に禁止し、それ以上の制約は明記していませんが、主催者である販売所の中という密室で、関係者だけによる選定では、公開性も透明性も担保できません。懸賞参加者や同業者の不信感を払拭するためには読者代表が立ち会えばよいのですが、狭い地域社会ではごく親しい知り合いや縁故筋の方である場合もあり、また、全くの第三者の場合は協力を得られないこともあります。一番理想的なのは、支部協の事務局職員ですが、懸賞を実施する販売所が必ずしも事務局所在地の近くでないこともあります。そういう場合には、同じエリアの競合する他系統の販売所長、従業員にお願いして立ち会ってもらえば万全でしょう。

（8）当選者氏名等の整備

①名簿の保管

　2022（令和４）年４月１日より、一般懸賞

の当選者名簿の提出義務は撤廃し、当選者名簿は懸賞実施社が抽選日から起算して３か月間、懸賞実施社（販売所）で名簿を保管することになりました（22年２月17日・第713回中央協確認・決定事項。かつての決定事項の修正のため、施行規則改正は不要）。名簿の保管期間中に違反の疑義が生じた際は、支部協委員が事務局に申し出た後、懸賞実施社（販売所）を訪問して名簿を閲覧します。

②名簿の閲覧

　当選者名簿は、違反疑義があった場合に求めに応じて情報開示します。

　中央協決定事項により、新聞社の懸賞の場合、「違反の疑義から名簿閲覧を希望する支部協委員が、抽選日から起算して３か月以内に中央協事務局に申し出る。支部協委員が、懸賞実施社（販売所）を訪問して名簿を閲覧する」としています。しかし、上部団体である地区協、中央協の委員が開示を求めた場合も中央協事務局は開示請求に応じます。

　一方、販売業者の懸賞の当選者名簿については、支部協事務局に申し出て、支部協委員が懸賞を実施した販売所を訪問し、名簿を閲覧します。その他は新聞社の懸賞の場合と同じです。

　中央協は地区協、支部協に対し、当選者名簿のみならず必要な書類の提出、報告を求めることができ、地区協、支部協は従わなくてはなりません。

　閲覧の申し出は、支部協委員が中央協事務局に行います。事務局は閲覧請求の内容を聞き取り、正当な閲覧請求であることを確認したうえで、懸賞実施社（販売所）に取り次ぎます。その後、支部協委員が当該実施社（販売所）を訪れ、名簿を閲覧して確かめることになります。ただし、急に請求されても対応できない場合もありますので、必ず事前に連絡をしてください。閲覧に際しては、身元確認ができる証明書等が必要です。また、閲覧する際は、懸賞を実

施した発行本社・販売所が同席します。申立人が疑わしいと思った読者が、実際に名簿記載されているか確認することが目的ですから、コピーやノートへの書き写しは禁止です。

閲覧が極めて長時間に及び、業務に支障有りと判断した場合には、いったん取りやめて出直してもらう、あらためて文書で問い合わせしてもらう、などの対応を取ることがあってもやむを得ません。

そのほか、問い合わせ、閲覧については、あくまで違反の探知・防止、プライバシー保護の観点から、地域の実情に応じて円滑に実効の上がる方法を話し合って決めても差し支えありません。

③読者への告知

違反の疑義が生じた場合に限り、当選者名簿を支部協委員の閲覧に供するルールは、個人情報保護法における「個人情報の共同利用」（同法27条5項3号）に則っています。懸賞実施社（販売所）と新聞公正取引協議会が読者の個人データを共同して利用することについて、個人情報保護法の要件（共同利用する個人データの項目や目的、管理責任者名など）を、あらかじめ読者に通知する必要があります。

このため懸賞企画実施の際は、必ず下記の告知を行ってください。

新聞社	当選者の住所・氏名はこの懸賞が適正に実施されたことを確認するために新聞公正競争規約に則り新聞公正取引協議委員会事務局・個人情報管理責任者（東京都千代田区内幸町2-2-1、責任者名はウェブサイト〈https://www.nftc.jp/〉参照）に提供して共同利用することがあります。
販売所	当選者の住所・氏名はこの懸賞が適正に実施されたことを確認するために新聞公正競争規約に則り●●県支部新聞公正取引協議会事務局長・◎◎　◎◎（●●県○○市◇◇町△△）に提供して共同利用することがあります。

個人情報保護法の要件を満たすため、告知文には個人情報管理責任者の住所・氏名が必要です。個人情報管理責任者は、発行本社による懸賞の場合は中央協幹事、販売業者の場合は支部協事務局長が務めます。中央協幹事の氏名は、新聞公取協ウェブサイトに掲載していますので、懸賞の告知文は「責任者名はウェブサイトhttp://www.nftc.jp 参照」としてください。

販売業者の実施する懸賞は、名簿提出先の支部協がウェブサイトを開設していないため、懸賞の告知を掲載するチラシやミニコミ誌に、支部協事務局の住所と事務局長名を記載してください。

2　共同懸賞

（1）共同懸賞の種類

共同懸賞とは、取引に付随した懸賞のうち「一定の地域内」で同一の企画のもとで相当多数の事業者が実施する場合をいいます。特例として、一般懸賞よりも制限が緩和されています（「懸賞による景品類の提供に関する事項の制限」1977〈昭和52〉年3月1日、公正取引委員会告示第3号）。

新聞業でもこの考え方に沿って新聞事業者が他の小売業者と共同して行う場合や、新聞事業者同士が共同して行う場合は、前述の一般懸賞とは異なる規定を設定しています。

新聞業界では四つの類型に分けています（規約3条1項2号）。

◇一般懸賞に関する当選者氏名等の公表、閲覧方法、賞品の発送について
（1999年1月度、2001年7月度、2010年3月度、2022年2月度中央協確認・決定）

＜本社が一般懸賞を実施する場合＞

公表の方法

・当選者氏名の公表を実施しない場合は、「当選者の発表は賞品の発送をもって代える」など何らかの表記をすることで代える。

協議会内部での閲覧方法

・懸賞を実施した新聞社は、当選者名簿を整備し、抽選日から起算して3か月間、社内で保管する。支部協委員の求めに応じて閲覧に供する。

・違反の疑義から名簿閲覧を希望する支部協委員は、抽選日から起算して3か月以内に、中央協事務局に申し出る。支部協委員が、懸賞を実施した新聞社を訪問し、名簿を閲覧する。

・閲覧に際しては、身元確認ができる証明書等を持参する。

協議会内部での閲覧内容

・当選者の氏名、住所（番地まで）
　懸賞実施社は公表・閲覧が円滑に行われるよう努める。

＜販売業者が一般懸賞を実施する場合＞

公表の方法

・当選者氏名の公表を実施しない場合は、「当選者の発表は商品の発送をもって代える」など何らかの表記をすることで代える。

協議会内部での閲覧方法

・懸賞を実施した販売業者は、当選者名簿を整備し、抽選日から起算して3か月間、販売所で保管する。支部協委員の求めに応じて閲覧に供する。

・違反の疑義から名簿閲覧を希望する支部協委員は、抽選日から起算して3か月以内に、支部協事務局に申し出る。支部協委員が懸賞を実施した販売所を訪問し、名簿を閲覧する。

・閲覧に際しては、身元確認ができる証明書等を持参する。

協議会内部での閲覧内容

・当選者の氏名、住所（番地まで）
　懸賞を実施した販売業者は公表・閲覧が円滑に行われるよう努める。

共同懸賞（規約3条1項2号）

（イ） 小売・サービス業者が共同で行う
　　　一定の地域における小売業者またはサービス業者の相当多数が共同して行う懸賞に、販売業者が参加する場合

（ロ） 商店街で小売・サービス業者が行う
　　　一の商店街に属する小売業者またはサービス業者の相当多数が共同して行う懸賞に、販売業者が参加する場合

（ハ） 新聞販売業者が行う
　　　一定の地域（市町村）において販売業者の相当多数が共同して懸賞を実施する場合

（ニ） 新聞社が行う
　　　一定の地域において新聞社の相当多数が共同して懸賞を実施する場合

・景品類の最高額
　　（イ）（ロ）（ニ）は30万円
　　（ハ）は15万円

・景品類の総額
　　（イ）（ロ）（ニ）は取引予定総額の3％以内
　　（ハ）は取引予定総額の1.5％以内

※共同懸賞は、当該地域における販売業者全体の相当多数で実施するものです。例えば、当該地域の新聞社5社のうち2社だけ、同じ系統の販売業者（系統会）だけの実施では、共同懸賞にはなりません。

（イ）、（ロ）、（ニ）は、景品類の最高額は30万円、景品類総額は取引予定総額（売上予定総額）の3％。（ハ）の景品類の最高額は15万円、景品類総額は取引予定総額（売上予定総額）の1.5％に制限されており、いずれも一般懸賞より高額の景品類提供が認められています。

共同懸賞で提供できる景品類の最高額や、景品類の総額は、一般懸賞とは上限額が異なるだけで、計算方法や考え方は変わりません。

（2）用語解説と規制趣旨

一定の地域 　（イ）（ハ）の一定の地域とは懸賞を実施する事業者のいる市町村の区域のことをいいますが、一つの市町村の区域よりも狭い地域で小売業者またはサービス業者の相当多数が共同する場合には、その業種およびその地域における競争の状況等を勘案して判断するとされています（「懸賞による景品類の提供に関する事項の制限」の運用基準）（2012〈平成24〉年6月28日、消費者庁長官通達第1号）。つまり、小売業者またはサービス業者の相当多数が共同する場合については、業種、競争状況等を勘案して、周辺の商店街や同業者に悪影響がないと判断されれば、市町村より狭い地域であっても、共同懸賞として許容される余地があるということです。

商店街 　（ロ）の商店街とは、「商店街振興組合法」に基づき設立された〇〇駅前商店街というように、市町村の一部で形成されている商店街の区域です。ただし、共同懸賞は、中元、年末等の時期において行われるものが代表的であり、実施回数・期間は年3回、年間通算70日以内とされています。「小売業者」とは食品、雑貨などの小売店、百貨店、スーパーマーケット、コンビニエンスストアも含まれます。「サービス業者」とはクリーニング、理・美容、レストラン、ホテル等です。

相当多数 　先の長官通達によれば、相当多数とは、共同懸賞の参加者がその地域における小売業者またはサービス業者の「過半数」であり、かつ通常共同懸賞に参加する者の「大部分」である場合とされています。「商店街」が共同懸賞を実施する場合も、商店街に属するものの相当多数が参加する必要があります。つまり「相当多数」とは、参加者がそ

の商店街に属する事業者の過半数であり、共同懸賞に通常参加する事業者（宅配便の営業所、全国チェーンのコンビニなど、通常共同懸賞に参加しない事業者を除いた事業者）の大部分である場合をいいます。

共同して 同一の企画を共同して実施するということですので、たまたま同じ時期に懸賞企画を実施したとしても、同一の企画でなければ共同懸賞には該当しません。他方、同一の企画であれば、例えば、参加事業者によって抽選券の配布基準が異なったとしても、共同懸賞として実施することができます。

（イ）および（ロ）は、他の事業者が行う企画に、新聞販売業者が参画する場合です。新聞販売業は月決め購読契約が基本の長期・継続取引ですから、本来、商店街などの「大売り出し」（中元・歳末セール、安いからたくさん買う、半端物やシーズン・流行遅れだから安く、大量に売りさばく、地元の高校が甲子園に行くので応援割引セールをする、など）の概念に適合しませんが、たまたまその地域に所在し、事業者間の付き合いで参加する場合、参加せざるを得ない場合もあるでしょう。

上限額、総額を一般ルールと同じ基準にしたのは、新聞業のルールを他業界にまで強制できないからです。

（ハ）は新聞の販売業者だけで行う共同懸賞です。この（ハ）の「一定の地域」も、市町村とされ、市町村以上の広範囲なら問題ありません。（ハ）は新聞販売業者が「相当多数」参加して行う懸賞ですが、同じ系統の販売業者だけ「相当多数」集まっても、共同懸賞とはなりません。また、例えば、一定地域に5系統の新聞販売業者がいる場合、このうち3系統の販売業者が参加するからといって、共同懸賞に該当するとも限りません。販売業者が「相当多数」参加して行う場合も、（イ）および（ロ）と同様に、当該地域における販売業者全体の過半数で

あり、かつ、通常共同懸賞に参加する者の大部分であるという条件を満たすことが必要です。

「相当多数」に満たない販売業者多数が一緒に懸賞を実施する場合は、共同懸賞には該当せず、共同して一般懸賞を実施していることになります。この場合、「○○新聞販売所秋の大懸賞」「○○新聞新規購読得々キャンペーン」など、共通のPRを行うことは問題ありませんが、一般懸賞の制限の範囲内で企画を実施する必要があります。それぞれの販売業者で売上高が違うため、各販売業者の当選本数、売上予定総額の何％にあたるかを届け出ることになります。

また、購読料の異なる複数の系統店の間で共同懸賞を実施する場合、購読料の高い新聞を基準に景品類の最高額、売上予定総額を設定して賞品を決めると、上限違反になりますので、この場合は、一番取引価額の低い新聞を基準に最高額、総額を計算しなくてはなりません。共同懸賞の場合も上限額が違うだけで、取引価額、売上予定総額の計算方法は一般懸賞と同じです。不明な点があれば各支部協事務局、あるいは支部協を通じ中央協事務局にお問い合わせください。

また、懸賞の実施主体は事業者単位で、系統単位ではありませんから、5系統の新聞を扱っている合売店が「自店の扱い系統紙のうち3系統紙の読者に懸賞を行うから共同懸賞だ」といってもこれは認められません。この場合は扱い系統紙のうち、複数系統の読者を同時に対象とした一般懸賞になります。

（ニ）は「懸賞による景品類の提供に関する事項の制限」の「一定の地域において一定の種類の事業を行う事業者の相当多数が共同して行う場合」をそのまま新聞業に移した内容です。

（ニ）の場合、（ハ）の販売業者の場合と同様に、同系統、系列同士は適用されません。一般に、P新聞とP新聞系列のスポーツ紙、P新聞系列の工業新聞では、要件を満たしているとは

言えません。他系統同士の相当多数が原則です。

また、ここでは単に「新聞社」とだけ規定しています。東京都で言えば、そこで発行している新聞社の「相当多数」が参加すれば共同懸賞が成立するわけですが、例えば首都圏のスポーツ紙だけ、近畿圏の夕刊紙だけといった共同懸賞が可能かどうかという問題があります。「『懸賞による景品類の提供に関する事項の制限』の運用基準」では、「一定の種類の事業」について、「日本標準産業分類の細分類として掲げられている種類の事業……（中略）……これにより難い場合は、当該業種および関連業種における競争の状況等を勘案して判断する」としており、日本標準産業分類では、スポーツ紙や夕刊紙を含めて一括して「新聞業」と分類しています。したがって、現状ではスポーツ紙や夕刊紙のみの共同懸賞は成立しません。

（３）一般、共同懸賞の違反行為に対する措置

①懸賞に名を借りた脱法行為

懸賞による景品類について、総付景品と紛らわしい提供を行うことは避けなければいけません。なお、懸賞の名目をもって、規約３条１項３号に定める総付景品の上限を超えて景品類を提供すると、総付景品提供違反の違約金に、その基準額の倍額を加算した違約金が課せられます（施行規則21条7項）。

②企画違反

懸賞で提供できる景品の最高額は、取引価額の10倍または５万円のいずれか低い方の金額です。また、景品類の総額は、取引の予定総額の0.7％以内におさめなければなりません。これを超えると違反となります。また、懸賞に当選していない人に「当選しました」といって景品類を提供したり、届け出ている景品類とは異なる数、種類のものを提供したりすれば、懸賞

の企画違反として、新聞社は100万円、販売業者の場合は、１事業者につき50万円の違約金が課せられます（施行規則33条の２第２項）。

施行規則33条の２については、協議会で定める懸賞ルールの範囲を超えて一般懸賞あるいは共同懸賞を実施した場合と、届け出された懸賞企画と実態がかい離していた場合が対象となる旨、1999（平成11）年２月度中央協で確認しています。

③発行本社の連帯責任

販売業者が規約、施行規則に反する懸賞を実施した場合、連名で届け出を行った発行本社は連帯して責任を負い、施行規則23条、23条の２の適用を受けます。

④届け出

届け出をしないで懸賞を実施すると、届け出違反に問われ、初回違反の場合は警告、３年以内の再違反の場合は３万円の違約金が課せられます（施行規則15条）。

③ オープン懸賞

オープン懸賞は取引に付随しないで景品類を提供する懸賞です。規約で規制するのは、新聞の購読勧誘に際して提供する景品類ですから、オープン懸賞は規約の対象とはなりません。ただし、自己の商品自体が懸賞の告知媒体となる新聞業にあっては、広告として掲載した他の事業者のオープン懸賞が、表示の方法によって新聞事業者の一般懸賞としてとらえられる場合があります。

中央協は、あくまで関連法規、諸規則に照らして新聞の取引に付随しないものをオープン懸賞と考えています。オープン懸賞には、購読勧誘手段として直接用いられる可能性が理論上あり得ず、新聞販売の公正な競争秩序を乱す恐れが認められないこと、また、新聞広告を利用す

る広告主の自由な宣伝・営業活動を阻害しないことが求められます。

（1）新聞社が主催するオープン懸賞

　オープン懸賞は、広く周知されなければなりません。新聞の購入者しか懸賞実施を知ることができない場合は、一般懸賞とみなされます。

　中央協は2020（令和2）年6月、新聞社がオープン懸賞を実施する場合のオープン性の担保、1面での告知と取引付随性の考え方について、消費者庁から示された見解をもとに考え方を確認しています。

　一定のアクセス数があり、誰でも見ることができる新聞社ニュースサイトのトップページなどで懸賞の告知をしていれば、通常、広く周知しているとみなされます。つまり、オープン懸賞を実施していることが、誰でも容易に分かるようにしていることが重要です。トップページに懸賞をしているバナーを置いて当該応募要項のページに誘導する、トップページではなくても、誰でも容易にアクセスできるページであれば問題ないと言えます。

　また、告知の順番は、本紙が先になると取引付随性があると見なすことになります。本紙とサイトなど他媒体の告知は、同時か、サイトが先でないといけません。

　新聞1面での告知は、その掲載の位置・大小にかかわらず、新聞購読の誘引効果が生じていると見なすので、当該新聞の一般懸賞となります。一般消費者が「新聞を購入した方が懸賞応募に有利である」という印象を受けるなど、何らかの誘引効果を持たせる表示をしていれば取引付随性が生じていると判断します。1面の目次・インデックス内での告知であっても、取引付随性ありと見なします。

　ただし、1面での告知であっても、「懸賞実施」と並んで「詳細は（誰でも無料で見ることができる）ウェブへ」というように、ウェブへの誘導をセットで表示することで、新聞購読の

誘引効果を持たせていない場合は、オープン懸賞として実施することが可能です。

（例）

取引付随性あり（一般懸賞）

①1面に「懸賞実施」の表示
　（消費者が中面に応募要領等があるかもしれないと思い、購読を誘引する可能性あり）
②1面の目次・インデックスに「懸賞実施○P」の表示
③1面の目次・インデックスに「懸賞実施○P」＋「詳細はウェブへ」

取引付随性なし（オープン懸賞）

④1面に「懸賞実施」＋「詳細は（誰でも無料で見ることができる）ウェブへ」
　（応募するにはウェブを見てみようと思う。ウェブへの誘導をセットで表示することで、新聞購読の誘引効果を持たせていない）
⑤1面の目次・インデックスに「懸賞実施」＋「詳細はウェブへ」

（2）販売所が主催するオープン懸賞

懸賞において、主催者と取引しなければ応募できない、情報が認知されない等の場合は、オープン懸賞には該当しませんので、一般懸賞の制限範囲内で実施する必要があります。

販売所が主催する場合、経営規模からして紙面掲載、テレビ・コマーシャルを活用するケースは考えにくく、実際には公共の場でのポスター掲示、公民館、市役所等に告知文書を設置するなどの方法になることは容易に想像できます。ただ、販売所、系統会発行のミニコミ紙に掲載する場合や、店頭のみで告知等を行う場合などは、新聞社が自紙のみに広告した場合と同様の扱いとなり、取引付随性が生じることになります。

自己の配布エリア全域に応募はがきを全戸配布し、自己との取引に関係なく誰でも申し込めるようにした場合は、全営業対象の全消費者に応募の機会を与えているわけですから、オープン懸賞に当たり、規約、施行規則の対象ではありません。ただし、この場合でも「ご愛読者キャンペーン」「〇〇新聞の読者の方に・・・」といった取引相手に限定、あるいは取引相手が有利なように告知すれば一般懸賞に当たる場合もあります。

（3）新聞社以外の者が主催し、新聞に掲載するオープン懸賞

公正競争規約の対象とならない新聞社以外の者が主催するオープン懸賞は、当該業界の公正競争規約の範囲内であれば、新聞業界が別の規制を加える立場にはありません。ただし、懸賞自体が当該業界の規約の範囲内であっても、新聞広告としての表示の仕方によっては、新聞業との取引付随性を生ずる場合もあり、新聞社が違反に問われることもあります。

広告主に対する規制ではなく、あくまで新聞の取引に付随しないよう、関係法規に照らして、取引付随となる個別の要件を設定し対処す

る必要があります。

◇個別要件に対する考え方
①応募券の刷り込み

新聞に応募券や応募はがきを刷り込んだ場合は、当該新聞の取引に付随することになり景品類となります。応募券を刷り込んだことにより応募の資格を新聞の購読者に限定したことになり、新聞事業者が、自己の発行・販売する新聞の購読を誘引するための手段として企画に関与したものとみなされます。

ただし、当該の懸賞への応募に際し、①応募券の添付が必須ではない場合や郵便はがきで応募できる場合、②応募券をその他の方法で入手できる場合など、当該新聞の購読者に限定されなければその限りではありません。

②事前告知

当該懸賞が掲載される新聞名を特定する方法で、掲載紙と掲載日を読者に事前に告知することは、当該新聞の購読を誘引する手段として企画に関与したとみなされ、当該新聞の取引に付随することになる場合があります。

③賞品提供の主体

広告主が実施し、新聞社広告局が企画に関与するオープン懸賞企画の場合、賞品提供の主体が広告主であることが判別できなければなりません。応募のあて先、カット・タイトルなど、当該企画の広告表示全体から主催者が広告主であることを判別できないと、新聞の取引に付随すると判断される場合があります。

「新聞社広告局等は企画にかかわるだけで、広告主が賞品を提供しているからオープン懸賞に当たる」とか、「賞品は広告主が提供しているから、新聞社の提供行為ではない」というお問い合わせをたびたび受けます。広告の営業手法のひとつとしてこの種のジャンルを設けることは業界として何ら問題はありませんが、懸賞

で提供される景品類は、その主催者が提供するとみなされるので、誰からもらったか、買ったかなど、入手方法は関係ありません。新聞社が主催者とみなされれば、広告主からもらった景品類でも、新聞社が提供したとみなされます。

④あて先

広告主が実施するオープン懸賞の場合、応募の受け付けから、抽選、賞品の発送まで、当該広告主の責任で行われるべきです。ただし、複数の広告主が同一の企画でオープン懸賞を実施する場合には、便宜的に新聞社を応募先とすることが認められています。

⑤企画・制作

広告主が実施するオープン懸賞において、紙面上に「企画・制作 ○○新聞社広告局」などの表示があることは、当該企画に新聞社が何らかの関与をしていることをうかがわせます。「企画・制作 ○○新聞社広告局」という表示があっても、全体の表示からは広告主主催と分かるケースもある一方、広告主、新聞社のいずれが当該オープン懸賞の主催者なのか、表示上紛らわしいケースもあります。

⑥カット・タイトル

広告表示の中に「愛読者プレゼント」「本紙読者に限って当たります」などと、当該新聞の読者に限定するとみられるような表現を用いることは、新聞の取引に付随するとされる恐れがあります。

⑦掲載面

広告主が実施するオープン懸賞であっても、新聞の１面に応募の内容を告知すれば、外見から懸賞告知が掲載されていることが判別できますので、新聞の取引を誘引することにつながるおそれがあります。ただ、広告媒体としての側面からみれば、新聞の１面に内容紹介として目

次を付けることは十分あり得ます。

4　編集企画（特例懸賞）

（1）実施方法

　「編集企画に関する景品類」とは、新聞社が、新聞の編集の企画上、文化的または社会的に必要があると認める場合に、以下①～③の方法で、応募者のうちから特定の者を選び、提供する特例懸賞です。販売業者は実施できません。

> ①アンケートの質問事項、クイズ等についての回答
> ②ある事実についての将来の予想もしくは推測
> ③趣味、娯楽、教養等に関する問題の解答を募集

（2）実施するうえでの留意点

　一般の商品は、クイズなどの問題を商品に表示して、景品類を提供する場合は懸賞制限告示の規制対象になります。新聞のように商品自体が広告告知媒体であるという他には類を見ない特殊な商品については、アンケート、クイズ等の問題が、新聞紙面上に掲載していたからと言って、それがすべて直ちに販売促進のために行われた行為ということにはなりません。

　新聞は、ニュース、論説を中心として写真、それ以外ではクイズ、漫画、詰め碁、詰め将棋など、多様な内容を要素としてできあがっています。どこに重点を置き、読者にアピールするかが、編集企画であり、編集企画、編集内容が新聞の生命線であるなら、表現の自由との関連で法律が干渉しない原則は当然の論理でもあります。

　しかし実態として、編集活動の一環として行う懸賞と、販売促進活動として行う懸賞とは、明確に区別しにくいことも事実です。例えば「読者の選ぶ10大ニュース」という企画は、こ

れに懸賞を付けても明らかに編集的な意図が強いと見られますが、それでも過大な景品類を付ける場合は、販売促進効果を持つことになるかもしれません。このようにどこまでが編集活動で、どこまでが販売活動かは明確に区別しにくいものがあります。そこで編集活動にかかわる懸賞については、その特殊性を考慮して、特例を設けると同時に、懸賞により高額な景品類を提供することは、販売促進、つまり購読誘引行為に当たると判断し、一定の金額以上の景品類は認めないことにしました。これが「編集企画に関する景品類」が「特例懸賞」と呼ばれるゆえんです。

　この編集企画に関する景品類の上限額は、3万円です。

> ①当該景品類の価額の最高額は、3万円を超えない額とすること。
> ②当選者の数が過大にわたらないこと。
> ③募集事項を、自己の発行する新聞にのみ表示すること。ウェブサイトやSNSでの告知はできません。
> ④回答用紙を新聞に刷り込む方法等により応募資格を自己の発行する新聞を購読するものに限定しないこと。
> ⑤販売業者を関与させないこと。

（3）編集企画の違反行為に対する措置

　編集企画の要件を満たさない企画を実施した場合、一般懸賞の企画違反（施行規則33条の2）や一般懸賞の届け出違反（施行規則15条）の規定により、処分を受ける可能性があります。

　編集企画を実施する際は、要件を守るよう、十分に留意してください。

第5章 総付景品、ポイントサービス、試読紙等

```
「懸賞によらないで提供する景品類」（総付景品）は、取引価額の8％または、6か月
分の購読料の8％のいずれか低い額の範囲内で提供できます。
　景品類を提供する場合は、事前に支部協事務局に届け出る必要があります。届けを出
さないで景品類を提供すること、上限額を超えて提供することは、違反行為に当たりま
す。
　この章では、総付景品を提供する際の届け出のルール、違反行為があった場合の手続
き等を解説します。
　ポイントサービスのほか試読紙等についても説明します。
```

懸賞によらないで提供する景品類、予約紙など

懸賞によらないで提供する景品類	①取引価額の8％または6か月分の購読料金の8％のいずれか低い金額の範囲内（規約3条1項3号） ②ポイントサービス（施行規則1条の2）
その他	①新聞類似の付録等（規約4条、施行規則2条） ②公開招待（規約3条1項3号ハ、施行規則3条） ③予約紙、試読紙等（規約5条、施行規則4条） ④編集企画〔特例懸賞〕（規約3条2項、同6条）

1 懸賞によらないで提供する景品類（総付景品）

（1）提供できる景品類の上限

　「懸賞によらないで提供する景品類」（総付景品）は、取引価額の8％以内か、6か月分の購読料の8％以内か、いずれか低い金額の範囲内としています。つまり、1か月購読の場合は1か月分定価の8％以内、2か月購読の場合は2か月分定価の8％以内、3か月購読の場合は3か月分定価の8％以内の景品類が提供できる上限となります。逆に、1年購読しても、2年購読しても景品類の上限は6か月分定価の8％以内になります。提供する時期は購読勧誘時に渡しても、購読期間中でも、購読満了時に渡しても構いませんが、契約した購読期間に関係なく、1契約について、この範囲内の景品類を提供することが認められています。

（2）景品類の届け出

①景品類について

新聞の購読に際して景品類を提供する場合は、事前に支部協事務局に届け出なくてはなりません（施行規則6条）。届け出を怠って景品類を使用した場合は、届け出違反となります（施行規則15条）。届け出は系統新聞社、販売業者のいずれからでも構いません。系統販売所が広域で使用する景品類を、新聞社が一括して届けることもできます。ただし、届け出は支部協単位ですから、新聞社による一括届け出であっても使用地域全ての支部協に届け出る必要があります。届け出るときには様式3号の書式の書類に申請者名、取り扱い紙名、提供景品類の品目・品名のほか、分かる場合は、使用地域の市場での参考市価、製造単価、届け出者の購入価額なども記入します。押印は省略しても構いません。

支部協に届け出るときは、前述の書類とともに提供する景品類を原則現品で提出することになっています。当該景品類が生鮮食品や経時劣化するもの、あるいはカタログ商品などであれば写真などで代替することもできます。つまり、支部協事務局長がどのような景品類なのか、確認できることが条件です。

支部協事務局には、膨大な数の届け出された景品類が蓄積されていきます。景品類の中に、既に使われていないものや価額が変動したものがある場合、届け出事務の効率化を図るため、支部協事務局が、現在届けられている景品リストを各発行本社、販売業者に戻し、それをもとに発行本社、販売業者は、使用していない景品の届け出の取り下げや価額の変動に伴う再届け出を含めて整理し、支部協議会に報告することを確認しました（2007〈平成19〉年1月度中央協確認・決定事項）。何年ごとに見直すかはそれぞれの支部協で協議のうえ決めて構いません。

②届け出書類について

届け出書類等は直接事務局に持参しても、電子メール等による届け出でも構いません。届け出書類の記載事項の「取り扱い紙名」は、複数紙を発行、販売している場合、それぞれの銘柄によって定価が異なりますから、当該景品類をもって勧誘・提供する新聞を全て記入します。提供景品類の品目・品名は、「洗剤・○○石鹸製造の200グラム入りの○○（銘柄名）」「全国百貨店共通商品券・1,000円1枚」などと具体的に記入してください。

「通常市価」は近隣の一般的な小売店で消費者が通常購入する価額です。支部協事務局で景品類として使用できる範囲内かどうか判定を行いますので、通常市価が不明な場合は空欄でも構いません。「購入価額」は申請者が当該景品類を入手する際に要した費用です。「オリジナル商品価額」は文字どおり他では販売していない商品ですから、製造単価を記入してもらいます。「通常市価」「購入価額」「オリジナル商品価額」とも、あくまで参考として記入してもらうデータであり、ここに記入した価額がそのまま判定結果となるわけではありません。

以降は、施行規則の条文に沿って説明します。

（3）届け出の受付、受理、判定の手続き（施行規則7～9条）

支部協事務局長が景品類の届け出を受けるとき、届け出の段階で添付あるいは提示された景品類が、明らかに上限価額を超えていると判断できる場合、逆に届け出の時点で明らかに上限価額の範囲内に収まっていると判断される場合もあります。

これらの場合は、即座に結論を出すことになります。明らかに上限価額を超えていると判断した場合は、即座に届け出の受け付けを拒否することができます（施行規則7条）。この場合

第5章 総付景品、ポイントサービス、試読紙等

は、当該の景品類は使用できません。また、届け出の時点で明らかに上限価額の範囲内に収まっていると判断される場合は届け出が受理され、以後、当該景品類の使用が認められます。

届け出は直接持参する方法以外でも構いませんから、受け付けなかった場合は、支部協事務局長は直ちに申請者にその旨を通知し、当該景品類を使用すれば違反である旨、通知しなくてはなりません。また、受理した場合も同様に通知することになります。通知方法は特に定めはありませんので、メールでも電話でも構いませんが、上限額を超えた景品類の使用を防止するためにも、迅速で、かつ伝達した記録が残る形が望ましいでしょう。また、申請者は支部協事務局長に届け出が受け付けられたか、あるいは受理された時点まで当該の景品類の使用を開始してはなりません。単に届け出書類一式を郵送した時点での使用開始は、双方の誤解や連絡の行き違いならともかく、通常は無届けの景品類の使用と同様に扱われることになります。

一方で価額の判断に迷うこともあり得ます。そうした場合は、支部協事務局長はいったん受け付けて、直ちに価額の判定作業を行います。この場合は、申請者は結論が出るまでの間、当該景品類の使用を開始することができます。また、支部協事務局長は受け付け当日を除く3日以内に上限価額以内か、上限価額を超えているかを判定しなくてはなりません（施行規則8条）。

「3日以内」という規定については、著しい遅滞がない限り、休日をどう扱うかなど「3日間」の解釈は支部協事務局長に委ねられます。とはいえ、判定期間中、申請者は当該景品類を使用しているわけですから、もし上限価額を超えている場合など、早急に結論を出し、使用停止にしなくてはなりません。

判定後、事務局長は判定結果を申請者に速やかに通知します。上限価額以内で受理されれば、そのまま当該景品類は使用を継続でき

ますし、上限価額を超えていると判断された場合は、直ちに使用を停止しなければなりません（施行規則8条）。使用停止の時期は事務局長からの通知文書を受領した時点からです。それ以降、当該景品類を使用すれば上限価額の違反に問われます。逆に停止通知以前の使用については上限価額を超えた景品類の使用であっても違反に問われることはありません。

「3日間」経過後も、判定結果が出せない場合は、事務局長は申請者に対して当該景品類使用の一時停止命令を出します（施行規則9条）。一時停止命令以降、申請者が当該景品類を使用すれば、上限額違反であり、一時停止命令違反に問われます。

支部協事務局長は一時停止命令を発した後、直ちに支部協に報告します。報告を受けた支部協は、速やかに結論を出さねばなりませんが、具体的には、事務局長に再調査の上、判断を行うよう指示したり、消費者庁に相談したりして、その結果を踏まえて結論を出します。

同じ景品類であっても、A支部協の価格判定が、B支部協で有効となるとは限りません。市場価格をもとにした価額の判定ですから、理屈の上では隣接する地域で実施する企画について、支部協ごとに判定結果が異なる場合は当然あります。（30ページ「価額の算定」を参照）

新聞社が同じ景品類の届け出を複数の支部協に同時に行う場合もありますから、同一地区協管内の各支部協間である程度、情報交換、連携が必要な場合もあるでしょう。ただし、これは支部協事務局長の価額判定にかかわる権限、自主性、独立性を妨げるものではありません。

（4）景品類の価額判定に対する異議申し立て（施行規則10〜14条）

支部協の「受理」「不受理」の判断に会員が異議を申し立てる場合もあります。一つは、支部協に事務局長から報告された「受理」報告について支部協委員が異議を申し立てる場合、も

う一つは、申請者が届け出時に即「受付拒否」された場合、あるいは判定後、「不受理」とされ、当該景品類の使用が禁止された場合に異議を申し立てるケースが想定されます。

この場合、支部協委員、または申請者は具体的な理由を付して異議を支部協に申し立てることができます（施行規則10条）。

具体的な理由を付するのは、支部協事務の停滞を期するなど悪意をもって端から全ての判定結果に異議申し立てを行うなどの行為を防止するためです。具体的な理由とは、例えば「受理」に異議がある場合は、当該景品類が一般的に上限価額を超えている価額で販売されている事実を立証できる根拠などを示すことです。逆に「受付拒否」「不受理」に対しては、当該景品類が一般的に上限価額以内の価額で販売されている事実を立証できる根拠などを示すことです。

「受付拒否」「受理」「不受理」に対する異議申し立てができる期間については特に定めがありません。当該景品類がすでに使用されており、混乱を招く恐れや、大量に仕入れて準備していた景品類が使用できずに滞留してしまう恐れから考えれば、異議を申し立てる人がかなりの時日が経過して異議申し立てを行うことは施行規則では想定していません。例えば、判定の１年後、あるいは当該景品類の使用がすでに終わった段階での異議申し立てについては、扱いを支部協で検討し、結論が出ない場合は、地区協を経て、中央協の判断を求めてください。

異議申し立てが行われた場合、支部協委員長は直ちに事務局に対し、再調査および消費者庁その他景表法運用機関に相談することを指示します（施行規則11条１項）。事務局長は支部協委員長の指示があってから７日以内に支部協委員長に再調査、相談結果を報告しなくてはなりません（同11条２項）。

再調査で「７日間」と最初の作業の２倍以上の時間を与えているのは、市場調査については最初の時より広範囲に、より多くの小売店を調査する、隣接支部協での同一品や類似品の判定結果を確認する、消費者庁など公的機関に相談する、といったことが含まれるからです。

支部協事務局長の報告を受けた支部協委員長は速やかに支部協を開催し、異議申し立てに対する判定を行わなくてはなりません。判定は異議申し立てがあった日から、できるだけ10日以内に出さなくてはなりません。施行規則11条４項は「異議申し立て後、10日以内に行うよう努めなければならない」としています。定足数を満たす支部協委員が臨時に集まれるかどうかは必ずしも保証できませんし、支部協の開催という物理的な問題には不測の事態、さまざまな事情もあるでしょうから努力目標としています。しかし、支部協委員長が当該異議申し立ての利害関係者である場合など、故意に判定を遅らせることのないよう、努力義務ではあっても、あくまで義務は義務として励行しなくてはなりません。

支部協の判定後、当初の判定どおりであればそのままですが、いったん「受付拒否」「不受理」となったものが上限価額の範囲内とされた場合は、当該景品類の使用を開始することができ（同11条５項）、逆に当初は上限価額の範囲内として受理されたものが上限価額を超えていると判定された場合は、直ちに使用を禁止することになります（同11条６項）。この場合、最終的に上限価額を超えていたものと判定されても、支部協の判定以前の当該景品類の使用に関しては違反に問われません。

また、支部協での判定が困難と支部協が判断した場合は、地区協に上申し、地区協の判定に委ねることができます（施行規則12条）。地区協での判定の手続きは支部協での手続きを準用しますが、地区協は一部を除いて調査機能を有していませんから、支部協から移管された届け出の書類、報告書などを審査して判定します。どのような場合でも、大体このあたりで決着す

景品類の「届け出」「受付」「受理」の流れ

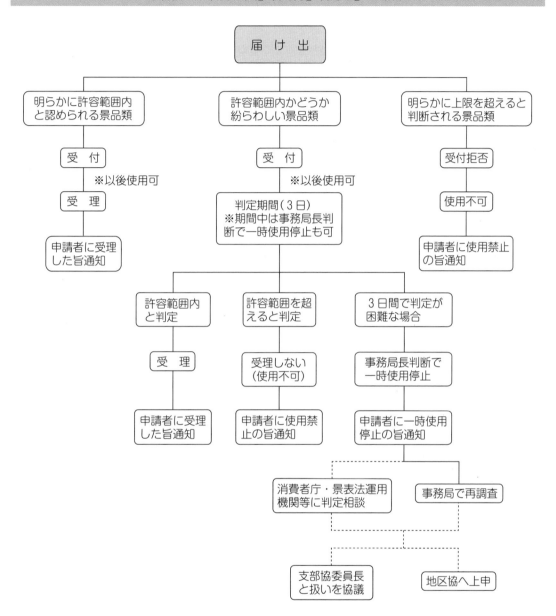

◇「受付」および「受理」の用語解説

受付：「届け出」を受け入れること。「届け出」の要件を備えていなかったり、当該の景品類が許容される上限を明らかに超える場合は、「受付」自体が拒否される。許容範囲かどうか不明の場合は、「受付」ののち、支部協事務局長は3日以内に結論を出す。この間は当該景品類の使用を認められる。

受理：「届け出」が要件を満たし、当該景品類が許容の範囲であると承認すること。

第5章　総付景品、ポイントサービス、試読紙等

ることが望ましいのですが、もし地区協でも判断ができない場合があれば、それはおそらく、単に価額の判定という手続きの解釈にとどまらず、景品規約の根幹にかかわる問題提起とも言えますので、ルールには明記されていませんが、事実上、中央協の判断を仰ぐことが望ましいと思われます。

2 違反行為

（1）届け出不履行等に対する措置（施行規則15条、14条の2）

届け出を行わずに景品類を提供した場合は、初回は「警告」、再違反（初回違反から3年以内）には3万円の違約金が課されます。その場合、当該景品類が上限価額の範囲内であっても、届け出を行わなかったことに対し、違反と認定されます。また、上限価額を超えた景品類を無届けで提供した場合、届け出違反と、上限価額違反の両方が課されます。

「受付拒否」「不受理」とされた者が当該景品類の提供を行った場合は、受理されなかったとはいえ、いったんは届け出を行っているので、届け出違反には問われませんが、当然のことながら、上限価額の違反に問われます。

（2）違反容疑行為の探知、調査、認定（施行規則17〜20条）

支部協で違反措置を行う場合、違反容疑行為の申告がその端緒となります。申告は協議会会員はもちろん、一般読者からの申告も受け付けます。もちろん、申告を待っているだけでは容疑行為の摘発が不十分なこともあります。このため、事務局長には管内を巡回し、販売所や読者から実情を聴取し、実態把握することが認められています。

申告を受けた事務局は、容疑行為が事実かどうか調査を行うことになりますが、「どこかの販売所で、電気製品か何かを配っていた」程度

の申告では調査も大変です。したがってできるだけ具体的に申告を行ってもらう必要があります（施行規則17条3項）。しかし、17条3項で規定している要件は、その後の事務局の調査の簡便化のための努力目標で、これらの要件が満たされていないと申告として受け付けられないということではありません。会員の場合、「○○販売所が配っていた洗剤セットは上限額を超えているのではないか」「○○系統が使用しているバスタオルは届け出がされていないように思うが」とか、読者の場合でも「以前、チラシで新聞界のルールを見たが、隣の家ではビールを1ケースもらったそうだ」「近所はみんな映画の鑑賞券を家族の人数分もらったのに、うちは2枚しかもらっていない」などは十分に端緒となり得ます。申告として受け付けるかどうかは、事務局長が調査開始に足る内容かを基準にその都度判断します。

また、申告があっても被疑系統に情報が漏れると、事前の証拠隠滅、読者への口止めなどの隠ぺい工作が行われる危険が伴うため、申告者、申告内容など申告にかかわる情報は一切事務局から外部へ漏らしてはなりません（同17条4項）。

事務局長は違反容疑行為が探知されたら、速やかに調査を開始しなければなりません。速やかにといっても、景品類の届け出のように何日以内という期限は設けていません。事務局業務の事情や、違反容疑案件の数によってはすぐに着手できない場合もあります。膨大な数の違反容疑案件がある場合、今月は半分、残りは翌月に調査することも十分あり得ます。調査にあたっては、支部協事務局長に全権が与えられており、支部協委員長の指示によらず、独自に調査を実施します。

違反容疑系統販売所での事情聴取のほか、直接、読者に対する聞き取り調査も行います。この場合、突然、支部協事務局長が訪ねてきて、「違反容疑事件の調査です」などと言われた

ら、事情の分からない読者は驚いてしまい、自分にも何かペナルティーが科されるのではないかと誤解することも考えられます。その場合、読者は事実に反した応答をすることも予想されます。円滑な聞き取り調査を行うため、施行規則18条4項には、「……当該販売業者またはその系統新聞社の名前を用いて直接読者を調査することができる」と規定しています。具体的には、「○○販売所ですが、きちんとお届けできたか確認しに来ました」「○○新聞社ですが、うちの○○販売所からお届けしてあると思いますが、ちゃんと届いていますか」などの調査方法をとってもよいことになっています。

調査の結果、違反かどうかは事務局長が認定します。この場合、一般消費者など第三者で構成する組織を設け、判断の参考とすることもできます（同19条1項）。違反は、上限価額を超えた景品類の提供が認められた場合や、上限価額の範囲内であっても無届けで提供されている事実が確認された場合、あるいはその両方が行われている場合に認定されます。懸賞の場合は、上限額の範囲内であっても、変更届けをせずに別の景品類を配布していたり、当選者以外の読者に当選賞品を提供していたりする場合なども含まれます。

この段階ではまだ違反の認定だけで、支部協に調査結果と違反事実ありとの認定の報告がなされ、その後支部協で違反者に対する措置を裁定することとなります。

（3）違反行為者に対する措置（施行規則21〜23条）

支部協委員長は事務局長から違反の恐れのある事案の調査報告を受けたら、速やかに支部協で扱いを審議し、違反行為が確認された場合は、①違約金を課す、②違反行為を直ちに停止または撤回させる、③謝罪、違反行為の広告を課すよう規定されています（施行規則21条1項）。21条の条文では「……違反行為者に対し

て次の各号の措置を採らなければならない」とされています。これらは規約8条（違反に対する措置）に定められている内容で、違反者には①から③までのどれかではなく、全てを課すことが義務付けられています。

①違約金を課すこと

違約金については、規約8条で「違約金の最高限度は200万円とする」と規定されています。違約金は1事案ごとに支部協で決定します。1事案とは1契約のことです。読者1人（1世帯）に対し行った契約行為で、違反行為を伴った1年契約は1事案の容疑案件ですが、3か月契約をそれぞれ違反を伴って4回更新すれば、4事案の違反容疑となります。

違約金は上限200万円の範囲内で支部協が決定しますが、施行規則21条6項の1号から4号で金額の基準が規定されています。上限額を超えた場合、使用した景品類の種類によって異なる基準を設けています。違反の種別による違約金の算定方法等については、本誌の資料編「Q&A」に詳しく例示してありますので、ここでは省略します。資料編「Q&A」の、事例ごとの解説をご覧ください。

また、新聞業界の違反処理には累犯加重制がとられています。再違反、再々違反の場合、初めての違反より厳しい措置がとられます。再違反というのは、違反者が違反を再び繰り返すことです。例えば、支部協で違反が確定後、その違反者が再び違反を行って支部協で違反と確定されたような場合です。違反の確定後3年以内に再違反した場合は、初回違反時に課される違約金の2倍、また再々違反以上の場合は3倍の違約金が課されることになります（施行規則22条）。

②違反行為を直ちに停止または撤回

違反行為の停止とは、上限額を超えた景品類の提供であれば、直ちに当該景品類の提供を中

緊急停止命令と一時停止命令（施行規則20条）

　上限額を超える景品類の提供など、明らかな違反容疑行為が実際に行われ、依然継続しているようなとき、支部協委員長は緊急を要すると認めたときは、違反被疑者に対し、違反の停止命令を発して、違反の疑いのある行為が広がることを防ぐ措置をとることができます。これを緊急停止命令と呼んでいます。

　命令を受けた者は直ちにこの命令に従わなければなりません。緊急停止命令が必要な場合に、命令を受ける者が委員長の所属する新聞社やその系統の販売所だった場合は、新聞社側の副委員長が代わって緊急停止命令を出すことができます。本来、命令を出す権限は支部協にありますが、緊急を要するということで委員長らにその権限を与えているわけです。また、緊急を要するということで第三者として調査能力を持つ支部協事務局長に委員長名で命令を発することを委任し、代行させることができるようになっています。

　また、一時停止命令は、緊急停止命令の場合と違って、行為それ自体が違反かどうか断定できず、きわめて紛らわしく実際に現場で混乱を招いていると委員長が判断し、特に必要があると認めた場合に出されるものです。この権限は、支部協事務局長には委任されていません。

　緊急停止命令も一時停止命令もあくまで暫定措置です。支部協委員長は、緊急停止命令や一時停止命令が出された場合は、速やかに支部協を開いてその事案を処理しなければなりません。緊急停止命令、一時停止命令の解除は、その事件の処理が終わり、確定した時に効力を失いますが、解除の通知は不要です。

止することで、撤回とは、当該景品類を使った購読予約カードの場合は解約させ、すでに配達中の新聞は中止し、違反の勧誘が行われる以前の状態に戻すことで「復元」ともいいます。P新聞の読者を、上限額を超えた景品類を使ってQ新聞の読者にしてしまった場合、Q新聞と契約する以前の状態に戻さなければなりません。もちろん、読者が、Q新聞の購読継続を主張した場合は、支部協がこれを無視して購読新聞を変更することは、読者の新聞選択の自由を奪うことになるのでできません。その場合は、違反勧誘によって読者をとられた相手方に実害を与えたとみなされ、実害補償をしなければなりません。復元と、実害補償については巻末の「Q & A」に詳しく例示していますので当該項目をご覧ください。

実害補償について
（1998〈平成10〉年12月度中央協決定）

　違反行為による購読契約が発効し、違反確定となり、同契約が解除され、復元した場合、読者契約が発効した日から同契約が解除されるまでの月数に月額購読料を乗じた額、または契約期間に関係なく1件につき1万5000円のいずれか高い額である。

③謝罪、広告

　表「違反措置の一覧」（61ページ）のとおりですが、違反措置はただ違約金さえ払えばいい、徴収すればいいというものではありません。違反者がルールをよく理解し、業界関係者に謝罪し、再び違反しない旨を約束すること

違反措置の一覧

	(1)届け出の違反	(2)景品類提供の違反に対する措置			(3)販売業者の違反に対する発行本社への措置			
	措置内容	違約金	違約金以外の措置		発行本社への違約金	指導てん末書	謝罪	その他
			謝罪等	広告等				
1回目の違反	◇警告	◇購読料の2か月分（券類は4カ月分、同一紙の提供は10か月分）※	①違反行為の停止、撤回 ②復元または実害補償 ③支部協、地区協、地域別実行委員会で口頭により謝罪	①地域別協議会機関紙等に系統別違反件数等を掲載		◇支部協委員が支部協委員長宛て文書により提出	◇支部協委員が支部協で口頭により謝罪	①緊急停止命令に従わない場合、違約金支払いを命令 ②違約金を支払わない場合、連帯して支払わせることができる
再違反（1回目の違反から3年以内）	◇違約金3万円	◇2倍	①同上 ②同上 ③支部協、地区協、地域別実行委員会で文書により謝罪	①中央協確認・決定事項、地域別協議会機関誌等に違反者名、違反内容等を掲載（ただし、販売委・中央協ウェブサイトに掲載する決定事項からは違反者の氏名、内容等は削除する）	◇違約金2万円（発行本社の関与が明らかな場合）	◇地区協委員が地区協委員長宛て文書により提出	◇地区協委員が地区協で文書により謝罪	
再々違反以上（再違反から3年以内）	◇違約金3万円	◇3倍	①同上 ②同上 ③同上 ④2週間以上30日以内の範囲で景品類の提供を禁止	①同上 ②店頭・謝罪ポスター掲載 ③謝罪チラシ折り込み配布（違反店の区域全域に。費用は違反店、系統社の負担）④国民生活センター等に違反内容開示	◇違約金3万円（発行本社の関与が明らかな場合）	◇中央協委員（中央協委員社以外は販売責任者）が中央協委員長宛て文書により提出	◇中央協委員（中央協委員社以外は販売責任者）が中央協で文書により謝罪	

※懸賞に名を借りた脱法行為に対する措置→施行規則に定める基準額の2倍の違約金と支部協議会が定める違約金の合計を課す

◇懸賞にかかわる違反に対する措置
・施行規則で定める懸賞のルールの範囲を超えて実施した場合、および届け出された懸賞企画と実態がかい離した場合
①100万円の違約金（本社）、50万円の違約金（販売業者）
②景品類の提供の中止により違反行為の撤回

は、違反行為の再発防止の観点からも重要です。また、広告は、違反者には違反した事実を自ら公表するという苦痛を与え、併せて広く読者にまでルールを周知し、業界できちんとルールが運用されている事実を明らかにすることにより、新聞販売に対する理解と信頼をより確かなものとすることにつながります。「謝罪、広告」は違約金処理に比べると、おろそかにされがちですが、違約金処理と同様、確実に実施してください。この「謝罪、広告」にも累犯加重制がとられており、再違反、再々違反と違反を繰り返すごとに上部組織での謝罪および広範に広告することが義務付けられます。

その他、違反に関する事項については、以下のとおりです。

④景品類の扱い（施行規則21条4項）

違反とされた景品類の処分については、支部協事務局長または支部協の決定に従わなくては

なりません。処分の具体的方法には、施設に寄付する、売却可能なら支部協の運営経費に充てるなどが考えられます。当該景品類を読者が所持している場合、事務局の調査の際、証拠として預かりたいときは、読者によく事情を説明して協力を求め、景品類を一時預かるなどの方法をとることになります。この場合は後日、読者に返還することになりますが、読者が放棄すれば前述のとおりの処分となります。

⑤弁明 （施行規則21条9項）

　支部協で違反措置を決定する際、違反容疑者に弁明の機会を与えなくてはなりません。原則、出席させて弁明の機会を与えますが、物理的に出席が困難な場合、書面で弁明を行うこともできます。もちろん、これは容疑に不服の場合で、違反容疑者が調査を通じて違反事実を認めている場合には、省略しても差し支えありません。

⑥新聞社の責任 （施行規則23条、23条の2）

　違反措置の対象が違反当事者にあることは言うまでもありませんが、違反者が販売業者の場合、違反当事者に対する措置に加えて、系統新聞社は指導・監督責任を負うことになります。

(i) 施行規則20条に規定されている緊急停止命令は、当該行為が明らかな規約違反の際、出される命令です。したがってこの命令に違背することは看過できない行為ですし、命令が出されたことは系統新聞社も知っているわけですから、緊急停止命令に販売業者が従わなかった場合は、系統新聞社も連帯して違約金の支払いなどの措置の対象となります。

(ii) 販売業者が違反した場合、系統新聞社の支部協委員には支部協での謝罪、指導てん末書の提出が課されます。販売業者の違反を系統新聞社の指導・監督によって防止できなかったことへの謝罪と、今後、違反させないようきちんと指導した経緯をてん末書として提

出するものです。また、累犯の度合いによって新聞社のさらに上部責任者が上部協議会で同様の措置をとることが義務付けられています。

(iii) 違反確定した販売業者が違約金を支払わなかった場合、系統新聞社には連帯責任として違約金を支払う義務が課されます。施行規則43条で、新聞社は違約金支払いの保証として地区協に系統単位で200万円預託しています。また、取り扱い部数1,000部以上の販売業者はこれとは別に支部協に10万円を預託しています。したがって販売業者が違約金を支払わない場合は、まず、支部協に預託している10万円の預託金から徴収することになります。何らかの理由で預託金から徴収できない場合は、地区協に預託している200万円から徴収することになります。

(iv) 販売業者の違反で、新聞社の関与が明らかな場合、新聞社にも違約金が課されます。新聞社の関与が明らかな場合とは、例えば上限額を超えた景品類を新聞社が販売所にあっせんしている事実、新聞社が販売所に上限を超えた景品類使用を指示、示唆していた事実、などが第三者から確認できる場合です。新聞社が上限額を超えた景品類を直接、提供している場合は、「関与」ではなく、新聞社の違反行為となります。違約金の金額は販売業者の違反が再違反の場合は2万円、再々違反の場合は3万円です（施行規則23条の2）。

⑦地区協による措置 （施行規則24〜29条）

　違反処理について、支部協での解決が困難と判断した場合、支部協から地区協へ処理を委ねることができます（施行規則24条）。新聞公取協は支部協一審制をとっていますので、地区協に処理を移管するのは極めて異例なことです。通常の上限価額の違反なら、支部協事務局長が価額算定の結果、上限を超えている旨認定し、それを支部協で確認し、決定すれば済むわけで

すから、支部協で解決できないテーマとは、例えば、事務局長の価額算定に疑義が出され、なかなか結論が出ない場合や、後述する支部協の裁定に異議申し立てが出されて、収拾が図れない場合、違反行為自体が複数の支部協にわたって展開され、一つの支部協では完全に処理できない場合、規約、施行規則の解釈や協議会の手続きに関する事項が絡んでおり上部協議会の見解を必要とする場合、などでしょう。

したがって、地区協は支部協から処理の上申があった場合は、まず地区協で処理することが適当かどうか判断する必要があります。それによっては支部協に差し戻したり、あるいは規約、施行規則の解釈に関する事項であれば中央協に上申し判断を求めたりすることになります（同28条）。地区協が中央協に処理を移管した場合、地区協の判断で消費者庁に報告することができます（同29条）。どういう場合がこれに該当するのか、なかなか判断は難しいですが、大規模かつ悪質な違反行為が続発し販売現場を混乱させている場合など、特殊な状況下を規定しているものと思われます。

また、支部協の違反措置にかかわる案件の場合などで、地区協で処理することが適当と判断された場合は、当該支部協のルールに則った判断を行わなくてはなりませんが、新聞社の違反の場合、中央協の承認を得て異なる基準で措置することもできます（同25条2項）。

再違反者等への措置、新聞社の指導監督責任、連帯責任も同様に支部協のルールが準用されます。累犯加重の場合、ある販売所が1回目の違反を行って措置され、その後、3年以内に違反申告され、支部協で結論が出ず、地区協に上申されて、そこで違反が確定した場合、地区協で処理されたのが初めてであっても、元来が同一支部協管内の発生事案ですので、地区協での違反確定が2度目の違反となり、累犯加重の対象となります。

実行委員会による措置

1983（昭和58）年に中央協が正常化の新方針を出して以来、違反処理は原則として支部協が行うことになりました。販売所のみの違反処理では、あいまいに終わってしまうということで、新聞社の委員で構成される支部協に系統販売所代表を入れることにより、支部協一審制にしたものです。公取委もこの考え方を支持しています。しかし、すでに1983年当時、実行委処理により販売の正常化が維持できていると認められた地域にあっては、新聞社側支部協委員2人以上の出席を条件に、実行委処理が例外的に認められています。ただし、この場合も実際には違反措置の決定のみ認められているだけで、調査は第三者の支部協事務局の責任と権限で行われるなど、他は支部協による処理と同じです。

⑧協議委員会による措置（施行規則30〜34条）

中央協に問題解決が依頼される案件は、複数の地区協にまたがる広域な違反行為、規約、施行規則の解釈・運用をめぐる問題などでしょうから、中央協全体でなく、関係者などで組織する小委員会を設置して、解決の糸口を探ることもできます。

⑨異議申し立て（施行規則35〜37条）

支部協、地区協の違反処理内容に不服がある場合は、処理内容を決定した協議会の上位協議会に異議の申し立てを行うことができます。違反処理内容に対する不服とは、違反容疑者の場合は、違反の事実がないのに違反確定された場合、または違反事実は認めるものの、措置内容に不服がある場合、違反確定に不服はないが違反処理手続きや支部協の違反認定手続きに異議がある場合、などが考えられます。また、当

該の支部協、地区協の委員も不服申し立てができますが、これが認められるのは、他の者の違反容疑案件について、違反事実が明らかなのに「違反事実なし」と裁定された場合、措置内容に不服がある場合、結論に不服はないが違反処理手続きや支部協の違反認定手続きに異議がある場合、などです。違反容疑者は確定違約金相当額を上位協議会に預託してからでないと、異議申し立てはできません。異議申し立てを受けた協議会は、原機関に再調査を命じて、改めて結論を出します。もちろん、自ら調査を行っても構いません。

⑩違反措置不履行等に対する措置（施行規則38〜41条）

支部協で違反を摘発し、違反行為に対する措置をとっても、それが履行されなければ「やり得」になってしまいます。そういうことがないよう支部協には確実に措置の内容を履行させる義務があります。違約金は納入されなければ督促し、違反者が支払いを拒否しても支部協や地区協の預託金を取り崩したり、系統本社が肩代わりしたりする規定があります。謝罪、指導てん末書、店頭掲示ポスターなども履行されたかどうかきちんと確認してください。もし履行されない場合は、系統責任者に履行義務を課したり、最悪の場合、当該違反者を除名処分にしたりする規定もあります。再違反、再々違反の際、地区協、中央協での謝罪等が課されますが、これについても一義的には支部協での違反確定が基本ですので、系統の支部協委員を通じて履行するよう働きかけてください。もちろん、支部協からの違反確定報告を受けて、地区協、中央協が直接、当該者に履行を要請することもできます。各支部協で違反処理が確実に履行されたかどうかは中央協としても把握する必要がありますので、支部協に対して毎月、報告義務が課されています。また、緊急停止命令または一時停止命令に従わなかった者は、支部協

あるいは地区協の裁定に従い、10万円の違約金を支払わなければなりません。さらに支部協事務局の違反に関する調査について調査拒否をしたときも、支部協の裁定に従い10万円の違約金を支払わなければなりません。調査の時、帳簿の数字をごまかすために帳簿の作り直しなどが発見された場合も10万円の違約金を支払わなければなりません。

⑪その他（施行規則42〜45条）

「競合相手が違反したことで読者を不当に奪われたので、企業防衛上、対抗して同様の違反行為を展開し、読者を奪い返した」という理屈は通りません。いかなる場合も違反行為は厳正に処罰されますから、自己の違反行為を正当化する手段として、競争相手の違反行為を盾に取ることはできません（施行規則42条）。支部協は、違反でないことを知りつつ、競争事業者を妨害する目的で申告する場合など、会員の申告で悪意があると支部協で裁定した場合、申告した人に対して調査費用と10万円の違約金を請求することができます（同45条）。

⑫違反行為の防止措置等（施行規則46〜49条）

・セールススタッフの登録

施行規則46条は、勧誘上の問題が起きやすいセールススタッフに対して、その登録方法、ペナルティーなどをきちんとしようというものです。

セールススタッフの違反行為は勧誘を依頼した販売所または新聞社の責任であり、販売所が責任を負わない場合は、系統新聞社が責任を負います。セールススタッフはその身分を明らかにするなどして違反の予防のために、仕事をする地域の支部協事務局に登録することが定められています。新聞セールスインフォメーションセンターへの登録に代えることもできます。新聞社は自系統のセールススタッフ全員の登録と

正常販売の誓約書をあわせて支部協事務局に提出します。スタッフの入れ替え、取り消す場合は、その都度修正をすることになっています。中央協決定で、登録支部協のある地域以外で、セールススタッフの違反行為があった場合は、登録されている支部協議会事務局、新聞社に照会し、合わせてホットラインによる緊急停止を求めることができることを確認しています。新聞社または販売所は、未登録のセールスチームやスタッフ証明書を持たないセールススタッフには、新聞購読勧誘の仕事を依頼することはできません。また、セールスチームからの読者獲得の購読申し込みカードにチーム名、セールススタッフ名、購読申込月日、購読月の書かれていないものは無効とし、販売所はこうした契約書は受け取らないことにしています。なお、販売所が購読勧誘の仕事をセールススタッフに依頼する場合、必ず業務委託証明書を発行し、セールススタッフは読者の求めに応じてこれを提示することになっています。

・正常販売の監視・PRと事務局の研修

正常販売が実現されることは新聞販売関係者の全員の悲願です。正常販売が行われているかどうかを外部の第三者に評価してもらうために、協議会にはオンブズマン制度が設けられています。また、地域の公共機関や消費者代表との意見交換の場やモニター調査を通じ、新聞の購読契約をめぐるトラブルが起きていないかどうか監視することにしています（施行規則47条）。協議会会員には随時、規約、施行規則の周知徹底を行い、読者に対しては新聞販売の諸ルールをPRするチラシの配布や、広報活動を通じ、地域全体で正常販売の意識が高まるよう、支部協、地区協などで努力することがうたわれています（同48条）。

支部協で諸ルールを運営する際の要は事務局です。とくに支部協事務局長には権限を付与し、ルールの実践をお願いしているわけですから、最低年2回、必要な研修を行うことが地区

協に課されています（同49条）。

3 ポイントサービス

新聞事業者が提供するポイントサービスは、2008（平成20）年10月6日から、景品類として明確に位置付けられました。

施行規則1条の2で規定しているとおり、ポイントサービスとは、購読料金、購読月数等の購入実績を一定の換算方法に基づいて継続的に記録し、蓄積された購入実績に応じて提供するものです。

（1）留意点

ポイントサービスを実施するうえでの留意点は次の三つです。

①ポイントの使途を新聞購読料の支払いだけに限定した場合は値引きになりますが、選択可能なものは、全て景品類に該当します。新聞社、販売所が単独で提供するポイント制度（クローズドなポイント制度）は、ポイント付与段階のみならず、ポイント利用段階でも6・8ルールを適用します。

②読者・消費者が新聞以外のいろいろな取引で得たポイントを合算し、一定期間ためてから利用する場合、ポイントの付与段階では6か月8％を上限とするものの、利用段階においても6か月8％を上限として制限することは事実上できません。したがって、6・8ルールの適用は、ポイントの付与段階にとどめます。

③新聞事業者が取引に付随して提供するポイントについては、その獲得したポイントによって、読者が最終的に得ることができる経済的な利益への還元率を支部協に届け出ます。

（2）提携企画における企画主体の判断基準

クレジットカード会社等との提携企画における企画主体の判断基準

①クレジットカード会社等が、その取引の対象商品として新聞のみ（対象紙は単数・複数問わず）を指定し、新聞購読料の支払いにカードを利用している人だけを対象にポイントを提供する企画は、新聞社とクレジットカード会社の共同企画とみなし、新聞社が提供するポイントの扱いになります。（**要届け出**）

②クレジットカード会社等が、その取引の対象商品として新聞に限らず他の商品やサービスなど複数を指定し、いずれかの支払いにクレジットカードを利用している人を対象にポイントを提供する場合は、クレジットカード会社等の単独企画とみなし、新聞の規約ではなく、一般ルールが適用されます。（**届け出不要**）

③ただし、②の場合でも、新聞側が紙面広告や折り込み広告をはじめ、さまざまな広告手段を使って、「いまP新聞の購読料をQカードでの支払いに切り替えればポイントがもらえます」などとP新聞との取引付随性をことさら強調すれば、新聞購読との取引付随となります（セールススタッフが口頭で、クレジットカードで新聞購読料を支払うとポイントが付与される旨告知しても取引付随に該当します）。（**要届け出**）

④P新聞が③のような告知を一切せず、Qカードが独自にPRしているだけなら、Qカード側の単独企画となります。（**届け出不要**）

※ ①〜④については、クレジットカード会社のほか、航空会社、電器店等他業種との提携企画も同様です。

なお、ポイントサービスと規約の関係について解釈上不明な点が出た際は、中央協で確認・決定し、周知・徹底していくこととしています。

（3）届け出

①支部協への届けが必要なポイントサービスについて

還元率の計算式は67ページの表のとおりです。景品類の価額を支払い総額（ポイントで交換できる景品類を得るために、消費者が支払う総額）で割ったものが還元率となります。還元率が8％を超えるポイントサービスは実施できません。支部協事務局に届け出の必要なポイントサービスは、次の二つです。

(i) 新聞事業者（新聞社、販売所）が新聞の購読に付随して、読者に提供するポイントサービス

主に新聞事業者（販売所、発行本社）が単独で行い、新聞の購読のみを対象とするクローズドなポイントサービスです。

(ii) クレジットカード会社や航空会社などが新聞事業者との共同企画として実施するポイントサービス

届け出の必要な共同企画の判断基準については、前記をご参照ください。例えば、「P新聞を購読すると300マイル提供します」といった場合、P新聞の購読に付随して提供する300マイルは景品類ですので、支部協への届け出が必要になります。クレジットカード会社が、新聞購読料の支払いを含む全ての商品・サービスへのカード利用に対して通常提供しているポイントサービスは、届け出の必要はありません。

②ポイントサービスの申請手続き

ポイントサービス専用の届け出用紙（様式4号・157ページ参照）に記入し、交換可能な全ての景品類のリストとともに支部協に提出してください。現物の届け出を義務付けるかどうかは、支部協の判断に委ねます。用紙にはポイントの最大還元率を記入する必要があります。還元率とはポイントを金銭的な価値に換算し、それが元となる取引の価額の何％に該当するかを

ポイントサービスにおける還元率の計算式について

（１）「１か月の購読に対し X ポイントを付与する」

例：月決め4,000円の新聞を購読で毎月２ポイント（X ＝ 2）付与し、20ポイントで1,000円の景品類と交換できる。

$$\frac{(景品類の価額)\ 1{,}000 \times (Xポイント)\ 2}{(月決め購読料)\ 4{,}000 \times (景品類の交換に必要なポイント)\ 20} \times 100 = 還元率\ 2.5\ \%$$

（２）「購読料 Y 円につき Z ポイントを付与する」

例：購読料500円（Y ＝500）につき２ポイント（Z ＝ 2）付与し、200ポイントで1,000円の景品類と交換できる。

$$\frac{(景品類の価額)\ 1{,}000 \times (Zポイント)\ 2}{(Y円)\ 500 \times (景品類の交換に必要なポイント)\ 200} \times 100 = 還元率\ 2\ \%$$

＜上記計算式の根拠＞

上記式（１）、（２）ともに以下の計算式を簡単にするために変形したものです。

（１）「１か月の購読に対し X ポイントを付与する」場合

$$\frac{(景品類の価額)}{(月決め購読料) \times \dfrac{(景品類の交換に必要なポイント)}{(Xポイント)}}$$

（２）「購読料 Y 円につき Z ポイントを付与する」場合

$$\frac{(景品類の価額)}{(Y円) \times \dfrac{(景品類の交換に必要なポイント)}{(Zポイント)}}$$

ポイント還元率は、読者の支払い額に対する景品類の価額の割合です。

計算式は「景品類の価額を分子」、「読者の支払額の合計を分母」とする割り算になります。

（１）の式は分子である景品類の価額を、分母の支払い総額で割る式です。

支払い総額は、「月決め購読料」×「必要ポイント÷X ポイント」で求めます。

（２）の式も同様に、分子である景品類の価額を、分母の支払い総額で割る式です。

支払い総額は「Y 円」×「必要ポイント÷Z ポイント」で求めます。

第5章　総付景品、ポイントサービス、試読紙等

算出したものです。最大還元率とは、交換する景品類のうち、還元率がもっとも高いものを指します。

（4）Q&A

ポイントサービスに関する具体的な事例については、Q&A形式で紹介します。

Q① ポイント付与時と景品交換時のどちらの時点で、景品を提供したことになるのですか。

A ポイントを付与した時点で読者に対して利益を提供したことになり、ポイントの付与自体が6・8ルールの制限を受けます。ただし、新聞社および販売所が単独で提供するポイント制度（クローズドの企画）については、読者がポイントを利用する段階においても6・8ルールの上限内である必要があります。ポイントをためて、6か月8％以上の価値のある景品と交換することはできません。

Q② 蓄積されたポイントと交換可能な景品類の届け出方法を教えてください。

A ポイントサービスを開始する場合は、様式4号による届け出が必要です。これとは別に、クローズドなポイントサービスの場合、ポイントと交換可能な景品類を様式3号（使用景品類の届け出用紙）により、景品の現物を添えて届け出る必要があります。ただし、すでに届け出を済ませた景品類については、重複して届け出を行う必要はありません。

Q③ 系統会など複数の販売所が合同でポイントサービスを実施する場合、一括して届け出ることはできますか。

A 規約でいう新聞事業者とは、新聞販売所および発行本社です。ポイントサービスの届け出も事業者単位です。したがって、系統

会単位で実施する際も、一事業者ごとに届け出る必要があります。ポイントの最大還元率が同じポイントサービスを本社が届け出た場合は、支部協管内の全ての同系統事業者が実施可能となります。

Q④ 発行本社でクレジットカード会社などとの共同企画を全国展開する場合は、ポイント企画の届け出を一本化できますか。

A 従来の使用景品類届け出の手続きと同様、全国規模の企画であっても全ての支部協に届け出る必要があります。

Q⑤ 読者へポイントを提供する方法に決まりはありますか。

A 特に決まっていません。シールを毎月渡す、新聞代金の領収書をポイントとして集めてもらう、毎月スタンプを押す、ポイントカードを発行するなどが考えられます。いずれの方法で提供する場合でも、6・8ルールの上限を超えてポイントを提供することはできません。

Q⑥ 読者に対して、契約時に6・8ルール上限いっぱいの景品類を提供しました。この読者に対して、さらにポイントを付与することはできますか。

A さらにポイントを付与した時点で、6・8ルールの上限を超える景品類を提供したことになります。したがって、6か月間はポイントを付与できません。繰り返しになりますが、ポイント自体が景品です。

Q⑦ 景品として航空会社のマイレージを提供する場合、交換対象の一覧および還元率はどのように記入すればよいですか。

A ポイントサービスの届け出は、交換対象である全ての景品類をリストにして提出

する必要があるため、外部機関が実施するオープンなポイントサービスでも同様の申請が必要となります。

例えば1万マイルが1万円分の商品券と交換できるのであれば、1年間の新聞購読に対して千マイルを提供する場合は、千円分の景品類を提供することと同じ扱いになります。この際、年間購読料が5万円であれば、マイレージの還元率の算出方法は千円÷5万円となり、還元率2％ということになります。

Q⑧ クレジットカード会社や航空会社等との提携企画として行うオープンなポイントサービスを利用する際の届け出について教えてください。

A 「P新聞を購読すると300マイル提供します」など、オープンなポイントサービスのポイントを新聞購読に付随した景品類として提供する場合は、還元率および該当するポイントサービスが提供している交換可能な景品類のリストを様式4号に添付して届け出る必要があります。ただし、オープンなポイントサービスにおいて交換可能な景品類は、様式3号による使用景品類としての届け出は必要ありません。ポイントと交換可能な景品類として届け出が必要な景品類は、クローズドなポイントサービスで交換可能な景品類のみです。

Q⑨ すでに届け出を行った新聞社と航空会社の提携企画において、期間限定のボーナスポイントが付与される場合、再度申請する必要がありますか。

A 当初、届け出を行った還元率が、ボーナスポイント付与により変更される場合、再度還元率の届け出を行う必要があります。還元率の変更がない場合でも、ポイントと交換可能な景品類が増えた場合、増えた景品類をリストに追加して届け出を行う必要があります。

Q⑩ オープンなポイントサービスにおいて、新聞購読独自の特典でためたポイントを他の取引でためたポイントと合算した場合、なにか問題はありますか。

A マイレージのように新聞購読だけでなく、他の取引に付随して発生したポイントも合算される場合、「新聞でためたポイントを他のポイントと合算しないでください」と読者の行動を制限することが不可能なため、制限できません。ただし、ポイントを付与する段階においては、6・8ルールが適用され、この上限を超えるポイントは提供できません。

○○Payなどの電子マネーを購読契約に際して提供する場合、景品類の扱いとなり、6・8ルールの範囲内で提供できます。

4 試読紙など

（1）種類

　規約5条「予約紙等の定義」、施行規則4条「予約紙等」に規定されているとおり、読者に無償提供できる新聞で、予約紙、おどり紙、試読紙の3種類あります。

予約紙

　新聞を購読する旨の契約を新たに締結した読者に対し、購読を開始する月の前月末の4日以内に限り、当該購読に係る新聞を無償で提供する当該新聞のことです。

おどり紙

　新聞の購読契約が終了する読者に対して、契約が終了する月の翌月初めの3日以内に限り、無償で提供する当該新聞のことです。これは、契約を継続するかどうかの意思を確認する手段として配布している新聞です。

試読紙

①新規発行時
　新聞を新たに発行した際に、1週間を限度に無償で配布するものです。
②購読勧誘の手段
　購読勧誘をする際、また読者から試読したいとの要望を受けた際に、試読紙である旨を紙面に明示して無償で提供する新聞です。1か月につき14回が限度です。

　戸別配布の方法による試読紙は、1か月に14回（朝・夕刊セットの場合は、セットで1回）まで配布できます。2020（令和2）年の施行規則改正で、それまでの1か月につき7回から14回に拡大されました。14回はあくまで上限です。実施する場合は、専用の届け出用紙（様式第2号・157ページ参照）により事前に地域別協議会事務局への届け出が必要です。

　ただし、購読勧誘営業時に読者に直接試読紙を手渡す場合は、事前の届け出は必要ありません。

　また、新聞を新規発行する際には、見本として、1週間を限度に配布できます。この場合も地域別協議会事務局にその見本を事前に届け出なくてはなりません。なお、試読紙を戸別配達の方法以外で配布する場合、例えば、イベント会場で配布するようなケースは、戸別配布、新規発行時のように協議会への事前の届け出は必要ありません。

　試読紙は紙面の1面などに「試読紙」とスタンプを押すなど、一目でサンプルであることが判別できるようにする必要があります。

　試読紙の申し込みや提供は取引ではないので、申し込んだ人や提供を受けた人を対象に物品を提供する行為は、取引付随には当たりません。

　したがって、試読紙を申し込んだ人や提供を受けた人を対象に、抽選もしくはもれなく物品を提供することは、規約の対象ではありません。

　ただし、物品を購読勧誘時に渡すなど、提供の仕方によっては取引付随性が生じる可能性があるので、注意が必要です。

（2）試読紙配布における届け出の留意点

　戸別配布の方法による試読紙は、71ページの事項に留意して、事前に地区協および支部協事務局に届け出を徹底することで、届け出内容が明確になり、ルール順守にもつながります。

第5章　総付景品、ポイントサービス、試読紙等

戸別配布の方法による試読紙配布の留意点

◇事前届け出

「戸別配布による試読紙配布実施」届け出用紙（モデル）〈様式第2号〉を使用します。

「配布地域」と「実施店」の記入については以下を留意します。

・配布地域…市町村単位まで記入します。

・実 施 店…実施店名の記載を徹底してください。系統会、社が届け出を行い、実施店が多数に及ぶ場合は、名簿を一覧表にして添付します。

※新規発行の新聞を配布する際は、あらかじめその見本の届け出が必要です。

◇事後の届け出

届け出をしていない期間に、読者からの求めに応じて試読紙を配布した場合は、可能な限り把握し、事後に届け出を行います。

届け出用紙については、モデルを参考に各支部協で対応します。

※ただし、試読紙のうち営業勧誘時の配布に限っては、地域別協議会事務局への届け出は省略できます（1998〈平成10〉年11月度中央協確認・決定事項）。

◇試読紙配布期間の届け方

戸別配布の方法による試読紙配布は、1か月につき14回が限度です。「1か月につき」とは、暦の1か月に限りません。

届け出をした試読紙配布期間初日から次の試読紙配布期間初日まで1か月の期間が必要となります。届け出する期間については下記の例を参照ください。

届け出の期間を

　①4月18日〜 5月1日（14日間）

　②4月1 〜30日（14日間）

　③4月6日〜 5月5日（14日間）

とした場合、それぞれ、次の届け出期間は、

　①は5月18日から、

　②は5月1日から、

　③は5月6日から、可能となります。

◇14回のカウント方法

14回のカウント方法は、セット紙においては、同じ日付の朝刊・夕刊の順番で1回とカウントします。

第5章　総付景品、ポイントサービス、試読紙等

第6章 クーポン付き広告

クーポン付き広告とは、新聞紙面や折り込み広告上でクーポン券という経済上の利益を刷り込み、提供する行為です。あくまで新聞の取引に付随しないことが前提で、表示方法や提供方法によっては、新聞の取引に付随した景品類に該当し、規約の制限を受ける場合がありますので、注意が必要です。

この章では、クーポン付き広告とは何か、どのような場合に景品類に該当し、規約の制限を受けるのかを説明します。

1 クーポン付き広告

（1）基本的な考え方

施行規則5条は、新聞事業者以外が実施するクーポン付き広告は「景品類」に該当しないことを明記しています。2002（平成14）年4月16日の施行規則改正で、それまでのクーポン付き広告のルール（「新聞のクーポン付き広告に関する規則」、「新聞のクーポン付き広告に関する運営細則」、「新聞のクーポン付き広告に関する違反処理規程」）は、廃止となりました。

新聞事業者以外の広告主が実施するクーポン付き広告は、広告主の自由な営業活動を妨げる根拠はなく、基本的には独禁法、景表法の範囲内であれば制約を課すべきではないからです。

クーポン付き広告は、「新聞の取引に付随しないこと」が条件です。新聞社がその広告企画に参加している、あるいは共同で企画していると想起させるような表示がある場合や、購読勧誘に使った場合、事前告知を行った場合など、表示や提供の方法によっては、新聞の取引に付随した「景品類」に当たる場合もあります。

新聞事業者以外の広告主が実施するクーポン付き広告の概要

規約上の位置付け	種類	体裁	掲載媒体	記載事項	その他指定
景品類に該当しない	①割引券、②見本（等）請求券、③資料請求券	広告面の一部に「切り取り」体裁でクーポン券が刷り込まれているもの	制限なし	○広告主または実施店舗名および住所 ○対象商品名または役務の内容 ○割引の額または割引の率 ○割引の額のもととなる金額 ○数量、重量および形状等 ○クーポン券の使用有効期限	・無料券、金券（どの商品にも利用できる100円券など、用途が限定されていない券類）は不可 ・懸賞への応募券（抽選券、福引き券）は不可 ・事前告知、1面掲載、購読勧誘材料としての使用は不可 ・新聞社が広告企画に参加している、あるいは共同で企画していると想起させるような表示は不可 ※これらを実施した場合、新聞の取引に付随した景品類に該当し、6・8ルールの制限を受ける

（2）種類と範囲

　クーポン券とは、「自己の供給する商品または役務の割引を約する証票、見本等の無料提供を約する証票」で、具体的には割引券、見本（等）請求券、資料請求券の３種類です。

◇割引券

　割引券は自己の特定の商品、役務を○○円、あるいは○○％割り引くことを約束する券です。割引額、割引率には制限はありませんが、あくまで割引券ですので「無料券（100％割引）」は該当しません。「１枚で○人まで有効」「１枚で○個まで買えます」は問題ありません。一つの広告の中に同一の券を複数枚つづることも問題ありません。特定の商品との引き換えに用いる商品引換券は、割引券には該当しません。

◇見本（等）請求券

　見本（等）請求券は商品見本と無料で交換し、当該の商品を試してもらうための券です。役務の無料提供も含まれます。「『一般消費者に対する景品類の提供に関する事項の制限』の運用基準について」により、見本品のほか、実際に売っている商品の最小単位のものは、商品に「見本」と明示して提供できますので、商品の現品引き換えが可能です。かつては市価300円程度以内という新聞業界内の目安がありましたが、現在ではありません。

　ただし、化粧石けん業など、業界によっては公正競争規約において見本として提供できる商品、役務の範囲、大きさ、量などに制限を加えている場合もあります。

◇資料請求券

　資料請求券もクーポン券の一種です。正常な商慣習の範囲内にとどまる一般的なカタロ

グなど、「商品、役務の説明資料」の提供であれば、何ら問題ありません。

　割引券など前述の券類は、通常その１枚だけで使用できるのが一般的です。同じ券を複数枚集めて初めて使用可能になるような場合（例：クーポン券に５点、10点といった点数が印刷してあり、50点集めないと使用できないなど）は、同じ券が掲載された次の号の特定の新聞を再び買わせることになり、そのことが不当な顧客誘引に問われる場合もあります。

　新聞事業者以外の広告主が発行する、どの商品にでも使うことのできる割引券付きチラシ（自己の店舗で商品を特定せずに使用可能な100円券、１割引券など）を新聞事業者が配布した場合、クーポン付き広告ではなく新聞事業者が提供する景品類になります。

　また、広告主の店舗へ持参すれば福引等に参加することができる「抽選券」もクーポン券には該当せず、新聞の取引に付随した景品類となります。加えて、新聞社が関与する懸賞では、スピードくじなどの方法が認められていませんので、その点にも注意が必要です。

（3）体裁・形状

　「クーポン付き広告」は名称の通り、広告の一部にクーポン券が刷り込まれているもので、クーポン券の部分を切り取って使用するものです。ですから、切り取って使用することが消費者に容易に理解されるようにしておくことも必要です。「掲載紙全体を提示すること」や「広告全体を提示すること」、「掲載紙名を告知すること」を割引や商品引き換えの条件にすれば、掲載した新聞との取引付随性が問われることになります。

　クーポン券は、切り取ってお店に持って行ったり、メーカーに送ったりして、何らかの利益が得られる引き換え券です。

紙面を切り取る代わりに、紙面に掲載されたクーポン部分のみをスマートフォン等で撮影し、その画像をお店で提示しても問題ありません。クーポン券部分のみの撮影・提示であれば、切り取る代わりとして可能です。

（4）記載事項

　施行規則5条は「新聞事業者以外のクーポン付き広告は景品類に該当しない」と規定していますが、クーポン付き広告の具体的な要件は示していません。そこで、中央協が2002（平成14）年まで運用していた「新聞のクーポン付き広告に関する規則」で規定していた要件を参酌し、運用しています。「新聞のクーポン付き広告に関する規則」で規定していた券面表示は以下のとおりです。

```
○広告主または実施店舗名および住所
○対象商品名または役務の内容
○割引の額または割引の率
○割引の額のもととなる金額
○数量、重量および形状等
○クーポン券の使用有効期限
```

　「新聞のクーポン付き広告に関する規則」は廃止されたため、これらを券面に表示しないと違反に問われるということではありません。しかし、広告表示として、消費者が見て分かりにくいとか、誤解しやすいような表示は避けなければなりません。広告主は、消費者がそのクーポン券を切り取って、どこへ持っていって、どうすれば何がいくら安くなるのかを明確に伝える必要があります。左記の券面表示事項を参考にしてください。

（5）新聞事業者・新聞事業者の関連企業が実施する場合

　新聞事業者や新聞事業者の関連企業もクーポン付き広告の掲載が可能です。ただし、新聞本体の割引については「新聞業における特定の不公正な取引方法（特殊指定）」1項で禁止されています。見本（等）請求券については、公正競争規約で新規発行時、営業勧誘時、ポスティングの3方法による試読紙の提供が認められています。新聞業で言う「資料請求券」で引き替えられる資料とは、宣伝版、宣伝パンフレットなどの新聞類似の付録に該当する印刷物などでしょう。

　新聞社や販売所が新聞以外の商品を扱っている場合があります。例えば、産地直送の果物をあっせんしている販売所が、果物と交換できる券や割引券を新聞折り込みなどの方法で配布すると、その券は規約で景品類から除外しているクーポン券ではなく、販売所の景品類提供行為と見るべきでしょう。

　このように新聞事業者がクーポン券を提供する場合、方法によっては景品類提供に当たる場合もあります。新聞事業者の関連企業が行う場合でも、実質的に新聞事業者の間接的な景品類提供に該当する場合は、やはり公正競争規約に定めた範囲内に制限されます。

　仮に景品類に当たる提供を行う場合は、協議会には使用する景品類を事前に届け出るルールがあります。届け出を行わないと違反に問われます。もちろん景品類に当たらない場合は届け出の義務はありませんが、景品類に該当するかどうかの判断に自信がない場合は、協議会に問

い合わせるなど違反行為の未然防止に努めてください。

新聞社や関連会社およびその主催・後援する事業が提供するクーポン付き広告のうち、割引券は景品類になる場合がほとんどだと言えます。

（6）掲載できる媒体の範囲

新聞事業者以外の者が実施するクーポン付き広告は、新聞本紙、新聞折り込み広告、公正競争規約で規定する「新聞類似の付録」を含むあらゆる媒体に掲載可能です。

繰り返しになりますが、掲載紙の取引付随性が認められれば、新聞事業者が提供した景品類と見なされ公正競争規約の制限を受けることになります。

また、新聞事業者がクーポン広告の掲載紙を購読勧誘の際に、拡張材料として用いた場合は、景品類として公正競争規約が適用されます。

（7）告知

①新聞事業者以外が実施するクーポン付き広告

新聞事業者以外が実施するクーポン付き広告の掲載、折り込みに際し、新聞紙名と掲載日、折り込み日を特定できる表現で告知する場合は注意が必要です。事前・同時にかかわらず、また、媒体のいかんを問わず、新聞事業者が告知することは、当該クーポンを新聞の取引を誘引する手段として用いていることになる恐れがあるからです。

「事前」とは当該広告が掲載、または折り込まれる以前の期間を指し、「事後」とは当該広告の掲載、折り込みからクーポン券の使用有効期間が終了するまでの期間を指します。例えば「○月○日の朝刊にクーポン付き広告が掲載されます」というのは、新聞の取引を誘引する手段となる可能性が高いので問題となりますが、「クーポン付き広告がたくさん掲載されます」というのは、単に客観的事実を表現したに過ぎないとも言えます。また、「本紙○面にお得なクーポン券掲載」「本日、クーポン特集号」などというのは「同時告知」ですが、1面の目次欄などで「クーポン付き広告特集ページ」と表題を立てることや、1面にクーポン付き広告を掲載、あるいは同一紙の別の面に掲載されているクーポン付き広告の告知広告を当該広告とは別のページに掲載することは、購入前に視認できる箇所に掲載すれば景品類、そうでなければ原則景品類には当たらないと考えられます。「事後」については、日々発行され商品生命の短い新聞の特性からして、禁止する合理的理由が乏しいと言えます。

なお、以前から広告主にはクーポン付き広告の掲載紙に限り、前述のとおり同時または事後に告知広告を掲載することが認められています。また クーポン付き広告の広告主である小売店が店内および店回りなどで独自に行う、新聞広告にクーポンが掲載されていることの告知は、事前、同時のいずれの場合も制約がありません。

②新聞事業者が実施するクーポン付き広告

新聞事業者がクーポン付き広告を実施する場合、景品類に該当すれば公正競争規約の制限を受けることになります。取引に付随して提供される景品類ですから、「事前・同時」の告知を禁止する理由はありません。

（8）景品類に該当するケース

広告主によるクーポン付き広告は、独禁法、景表法の範囲内であれば原則自由に行うことができますが、以下の場合は新聞の取引に付随した「景品類」に該当し、規約の制限を受けます。

①クーポン付き広告の要件を満たさない場合

・割引券ではなく、無料券（※注）

※注　実際に売っている商品の最小単位のものは、見本（等）請求券として現品引き換えが可能です。

・商品を特定せず、すべての商品に利用できる「〇〇円券」（金券）

②取引付随性が生じた場合

　例えば以下などは、取引付随性が生じると考えられます。

・新聞社がその広告企画に参加している、あるいは共同で企画していると想起させるような表示をした場合

（9）その他注意事項

①対象者の抽選による選別

　クーポン券は、その券を持っている人には等しく券面に表示されている経済上の利益を提供するという趣旨のものでなくてはいけません。したがって、クーポン券を持っている人の中から抽選の方法により経済上の利益を受ける人を選別する行為は、クーポン券とは言えません。これらは広告主だけでなく、掲載された新聞の発行事業者や折り込んだ販売業者が主催者として実施する一般懸賞とみなされる場合があります。その際は、中央協あるいは支部協へ届け出ることが必要です。

②先着〇名様の扱い

　クーポン券上に先着〇名様などと表示し、先着順にクーポンを利用させることも可能です。表示どおりの実態とすることが原則ですので、「先着〇名様」と表示し、〇人からクーポン使用の求めがあれば、〇人全員のクーポン使用を認める必要があります。中央協はかつて、クー

ポン付き広告は経済上の利益を等しく提供するものだとの考えから、表示人数を超えて、クーポンの使用を求められた場合でも、全員に利益提供をすることを条件に、先着表示を認めていました。2011（平成23）年に広告掲載基準事例研究会から見直しの要望があり、12（平成24）年2月度中央協で審議の結果、それまでの運用を変更し、一般の表示ルールに従うことになりました。

表示人数より少ない人にクーポン使用を制限したり、逆に表示人数以上の人がクーポンを使用できたりするなら、先着表示は来店をあおっていることになるため、好ましくない表示となります。表示どおりに運用するよう注意してください。

（10） 違反処理

クーポン付き広告で新聞事業者の取引付随性が認められると、新聞事業者の景品類提供と見なされ、景品類の届け出違反や、上限を超えていれば公正競争規約違反になります。また、新聞事業者以外の者が実施するクーポン付き広告で、過大な景品類提供に当たる場合は、消費者庁が当該事業者を直接取り締まることになります。

新聞事業者の実施するクーポン券の場合は、景品類に当たる場合は公正競争規約の適用を受け、届け出違反や上限額を超えれば上限違反に問われます。

2　サンプル配布

新聞紙面や折り込み広告面にクーポン付き広告、例えば見本（等）請求券を刷り込んだ際に、広告主が販売所に商品見本そのものの配布を依頼することもあり得ます。新聞販売所が、化粧品など他企業の商品見本（サンプル）をデリバリー配布することは、問題ありません。

ただし、サンプルを新聞の取引に付随して提供した場合は、従来通り景品類の提供となり、6・8ルールの適用を受けます。中央協はかつて、集金・勧誘時や不配紙届け時にサンプル配布した場合などは、新聞との取引付随性が生じると見なしていましたが、販売所の事業活動を過度に制約する恐れを考慮し、2015（平成27）年7月度中央協で見解を破棄しました。

第 7 章　電子サービスと公正競争規約

新聞社が提供する電子サービスには多種多様な形態があります。電子サービスの購読に付随して景品類を提供する場合、電子サービス単体の契約者には景品表示法の一般ルール（取引価額の20％）の範囲内で、新聞本紙と電子サービスの併読者は新聞公正競争規約（6・8ルール）の範囲内で実施することになります。

1　電子版の新聞公正競争規約上の扱い

（1）基本的な考え方

電子サービスと言っても、コンテンツや機能は千差万別です。各社が電子サービスの提供を本格化させたことに伴い、中央協事務局に対して景品ルールの問い合わせが続いたことから、消費者庁に考え方を照会しました。

消費者庁からは、電子サービスは新聞本紙とは異なる機能・サービスが提供されており、商品特性を踏まえて判断すれば、「画像化して配信するサービス」といった本紙と同一と認められるものを例外として、両者は景品ルール上、別個の商品であるとの見解が示されました。

消費者庁の見解を踏まえ、2013（平成25）年12月度中央協は、電子サービスの規約上の扱いに関する見解をまとめました。「無償提供の電子サービスが景品類に該当するか否か」に関し、当面の措置として、地域別協議会で表示に対する解釈の余地が大きく、規約上の判断が困難な場合は、支部協から事例を寄せてもらい、規約研究会で審議・判断し、中央協の了承を得て、各地域別協議会・各系統に周知することとしました。中央協への報告が了承され、事例が規約に抵触すると考えられた場合、当面の間、違約金等の違反処理は行いませんが、当該社に対しては、支部協から違反状態の早急な解消と今後の注意を求めます。あわせて、電子サービスが規約上の景品類になる場合は、施行規則21条6項のうち4号（便益その他の役務）に該当することを確認しています。

電子サービスの新聞公正競争規約上の扱いに関する見解

（2013〈平成25〉年12月度中央協決定）

1．電子サービスと新聞公正競争規約について

消費者庁によれば、新聞と電子サービスは、コンテンツが異なる場合は別個の商品と認められる。告示は、「新聞の発行又は販売を業とする者」が「新聞を購読するもの」に対して提供する景品類を規制するものであることから、企画における表示の仕方や内容等から、新聞本紙の取引に付随していると認められる企画は、新聞景品制限告示・新聞公正競争規約が適用され、同様に企画の表示や内容等から電子サービスのみの取引に付随して提供される景品類であると認められる企画は、景品表示法の一般ルールが適用される。

2．電子サービスを本紙読者に割安に提供することについて

例えば単体で3,000円の電子サービスを、本紙購読者は1,000円で購入できるケースについては、消費者庁によれば、景表法上、本紙購読に伴う景品類には該当しない、電子サービスの値引きである。

3．電子サービスを本紙読者に無料で提供することについて

消費者庁によれば、有料の電子サービスを本紙読者には無料で提供することは、本紙と電子サービスを組み合わせた商品の販売であると認められる場合には、景品類に該当しない。景品類であると認識される表示により電子サービスを無料提供した場合は景品類に該当し、新聞告示・規約が適用される場合がある。

また、上記の例外として、電子サービスが単に紙面を画像化して配信するものである場合、電子サービス単体では有料であっても、本紙読者へ割安または無料で提供することは、景品にも値引きにも該当しないとしている。これは、紙、電子の2種類の媒体で読者に利用できるようにさせているだけで、商品自体は同一のものであるとの解釈に基づいている。

電子サービス読者への景品類提供時に適用されるルール

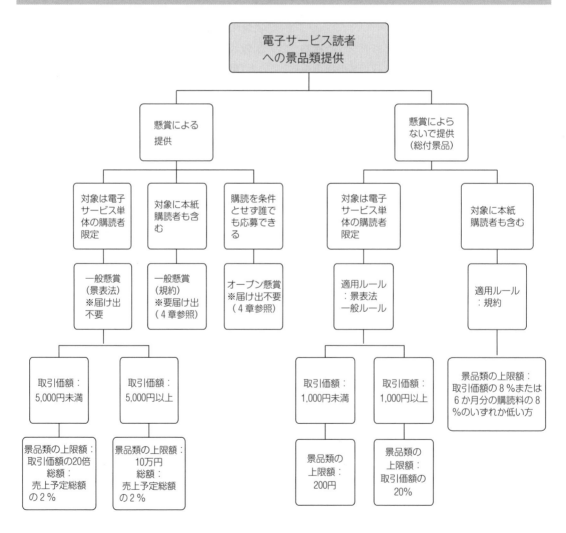

第7章　電子サービスと公正競争規約

総付景品類の上限額		
取引価額	一般ルール	新聞公正競争規約
1,000円未満	200円	取引価額の8％または6か月分の購読料の8％のいずれか低い方
1,000円以上	取引価額の10分の2	

（2）電子サービス購読者への景品類提供

　電子サービスの購読は、ウェブサイト上での通信販売で行われることが多いですが、新聞販売所従業員やセールススタッフが勧誘する場合もあります。いずれの場合も、以下のとおり条件次第で適用ルールが変わります。

　電子サービス単体の取引に付随した景品類提供には、景表法の一般ルールが適用されます。提供できる景品類の上限は、取引価額が1,000円未満の場合は200円、取引価額が1,000円以上では「取引価額の20％」です。

> 例①：電子サービス月額500円を1か月契約した購読者との取引価額は500円。提供できる景品類の最高額は200円。
> 　500円×20％＝100円　＜　200円

> 例②：電子サービス月額500円を12か月契約した購読者との取引価額は6,000円。提供できる景品類の最高額は1,200円。
> 　500円×12か月×20％＝1,200円

　電子サービス購読者への景品類提供であっても、本紙と電子サービスの併読者を対象にする場合は、一般ルールと規約のうち厳しいルール（規約）が適用されます。提供できる景品類の上限は、取引価額の8％または取引価額6か月分の8％のいずれか低い方です。

> 例③：本紙月決め4,000円、電子サービス同1,000円を併読で12か月契約した購読者と

の取引価額は6万円。提供できる景品類の最高額は、規約（6か月分の購読料の8％）が適用されるため2,400円。
> 　(4,000円＋1,000円)×6か月×8％＝2,400円

> 例④：電子版の新サービスセット6,000円（本紙月決め4,000円＋電子サービスQ2,000円）を12か月契約した購読者に、景品類として特別電子サービスR（月額1,000円）を無料提供する場合、購読者との取引価額は7万2,000円。提供できる景品類の上限は、規約（6か月分の購読料の8％）が適用されるため2,880円。
> 　(4,000円＋2,000円)×6か月×8％＝2,880円。
> 　特別電子サービスRは、景品類として届け出た上で、2か月分まで無料提供できる。

（3）電子サービス購読者対象の懸賞企画

　電子サービス購読者を対象に懸賞企画を実施する場合、応募条件次第で適用ルールが変わります。

　応募対象を電子サービス購読者に限定した場合は、電子サービスの取引に付随した懸賞企画となり、景表法の一般ルールが適用されます。景品類1点あたりの最高額は、取引価格が5,000円未満の場合は「取引価額の20倍」、取引価格が5,000円以上では10万円です。提供できる景品類の総額は、売上予定総額の2％以内です。

81

一般懸賞で提供できる景品類の上限

懸賞による取引価額	一般ルール		新聞公正競争規約	
	最高額	総額	最高額	総額
5,000円未満	取引価額の20倍	懸賞に係る売上予定総額の2％	取引価額の10倍または5万円のいずれか低い方	懸賞に係る売上予定総額の0.7％
5,000円以上	10万円			

電子サービスの一般懸賞　取引価額、景品類の最高額、売上予定総額の算出方法

以下の応募条件で懸賞を実施する場合の計算方法は下表のとおりです。

・懸賞実施期間1か月で、1か月の契約を応募条件とする。

・電子単体　3,000円（本紙読者に限定しない電子サービスのみ）……………… 応募可能者 A 人

　本紙単体　4,000円 ……………………………………………………………… 応募可能者 B 人

　併読　　　5,000円（本紙4,000円＋電子〈読者向け価格〉1,000円）……… 応募可能者 C 人

　※「応募可能者」とは、懸賞の応募条件を満たす読者数を指します。

懸賞対象者	適用ルール	取引価額	景品類の最高額	売上予定総額	届け出
併読のみ	規約	5,000円	5万円	5,000円×C	要
本紙単体または併読	規約	4,000円	4万円	(4,000円×B)＋(5,000円×C)	要
電子単体または併読	規約	3,000円	3万円	(3,000円×A)＋(5,000円×C)	要
電子単体、本紙単体、併読いずれも	規約	3,000円	3万円	(3,000円×A)＋(4,000円×B)＋(5,000円×C)	要
電子単体のみ	一般	3,000円	6万円	3,000円×A	不要

※景品類の最高額は取引価額に対して、規約は10倍（ただし5万円を超えない）、一般ルールは20倍（ただし10万円を超えない）までです。景品類の総額の上限は、売上予定総額に対して、規約は0.7％、一般ルールは2％です。

※懸賞の応募対象者に電子単体、本紙単体、併読のいずれも含まれる場合は、以下のように判断します。

　取引価額＝本紙単体、電子単体、併読の3種類の取引のうち、最も安い3,000円（電子単体）。

　景品類の上限額＝一般ルール、規約のうち厳しい方のルールである10倍（規約）と3,000円（取引価額）を掛けて、3万円。

第7章　電子サービスと公正競争規約

例⑤：電子サービス月額2,000円で1か月契約した購読者との取引価額は2,000円。提供できる景品類の最高額は4万円。

2,000円×1か月×20倍＝4万円 ＜ 10万円

例⑥：電子サービス月額2,000円で12か月契約した購読者との取引価額は2万4,000円。提供できる景品類の最高額は10万円。

2,000円×12か月×20倍＝48万円 ＞ 10万円

電子サービス購読者のほか、本紙単体や本紙と電子サービスの併読者も応募できる懸賞企画の場合は、一般ルールと規約のうち厳しいルール（規約）が適用されます。提供できる景品類の最高額は、取引価額の10倍または5万円のいずれか低い方です。提供できる景品類の総額は、売上予定総額の0.7％以内です。一般懸賞企画の届け出も必要です。

例⑦：本紙月決め4,000円、電子サービス同1,000円を併読で12か月契約した購読者との取引価額は6万円。懸賞企画で提供できる景品類の最高額は、規約が適用されるため5万円。

(4,000円＋1,000円)×12か月×10倍＝60万円　＞　5万円

例⑧：電子版の新サービスセット6,000円（本紙月決め4,000円＋電子サービスQ2,000円）を12か月契約した購読者との取引価額は7万2,000円。懸賞企画で提供できる景品類の最高額は、規約が適用されるため5万円。

(4,000円＋2,000円)×12か月×10倍＝72万円　＞　5万円

（4）本紙との組み合わせ販売

電子サービスの提供に際しては「併読プラン」「Wコース」などの名称で、本紙・電子サービス単体価格の合計額より割安で提供するケースがあります。

本紙購読料のみで本紙と有料電子サービスを併読できる形態は、本紙と電子サービスを組み合わせた商品の販売であると認められる場合、原則として、電子サービスは景品類には該当しません。

「いま本紙を契約すれば電子サービスをプレゼント」「本紙を購読すれば電子サービスが付いてくる」「いま本紙を契約すれば電子サービス無料」など、電子サービスが本紙の景品類であると読者に認識される表示を行った場合は、景品類に該当します。

景品規制においては、一つの取引で商品Pと商品Qの両方が提供される場合、消費者が何を買ったと認識するか、「取引の本来の内容」が問題になります。

「PとQを買った」場合は、組み合わせ販売となり、景品類には該当しません。「Pを買ったらQをもらった」場合は、Pの取引に付随してQが提供されており、景品規制が適用されます。

適用されるルールが消費者の認識によって左右されるため、販売する際にどのような表示をしたかが重要です。

例⑨：通常、本紙月決め4,000円の購読者は、電子サービスを月額1,000円で購読できる。

今回、新たに本紙と電子サービスの組み合わせ商品として4,000円で販売する場合、電子サービスは本紙購読の景品類とはならない。

例⑩：通常、本紙月決め4,000円の購読者は、電子サービスを月額1,000円で購読できる。

今回、新たに本紙と電子サービスの組み合わせ商品として4,000円で販売するにあたり「いま本紙を契約すれば電子サービスをプレゼント」「本紙を購読すれば電子サービスが付いてくる」「いま本紙を契約すれば電子サービス無料」など、電子サービスが本紙の景品類であると認識される表示をした場合、電子サービスは本紙購読の取引に付随した景品類に該当する。

本紙6か月契約の場合、提供できる景品類の上限は、規約が適用されるため1,920円。

4,000円×6か月×8％＝1,920円

電子サービスは景品類として届け出た上で、1か月分まで無料提供できる。

本紙、電子サービス併読者が応募できる売上予定総額、景品類の最高額の算出方法

　懸賞実施期間4月1日〜5月31日（2か月間）。本紙単体、本紙と電子サービス併読、電子サービス単体のいずれも応募可能で、応募対象を3か月以上購読している現読者と、3か月以上の購読契約をした新規契約者とした場合。

　本紙購読料1か月4,000円、本紙と電子サービス併読1か月5,000円、電子サービス単体月額3,000円、景品類の総額は100万円として計算

・応募者見積もり
　現読者（3か月以上購読）
　本紙5万人、本紙・電子サービス併読3万人、電子サービス単体1万人
　新規購読者（懸賞期間中に3か月以上契約）
　本紙500人、本紙・電子サービス併読300人、電子サービス単体100人

・売上予定総額（実施期間2か月　4月1日〜5月31日）

現読者				
4,000円×	5万人×	2か月	4億円	本紙
5,000円×	3万人×	2か月	3億円	本紙と電子サービス併読
3,000円×	1万人×	2か月	6,000万円	電子サービス単体
新規購読者				
4,000円×	500人×	3か月	600万円	本紙
5,000円×	300人×	3か月	450万円	本紙と電子サービス併読
3,000円×	100人×	3か月	90万円	電子サービス単体
		合計	7億7,140万円　Ⓐ	

※　現読者は実施期間の2か月、新規購読者は契約した3か月分が算定基準となります。

・提供できる景品類の総額の上限
　　　Ⓐ7億7,140万円×　0.7%　　　　　　　539万9,800円

・売上予定総額に占める景品類の総額（100万円）の割合
　　　100万円÷　　Ⓐ7億7,140万円　　×100　　<u>0.130</u>％

・懸賞にかかわる取引価額
　　　3,000円×　　　3か月　　　　　　　<u>9千円</u>　Ⓑ

※懸賞にかかわる取引の価額は、購読料の最も安い電子サービス単体読者をもとに算出し現読、新規とも3か月分購読契約をしているため、算定基準は3か月分となります。

・提供できる景品類の最高額
　　　Ⓑ9,000円×10　＝　9万円　　＞<u>5万円</u>

◆従って、提供できる景品類の総額の上限は539万9,800円、提供できる景品類の最高額は5万円となります。

組み合わせ販売における消費者の認識と景品規制の関係性

消費者の認識	取引の本来の内容	取引に付随する提供	ルール
「AとBを買った」	AとBを購入	なし	景品類には該当しない
「Aを買ったらBをもらった」	Aを購入	Bをもらった	Bの提供は景品規制の範囲内

（5）Q＆A

電子サービスの規約上の扱いに関する疑問を Q&A 形式でまとめました。

【前提となる考え方について】

Q① 新聞本紙と電子サービスの組み合わせ販売で、電子サービスが景品類に当たる場合と当たらない場合の違いはどう見分けるのですか。

A 景品規制においては一般的に、ある取引で商品 A と商品 B の両方が渡される場合、消費者が何を買ったと認識するのか——「A と B を買った」なのか「A を買ったら B をもらった」なのか、という点が問題になります。前者は組み合わせ販売で景品類には該当しませんが、後者は A の取引に付随して B が提供されますので景品規制の適用を受けます。

新聞と電子サービスは別商品であり、上記の一般的な考え方と同様である、という点が見解の柱になっています。適用されるルールが消費者の認識によって左右されるので、販売する際にどのような表示をしたかが大きな問題になります。

※「消費者が何を買ったと認識するのか」という点は、景品規制上、「取引の本来の内容」という言葉で表現されます。景品規制は「取引の本来の内容」に関する消費者の判断がゆがまないよう「取引に付随した提供」について一定の制限をするものです。

※178ページ「景品類等の指定の告示の運用基準について」4（5）では、組み合わせ販売について記載されていますので、ご参照ください。

Q② 消費者庁の見解は、どのような観点から新聞社の電子サービスと新聞本紙は別個の商品だとしているのですか。

A 消費者庁によると、電子サービスは新聞本紙とは異なる機能・サービスが提供されており、商品特性を踏まえて判断すれば「画像化して配信するサービス」といった新聞本紙と同一と認められるものを例外として、両者は景品ルール上、別個の商品であるとしています。

Q③ 新聞社が実施する電子サービスは多様で、総合的にニュース配信するサービスから、地元スポーツチームなどの専門情報サービスまで様々です。これら全てに、今回の見解は適用されますか。

A 見解は、コンテンツの内容に関わらず新聞社が実施する全ての電子サービスに適用されます。（ただし、紙面を画像化して配信するサービスについては特例あり＝ Q⑨参照）

【電子サービスと新聞公正競争規約について】

Q④ 本紙（4,000円）と電子サービス（1,000円）の両方で12か月の新規契約を行った人に対し、総付景品を提供する場合、上限はいくらですか。

A （4,000円＋1,000円）×6か月×8％＝2,400円となります。

※一般ルールよりも厳しいルールである、規約の「最大6か月8％」が取引全体に適用されます。なお、電子サービスの契約期間が明確でない場合は、Q⑭をご参照ください。

Q⑤ 本紙読者や電子サービス会員を対象に懸賞を行う場合、どのようなルールが適用されるのですか。

A 応募条件の一部に新聞購読が含まれる場合は、規約に従うと考えられます。計算方法は、応募条件によっても変わります。

※規約が適用される場合は、届け出が必要です。

【電子サービスを本紙読者に割安に提供することについて】

Q⑥ 単体価格を3,000円、本紙読者向け価格を1,000円としている電子サービスについて、販売促進のキャンペーンとして、読者向け価格を期間限定で700円とする（300円値引く）場合、値引き分は景品とはならないのですか。

A 原則として景品類には当たりません。自由に価格設定できます。

※電子サービスの価格設定は原則として自由です。読者向けのみ値引きしたり、電子単体より読者向けの値引き幅を大きくしたりするキャンペーンも可能です。なお、価格設定における独占禁止法上の問題については、Q⑩、Q⑪をご参照ください。

【電子サービスを本紙読者に無料で提供することについて】

Q⑦ 通常、本紙（4,000円）の読者は電子サービスを1,000円で購読しています。今回、新たに本紙と電子サービスを組み合わせた商品を4,000円で販売したいと思います。あくまでも本紙と電子サービスの組み合わせ価格ですが、この場合、電子サービスは景品とならないのですか。

A 原則として本紙購読の景品類とはなりませんが、電子サービスが景品類であると認識される表示を行った場合は、景品類に該当します。

※お尋ねのような販売方法をとった場合、ただちに景品類とはなりませんが、景品類であると消費者に認識される表示を行った場合は、景品類に該当します。

この点で、表示のあり方が判断の分かれ目となりますので、Q⑧を合わせてご参照のうえ、ご注意ください。一般論として言えば、本紙の新規読者のほか現読者（購読コースの切り替え）を含め、全員が本紙＋電子の組み合わせ購読を行える場合は「景品類と認識される表示」になりにくいと考えられますが、例えば新規読者だけを対象とするなど相手方を限定した場合は「景品類と認識される表示」になりやすいと考えられます。

なお、価格設定における独占禁止法上の問題についてはQ⑩、Q⑪をご参照ください。また、紙の新聞に関しては再販・特殊指定との関係に留意してください。ご質問のように新聞本紙の価格を変えず、組み合わせ販売する電子サービスの価格を無料にすることは、特殊指定で禁止されている差別定価・定価割引には該当しません。

Q⑧ 有料の電子サービスを本紙読者に無料で提供した場合において、規約が適用される可能性のある「景品類であると認識される表示」とは、どのようなものを指しますか。

A 「いま本紙を契約すれば電子サービスをプレゼント」「本紙を購読すれば電子サービスが付いてくる」「いま本紙を契約すれば電子サービス無料」などを指します。

※上記のような表示を行った場合、消費者に「取引の本来の内容」は本紙購読であると認識され（Q①参照）、電子サービスは本紙の取引に付随する景品類として扱われます。このほかの表示であっても同様の効果がある場合は、景品類として扱われます。販促用の印刷物やウェブなどの表現には、ご注意ください。訪問勧誘においての口頭説明も表示の一種ですので、ご注意く

ださい。

Q⑨ 紙面を画像化して配信する電子サービスについては、どのような考え方から特例が設けられているのですか。紙面の画像化ではない電子サービスは、必ず特例の対象外になりますか。

A 新聞本紙と同じコンテンツ・機能で同じ編集上の特性を持つ電子サービスを本紙と合わせて提供する場合は、異なる商品の提供と見ることは合理的ではないとの考え方です。紙面の画像化でないサービスについても、特例の対象になる可能性がないとは断定できません。

※紙面を画像化して配信する電子サービスは、本紙と同じコンテンツ・機能で本紙と同じ編集上の特性を備えているので、本紙と合わせて提供する場合は、同一商品を紙と電子の2種類の媒体で読者に利用させるものと考えられます。紙面の画像化ではない電子サービスについても、表現が本紙の編集と同じ特性を持ち、コンテンツ・機能も本紙と同じであれば「紙面を画像化して配信するサービス」の一種と考え得る可能性はあります。

【その他の留意点】
（価格設定について）

Q⑩ 電子サービスを無料あるいは極めて安く提供した場合、独禁法で禁止している不当廉売に当たらないのですか。不当廉売に当たるのはどのようなケースですか。

A 不当廉売は、企業の効率性によって達成した低価格で商品を提供するのではなく、採算を度外視した低価格によって継続的に販売し、顧客を獲得しようとすることで、公正な競争に悪影響を及ぼす行為を規制するものです。適用に当たっては、個々の事案ごとに判断を要することとなります。

Q⑪ 電子サービスで学生向け割引価格を設けることは、独禁法上の差別対価に当たらないのですか。

A 差別対価は、不当に、地域または相手方により価格差を設けることで、公正な競争に悪影響を及ぼす行為を規制するものです。適用に当たっては、個々の事案ごとに判断を要することとなります。

（販売方法について）

Q⑫ 新聞購読料の支払いを自動引き落としにしている読者に限り、有料電子サービスを無料提供することを考えています。景品類に該当しますか。

A ただちに景品類に該当するものではありませんが、表示によっては景品類に該当するので留意してください。

※一般論として言えば、「自動引き落としにすれば電子サービスをプレゼント」など、本紙の購読契約の継続を誘引する「景品類と認識される表示」になりやすいと考えられます（Q⑧参照）。景品類としない形で提供したい場合は、その点を踏まえて表示のあり方を考えることが必要になります。

Q⑬ 本紙の新規読者に限り、有料記事データベースを無料提供できないかと考えています。景品類に該当しますか。

A ただちに景品類に該当するものではありませんが、表示によっては景品類に該当するので留意してください。

※Q⑫と同様です。一般論として言えば、「いま契約すれば記事データベースが無料」など、「景品類と認識される表示」になりやすいと考えられます（Q⑧参照）。景品類としない形で提供したい場合は、その点を踏まえて表示のあり方を考えることが必要になります。

（取引価額の計算方法）

Q⑭ 電子サービスが1か月単位の自動延長契約で自由に解約できる場合、取引価額の計算上、どのような扱いになりますか。

A 取引価額に算入できる電子サービスの代金は1か月分となります。

※景品類の提供条件として電子サービスの契約期間が明示されていなければ、自由に解約できる以上、取引価額に算入できる電子サービスの代金は1か月分となります。

（電子サービスを景品類として使用する場合の評価額）

Q⑮ 当社は効果的なプロモーションを行うため「電子サービスをプレゼント」などの表示も使いたいと考えています。本紙の新規読者に景品類として電子サービス（単体3,000円、読者向け1,000円）を1か月分提供する際の評価額は、3,000円ですか、1,000円ですか。

A 読者向け価格である1,000円で評価します。

※景品類の評価額は市価により判定されます。本紙勧誘の際に提供を申し出るものである以上、他の本紙読者が購入できる価格である1,000円で評価します。

（タブレット端末の無償貸与の新聞公正競争規約上の扱いについて）

Q⑯ 新聞本紙と電子サービスの組み合わせ販売に際し、「購読者に対してタブレット端末を無償貸与」もしくは「無料提供」と表示して行う企画は、規約上どのような扱いになりますか。

A 上記のような表示を行った場合、タブレット端末の貸与および提供が消費者に景品類であると認識されますので、新聞景品制限告示・新聞公正競争規約が適用されます。

※上記事例において、タブレット端末の無償貸与は、相手方に「タブレット端末のレンタル」という経済上の利益を提供していることになります。新聞本紙と電子サービスの組み合わせ販売の購読者に対して、タブレット端末を無償貸与することは、新聞本紙と電子サービスの取引に付随した景品類となり、新聞景品制限告示・新聞公正競争規約が適用されます。価額の算定に際しては、同端末のレンタル料の市価を参考に算出することとなります。

また、タブレット端末を無料で提供する場合も、上記の無償貸与と同様にタブレット端末の提供が消費者に景品類であると認識された場合には、取引に付随した景品類となり、新聞景品制限告示・新聞公正競争規約が適用されます。

第8章 新聞販売のルール、個人情報保護法

　新聞販売に関わる法律は、景品表示法のほかに、特定商取引法、消費者契約法などがあります。

　特定商取引法は、訪問販売や通信販売などを行う事業者が守るべきルールを定めており、違反すると指示や業務停止命令などの行政処分を受けます。

　消費者契約法は、事業者による不適切な行為や不当な勧誘などで契約した場合、消費者の取消権を認めています。

　日本新聞協会は、訪問販売に伴うトラブルの未然防止と、問題が発生した場合の迅速な処理を行うことに努め、自主規制ルールとして「新聞の訪問販売に関する自主規制規約」を策定しています。

　個人情報保護法は、個人情報を取り扱う全ての事業者や組織が守らなければならない共通のルールです。

1　特定商取引法

（1）法の目的

　「特定商取引に関する法律」（特商法）は、1976（昭和51）年6月に訪問販売等に関する法律として成立しました。商道徳を文書化した法律で、訪問販売、通信販売、電話勧誘販売等の特定商取引について規定しています。消費者取引を取り巻く環境の変化により、数次の改正が行われています。

　2009（平成21）年12月施行の改正特商法は、指定商品・役務制を廃止し、原則すべての商品・役務が規制の対象になったほか、訪問販売への規制が強化され、再勧誘禁止の条項が新設されました。

　新聞の訪問販売、電話勧誘、インターネットによる購読申し込み受け付けなどは、特商法の対象です。

（2）訪問販売のルール

　読者宅を訪問する前に、必携の証明書類を確認しましょう。それは、①身分証明書、セールスチームのメンバー証、ネーム（ナンバー）プレート、②販売所からの購読勧誘の依頼証明書、③読者との購読契約を交わす「購読申し込み・契約書」です。（①については、新聞セールスインフォメーションセンターに登録しているセールススタッフは、新聞セールス証を必携してください。）

　販売所はセールススタッフから契約書を受けとったら、速やかに読者に契約内容を何らかの方法で確認してください。法律は「確認」まで求めていませんが、読者とのトラブルを避けるためにも、必ず行ってください。契約に不備が認められる場合、販売所は契約書を受け取ってはいけないと、公正競争規約施行規則46条6項で定めています。

以下、新聞の訪問販売において留意する点を関連する条文に沿って説明します。

①事業者の氏名などの明示（特商法3条）

読者宅を訪問したときは、事業者名（販売所名）、販売しようとする商品名（新聞名）、訪問の目的（新規勧誘）を口頭もしくは書面で明らかにしなければなりません。

勧誘に先立って「○○販売所です。○○新聞の購読をお願いします」「○○新聞の購読のお願いで来ました」などと、訪問の目的を告げる必要があります。

[違法事例]

・「宅配便です」と言うのでドアを開けると、新聞の勧誘だった。断ってドアを閉めようとすると無理に開けられ「対応が悪い」とすごまれた。

[行政処分]（法7条、8条）

氏名等の明示に違反したからといって、直接の罰則はありませんが、取引の公正および読者の利益を害するおそれがある場合には、主務大臣は違反行為をなくすため必要な措置をとるよう指示することができます（7条）。主務大臣は、取引の公正および読者の利益が著しく害されるおそれがあると認められるとき、または、販売業者が指示に従わないときは、その販売業者に対し、2年以内の訪問販売の業務の全部または一部を停止すべきことを命ずることができ、その旨を公表しなければならないとしています（法8条）。

②勧誘の意思確認と再勧誘の禁止（法3条の2）

訪問販売を行うときには、勧誘に先立って、勧誘を受ける意思の確認に努めなければなりません（1項）。この意思の判断は、事業者自身が良識に基づいて行います。契約しない旨の意思を示した相手に対して、再勧誘することは禁止されています（2項）。

再勧誘の禁止規定の解釈・運用に関するガイドライン（指針）では、再勧誘の禁止期間は無制限ではなく、同じ商品等の契約であっても、季節ごとの商品の入れ替えがある商品等については、数か月や1年としています。

消費者庁設立前の2008（平成20）年7月、新聞協会が特商法を所管していた経済産業省・消費経済政策課長に確認したところ、新聞の再勧誘禁止期間について「新聞も季節性のある商品に含まれるため3か月が適用される」と回答しています。

1項で規定した勧誘を受ける意思の確認については、「当社の販売する商品についてお話を聞いていただけますでしょうか」などと明示的に行うよう努めるとされています。

「契約しない旨の意思」とは、販売事業者の勧誘に対し相手方が「お断りします」「いりません」などと明示的に契約締結の意思がないことを示した場合を指すとしています。これに対し「今は忙しいので後日にしてほしい」と告げた場合など、商品ではなく勧誘行為そのものに対する拒絶意思の表示は、「契約を締結しない

再勧誘禁止規定と「訪問販売お断りステッカー」

特商法における再勧誘の禁止は、「契約を締結しない旨の意思」を示した消費者に対する勧誘を禁止するというものです。

「契約を締結しない旨の意思」の表示について消費者庁は、「いりません」「お断りします」などと伝えることが必要であり、「訪問販売お断りステッカー」は意思表示の対象等が明瞭でないため、特商法における「契約を締結しない旨の意思」の表示には当たらないとしています。

他方、一部の地方自治体では、訪問販売お断りステッカーに法的効力を持たせようとする取り組みが行われています。中には、訪問販売お断りステッカーを無視して勧誘した場合に指導や勧告、公表の対象とする条例を策定した地方自治体もあります。

消費者庁は、地方自治体のこのような取り組みは「特定商取引法における再勧誘禁止規定の解釈によって何ら影響を受けるものではなく、特定商取引法と相互に補完し合うものである」としています。

旨の意思」には当たりません。また、「訪問販売お断り」とのみ記載されたステッカーなどが家の門戸に貼ってあっても、意思表示の対象や内容が不明瞭であるため、2項の「契約を締結しない旨の意思」の表示には当たりません。

[行政処分]（法7条、8条）

3条の2第1項の勧誘の意思確認は努力義務規定ですが、2項再勧誘の禁止に違反した場合には罰則規定があります。主務大臣の改善指示や2年以内の業務停止命令が出されます。

再勧誘の禁止規定に違反した場合の行政処分の対象としてどのような行為が想定されるかについて、国会審議で経済産業省は、①勧誘方法に問題があって故意性が高い、②執ように繰り返し勧誘している、③組織的に問題のある勧誘をしている——などを勘案しながら必要な場合は行政処分をするとしています。直罰規定ではないため、当局からのたび重なる改善指示にもかかわらず違反が続いた場合に、罰則が科される可能性があります。

③書面の交付（法4条、5条）

購読契約の話がまとまったら、読者とその内容をよく確認し合い、はっきり書き入れた書面（購読申し込み・契約書）を、相手方に必ず渡さなければなりません。

商品の種類、販売価格（購読料金）、代金の支払い時期・方法、商品の引き渡し時期（購読期間）、クーリングオフ規定のほか、省令で定められている、販売業者名（販売所名）・住所・電話番号、法人にあっては代表者名、契約締結担当者名、契約申込日、商品名（新聞名）、商品の数量などです。

新聞の購読料金については、新聞紙名とその種類（朝刊、夕刊、セット版、統合版等の別）ごとの一定期間を単位とした一部当たりの購読料に基づいて総額が容易に計算できるので、1か月の購読料金と契約期間が明記されていれば十分です。

読者が書面に記載された事項をよく読むことが、トラブルを防ぐために重要であるという観点から、省令では、①書面の内容を十分に読むべき旨を赤枠の中に赤字で記載すること、②書面には8ポイント（官報の字の大きさ）以上の大きさの文字を用いること、と定められています。

なお、購読申し込み・契約書は紙で交付することを基本としていますが、2023（令和5）年6月の改正特商法施行により、一定の条件のもと電子データでも交付できるようになりまし

た。その際は①消費者の真意に基づく明示的な承諾がある、②消費者が画面サイズ4.5インチ以上のスマートフォンやパソコンを日常的に使用し、消費者が自分で契約書データを保存・閲覧できる、③事業者は消費者の承諾を得た旨を記した控え書面を発行する——などを条件にしています。

[違法事例]

・契約をしたが、契約書には専売所等の記載がなかった。

・新聞を1か月だけとるという約束で契約したのに、後で購読申し込み・契約書を見たら3か月になっていた。

[行政処分・罰則]（法7条、8条、71条）

　書面を交付しなかった事業者や、規定の事項が記載されていない書面、もしくは虚偽（うそ）の記載のある書面を交付した者は、6か月以下の懲役（改正刑法施行後は「拘禁刑」）または100万円以下の罰金、またはこれらの併科のほか、主務大臣による業務改善指示や業務停止命令により規制される場合があります。

④禁止行為（法6条）

　訪問販売時において以下の行為は禁止されています。これらはクーリングオフ行使を妨げる行為としても禁止されています。

1. 事実と違うことを告げること（不実告知）。新聞名、購読期間をごまかす、中途解約の制度がないにもかかわらず「いつでも解約できる」などの説明をする。

2. 故意に事実を告げないこと（重要事項不告知）。契約内容で重要なことを故意に伝えない。

3. 威迫して困惑させること（威迫・困惑行為）。読者が契約締結を嫌がっているのにセールスが長時間に及ぶ、約束なしに深夜など不適当な時間帯でセールスするなど。

4. 勧誘目的を告げずに、公衆の出入りしない場所に誘引し、勧誘する行為。

[違法事例]

・新聞の勧誘を受けたので「P新聞ならばとってもよい」と言ったら、セールススタッフは「P新聞だ」と言うので6か月間契約した。後で購読申し込み・契約書を見たらQ新聞だった。

・新聞のセールススタッフが景品類を持って来訪し、断っても玄関先から動こうとせず、つい根負けして6か月の契約をしてしまった。販売が強引すぎる。

・新聞のセールススタッフが、自分の親しい友人の高校の先輩だと言い、「友人の顔を立てて契約してくれ」と言うので契約したがうそだった。

[行政処分・罰則]（法7条、8条、70条）

　3年以下の懲役（改正刑法施行後は「拘禁刑」）または300万円以下の罰金、またはこれらの併科のほか、主務大臣の業務改善指示、主務大臣の業務停止命令の対象になります。「威迫して困惑させる」とは程度の問題でもありますが、刑法で定める脅迫に至らない程度のものを含み、相手方に不安の念を生じさせ、困り、戸惑わせることをいいます。したがって、個々のケースで状況などを総合的に考慮し、判断することになります。

⑤主務大臣の指示（法7条）、業務の停止等（法8条）

　3～6条に違反した場合や、判断能力のない高齢者、未成年者や知的障害者に対して、通常の判断力があれば締結しないような、本人にとって利益を害するおそれがあるような契約を締結させることは禁止されています。禁止行為があった場合は、主務大臣が販売業者に対して、必要な措置を指示することができます（法7条）。

　読者からの訴えがあれば、警察が取り調べに入ったり、都道府県知事等による報告徴収、立入検査、業務改善指示、あるいは業務停止命令等の対象となります（法8条）。

[行政処分・罰則]（法70条、71条）

改善指示（法7条）に従わない場合は6か月以下の懲役（改正刑法施行後は「拘禁刑」）または100万円以下の罰金、またはこれらの併科（法71条）、業務停止命令（法8条）に従わない場合は3年以下の懲役（改正刑法施行後は「拘禁刑」）または300万円以下の罰金、またはこれらの併科となります（法70条）。

⑥クーリングオフ（9条）

消費者は契約の書面を受け取った日から数えて8日間以内であれば、書面または電磁的記録により申し込みの撤回や契約の解除をすることができます。このことは特に重要事項として、契約時に読者に口頭でも説明するようにしてください。クーリングオフ通知手段は書面のみでしたが、2022（令和4）年6月施行の特商法改正で、電磁的記録が追加されました。電磁的記録によるクーリングオフ通知への対応は義務ではなく、各事業者がそれぞれの事業環境等を踏まえ、合理的に可能な範囲で対応することになります。電磁的記録には電子メール、USBメモリ、ウェブサイトのクーリングオフ専用フォーム、ファクス等が含まれます。クーリングオフに書面または電磁的記録による通知が必要としている理由は、「言った」「言わない」などのトラブル防止です。クーリングオフの効力は、消費者が書面・電磁的記録を発信した時点で発生します。

郵送の場合、消印の日付が8日以内であれば、販売所への到着が8日を過ぎていても有効となります。法律では、証拠を残すために書面または電磁的記録による通知となっていますが、電話、新聞受け、ドアなどの張り紙等による申し出の場合も無条件で撤回することが求められます。なお電話や張り紙による解除の場合も、後日のトラブル防止のため購読者に対し、改めて書面または電磁的記録による申し出を求めることは差し支えありません。

8日間を過ぎての契約解除の申し出は、一般の契約と同じ扱いとなります。

また読者が、「配達地域から引っ越すので解約したい」「たびたび欠配や遅配があるので解約したい」というのは、契約解除の理由として根拠があると思われますので、解約に応じるべきでしょう。

一方、「間違って、2紙と契約してしまったので、解約したい」「妻が契約したが、夫が『断れ』と言っているので、解約したい」「読んでみて気に入らないので、解約したい」「折り込みが少ないので、解約したい」などは、販売所側の過失ではなく、法的には解約に応じる義務はありませんので、販売所と読者との話し合いで解決していただくことになります。

クーリングオフされた場合は、クーリングオフ期間に配達した購読料金の請求は認められません。

[違法事例]

・契約後3日目に簡易書留でクーリングオフの手続きをしたところ、翌日販売所の担当者が来訪し、「通知は見たが、一度契約した責任をとってしばらくは新聞をとってくれ」と言われた。翌日も新聞は配達された。

クーリングオフの申し出（書面書式例）

・はがき

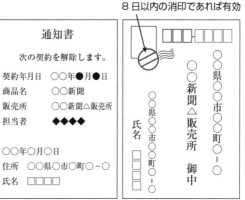

契約書面を受け取ってから8日以内の消印であれば有効

通知書

次の契約を解除します。

契約年月日　○○年●月●日
商品名　　　○○新聞
販売所　　　○○新聞△販売所
担当者　　　◆◆◆◆

○○年○月○日
住所　○○県○市○町○-○
氏名　□□□□

〈裏面〉

○○県○○市○○町○-○
○○新聞△販売所　御中
氏名　○○県○○市○○町○-○

〈表面〉

クーリングオフの申し出（電磁的記録の書式例）

・メール、ファクス

> 宛先：xxxx@xxx.co.jp ／ 00-0000-0000
> 件名：クーリングオフの申し出
>
> ○○新聞△販売所様
>
> 次の契約を解除します。
> 契約年月日　　○○年●月●日
> 商品名　　　　○○新聞
> 販売所　　　　○○新聞△販売所
> 担当者　　　　◆◆◆◆氏
>
> ○○年○月○日
> 住所　○○県○市○町○ - ○
> 氏名　△△△△

◎クーリングオフ妨害の解消のための書面

　消費者のクーリングオフを防ぐため、事業者がうそをついたり、威迫したりするクーリングオフ妨害があった場合、契約書を受領した日から8日を経過していても、いつでもクーリングオフできます。事業者は、こうした妨害行為を解消するための書面を契約書とは別に消費者に交付し、その書面が交付された日から8日以内は、消費者はクーリングオフができます。事業者には、このような「クーリングオフ妨害の解消のための書面」を契約書に盛り込むことが義務づけられています。これを怠ると罰則の対象にもなります。

⑦その他

・事業所内（会社など）で、セールス活動をする場合は、総務部長や庶務課長など管理者から許可を得てください。
・電話勧誘販売に関しても、「氏名等の明示」「契約締結の意思のない者への継続的勧誘・

新聞購読申し込み・契約書に記載するクーリングオフお知らせ（モデル）

> ### クーリングオフのお知らせ
>
> 　特定商取引法の規定により、以下の期間中は、販売業者に書面または電磁的記録で通知することによって本契約を無条件で解除（クーリングオフ）することができます。
> ①本書面を受け取ってから8日間（受け取り日を含みます）。
> ②販売業者側が事実と異なる説明をして誤認させたり、威迫し困惑させたりしたことで、上記の8日以内のクーリングオフを行わなかった場合は、クーリングオフできる旨の書面を販売業者から受け取らない限りクーリングオフ期間が延長され、改めて書面を受け取った日から8日間（受け取った日を含む）までは書面または電磁的記録によりクーリングオフすることができます。
> 上記による解約は、次の扱いとなります。
> ア）通知書面または電磁的記録を出したとき（郵便消印日付など）に効力を生じます。
> イ）契約解除に伴う損害賠償・違約金などを請求されることはありません。
> ウ）すでに配達された新聞代金を支払う義務はありません。また、配達した新聞を引き取るための費用を請求されることはありません。
> エ）購読代金が前払いされている場合、すみやかに全額を返還します。

クーリングオフのお知らせは、赤枠の中に8ポイント（官報の字の大きさ）以上の赤字で記載する必要があります（特商法施行規則6条）。

再勧誘の禁止」「書面交付義務、不実の告知・威迫・困惑行為の禁止」「クーリングオフ（8日間）」などが法律で義務付けられて

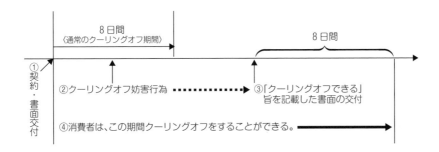

①契約・書面交付

8日間〈通常のクーリングオフ期間〉

8日間

②クーリングオフ妨害行為 ⋯⋯⋯⋯➡ ③「クーリングオフできる」旨を記載した書面の交付

④消費者は、この期間クーリングオフをすることができる。

通信販売・訪問販売　判定フローチャート

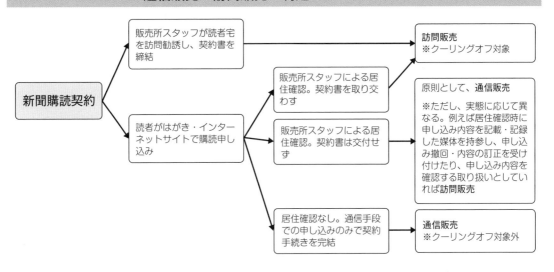

新聞購読契約

販売所スタッフが読者宅を訪問勧誘し、契約書を締結 → 訪問販売 ※クーリングオフ対象

読者がはがき・インターネットサイトで購読申し込み

販売所スタッフによる居住確認。契約書を取り交わす

販売所スタッフによる居住確認。契約書は交付せず

→ 原則として、通信販売

※ただし、実態に応じて異なる。例えば居住確認時に申し込み内容を記載・記録した媒体を持参し、申し込み撤回・内容の訂正を受け付けたり、申し込み内容を確認する取り扱いとしていれば訪問販売

居住確認なし。通信手段での申し込みのみで契約手続きを完結 → 通信販売 ※クーリングオフ対象外

います。

・アパート、社員寮などで同時に10人と契約する場合、基本的には一人ひとりと契約書を交わすことが必要です。ただし、契約に関して全責任を持った代表者を決め、支払いも代表者が行うなど、トラブルがないようになっていれば、複数名連記契約書で済ますことが可能です。

（3）通信販売のルール

通信販売とは、消費者がインターネットのホームページ、チラシなどを見て、はがきやファクス、インターネット、電話などを通じて購入の申し込みをする販売形態のことで、勧誘から契約の締結まで事業者と直接対面しない点がポイントです。

新聞販売においては、はがきやインターネットなど通信手段で新聞購読申し込みを受け付け、読者と対面せずに契約締結する場合に、通信販売の規制を受けます。一方、通信手段で申し込みを受け付けても、その時点では申し込み確定とはせず、契約締結前に読者宅を訪問して、契約書の内容を確認してもらった上で、契約書を交付する場合は訪問販売に該当するため、通信販売の規制を受けません。

①適用対象

通信販売に関する特商法上の規制は、原則として契約当事者に適用されます。発行本社がはがき・インターネットで購読申し込みを受け付け、本社からの連絡を受けて、販売所が読者と契約する場合、販売所が契約当事者となります。

ただし、購読申し込みサイトにおける販売所

の関与度合いや、発行本社・販売所間の取り決め内容など個々の事情によっては、両者が連携・協働しているとみなされ、発行本社が規制対象となることもあり得ます。

契約当事者の考え方

①発行本社が通信手段で申し込みを受け、販売所が契約締結

```
          発行本社
         ↗        ↖
読者の申し込み情報を連絡    はがき、インターネット
                      など通信手段で申し込み
  販売所  ⇄  読者
      契約締結
```

⇒契約当事者は販売所

※ただし本社・販売所の責任範囲など個別事情によっては、本社が当事者となることもあり得る。

②発行本社が通信手段で申し込みを受け、契約締結（エリア外郵送契約等）

```
     発行本社
      ↕    ↑
  契約締結   はがき、インターネット
           など通信手段で申し込み
      読者
```

⇒契約当事者は発行本社

③販売所が通信手段で申し込みを受け、契約締結

```
     販売所
      ↕    ↑
  契約締結   はがき、インターネット
           など通信手段で申し込み
      読者
```

⇒契約当事者は販売所

仮に発行本社による通信販売と見なされない場合でも、発行本社も通信販売の表示義務に準じた記載・表示をしておくことが推奨されます。

②広告表示（法11条、特商法施行規則23条）

通信手段で申し込みを受け付けて新聞を販売することを内容とする広告は、すべて通信販売広告に該当します。新聞、雑誌などに掲載する広告だけではなく、折り込みチラシ、インターネット上のホームページや掲示板への掲載、電子メールやSNSなどにおいて表示する広告も通信販売広告に含まれます。

広告には、消費者の購入意思形成のために必要な情報を十分に、かつ正確に表示しなければなりません。

《表示義務》

広告で表示が義務付けられている主な項目は、以下のとおりです。

広告での表示義務
（法11条、特商法施行規則23条）

・販売価格（役務の対価）、送料
・代金（対価）の支払い時期、方法
・商品の提供時期
・申し込みの期間に関する定めがあるときは、その旨およびその内容
・契約の申し込みの撤回または契約の解除に関する事項（その特約がある場合はその内容）
・事業者の氏名（名称）、住所、電話番号

---

③申し込み段階での表示義務（法12条の6）

2022（令和4）年6月1日施行の改正特商法により、通信販売の申し込み段階での表示義務や、誤認表示の禁止規定などが新設されまし

た。

　新聞販売においては、申し込みから契約締結
まで読者と一切対面しない場合や、スタッフ訪
問があっても契約書を交付しない場合は、原則
として通信販売に該当します。購読・試読勧誘
チラシの一部分に印刷されている申し込みはが
きや、インターネットを利用した購読申し込み
における読者の最終確認画面において、以下の
表示義務を守る必要があります。

【表示義務の適用対象となる媒体】
・ポスティングチラシ等を利用した通信販売
　⇒申し込み用はがき、申し込み用紙
・インターネットを利用した通信販売
　⇒最終確認画面

申込書面・画面での表示義務
（法12条の6）

・分量（無期限や自動更新である場合はその
　旨）
・販売価格（役務の対価）、送料
・代金（対価）の支払い時期、方法
・商品の提供時期
・申し込みの期間に関する定めがあるとき
　は、その旨およびその内容
・契約の申し込みの撤回または契約の解除に
　関する事項（その特約がある場合はその内
　容）

（a）申し込みはがき
　勧誘チラシの一部分が申し込みはがきになっ
ており、スペースの都合ではがきに全事項を表
示できない場合は、勧誘チラシに必須事項を記
載して、はがきでは「チラシに掲載の『注意事
項』をご確認ください」などの表記に代えるこ
とも可能です。

（b）インターネットの最終確認画面
　最終確認画面上に全事項を表示できない場

合、リンク先の別画面に表示し、確認画面では
「詳細は『キャンセルおよび返品について』（※
リンク埋め込み）をご確認ください」などの表
記に変えることも可能です。

　さらに、最終申し込みボタンは、クリックす
れば有料購読の申し込みが確定することを、消
費者が容易に認識できる表示でなければいけま
せん。「申し込み」「注文」ではなく、「送信」
「次へ」などの表示しかない場合、あるいは、
最終申し込みボタンをクリックする前に申し込
み内容を確認・訂正する操作が容易にできない
場合、「顧客の意に反して契約の申し込みをさ
せようとする行為」に該当し、法違反となりま
す。

　また、「トップページに戻る（申し込みは確
定されません）」等のボタンを設置し、読者が
申し込み内容を容易に確認できる表示、内容を
容易に訂正できる手段を設ける必要がありま
す。

　購読申し込みはがき・インターネットの申し
込み受け付けフォームの作成例は、次ページ以
降の見本を参考にしてください。

購読申し込みはがき・フォームの作成見本

【例1】申し込みはがきを利用し、通信販売になる（はがきで申し込み受け付け、読者と対面せずに契約締結する）場合のはがきでの表示見本（**すべて法定の表示義務**）

お届け先情報		
お名前	フリガナ　　　　　　　　　様	電話番号　　－　　　　－
住所	〒□□□-□□□□	

②価格・対価（必須）　　①分量（必須）

お申込み内容		
お申込み □にチェック✓をご記入ください	□　購読する	□　１４日間無料で試し読みする
購読料・部数	月決め購読料　　税込み　Ａ円	×　（　　　）部
配達開始希望	（　　　）年　（　　　）月　（　　　）日より（　　　）か月	
	※配達開始まで数日かかる場合があります。	

④引き渡し時期（必須）

③支払い時期・方法（必須）

お支払いについて	
お支払い方法 □にチェック✓をご記入ください	□　口座振替　　□　クレジットカード払い　　□　訪問集金 ※　お支払い時期は決済方法により異なります。 口座振替・カード払い＝ご利用の金融機関の引き落とし日。訪問集金＝毎月（　　　）日

⑥申し込みの撤回・解除に関する事項（必須）

注　意　事　項
・（例）ご購読お申込みを撤回されたい場合、配達開始希望日までに00-0000-0000へご連絡ください。
・期間満了日以降、ご契約を更新されない場合、満了日の前日までに上記の電話番号までご連絡をお願いします。※期限までに解約のご連絡がない場合、購読契約を自動更新させていただきます。

①分量（自動更新である場合はその旨）（必須）

※個人情報の利用目的、共同利用に関する告知（個人情報保護法21条、27条5項3号）（必須）

個人情報の扱いについて
●●新聞社とお客様の地域を担当する●●新聞販売所は、お客様の氏名、電話番号、住所を、新聞配達、各種ご連絡、ご案内などの目的で、共同利用させていただきます。●●新聞社における個人情報の管理責任者については、●●新聞ウェブサイト（https://〜〜）をご参照ください。

第8章　新聞販売のルール、個人情報保護法

98

【例2】申し込みはがきを利用し、訪問販売になる（はがきで申し込み受け付け、読者宅を訪問して契約締結する）場合のはがきでの表示見本（<u>個人情報の扱いを除き推奨にとどまる</u>）

お届け先情報

お名前	フリガナ　　　　　　　　様	電話番号　　　　－　　　　－
住所	〒□□□-□□□□	

お申込み内容

②価格・対価（推奨）　　①分量（推奨）

お申込み □にチェック✓をご記入ください	□　購読する	□　１４日間無料で試し読みする
購読料・部数	月決め購読料　　税込み　Ａ円　×　（　　　）部	
配達開始希望	（　　　）年（　　　）月（　　　）日より（　　　）か月 ※配達開始まで数日かかる場合があります。	

④引き渡し時期（推奨）

お支払いについて

③支払い時期・方法（推奨）

お支払い方法 □にチェック✓をご記入ください	□　口座振替　　□　クレジットカード払い　　□　訪問集金 ※　お支払い時期は決済方法により異なります。 口座振替・カード払い＝ご利用の金融機関の引き落とし日。訪問集金＝毎月（　　　　　）日

通信販売と評価されないための注意書き（推奨）

注意事項

・申し込みの受け付け後、販売所従業員がお届け先住所を訪問します。その際に改めて申し込み内容をご確認いただいて申し込みを確定し、確定した申し込み内容を反映させた契約書を交付します。契約書の交付をもって契約が成立します。

・期間満了日以降、ご契約を更新されない場合、満了日の前日までに配達を担当する販売所までご連絡をお願いします。※期限までに解約のご連絡がない場合、購読契約を自動更新させていただきます。

①分量（自動更新である場合はその旨）（推奨）

※個人情報の利用目的、共同利用に関する告知（個人情報保護法21条、27条5項3号）（必須）

個人情報の扱いについて

●●新聞社とお客様の地域を担当する●●新聞販売所は、お客様の氏名、電話番号、住所を、新聞配達、各種ご連絡、ご案内などの目的で、共同利用させていただきます。●●新聞社における個人情報の管理責任者については、●●新聞ウェブサイト（https://～～）をご参照ください。

【例3】インターネットの購読申し込みフォームを利用し、通信販売になる
（申し込みフォームで受け付け、読者と対面せずに契約締結する）場合の
インターネット最終確認画面での表示見本（**すべて法定の表示義務**）

お届け先情報		
お名前	フリガナ　　　　　　　　　　様	電話番号　　　　－　　　　－
住所	〒□□□-□□□□	

②価格・対価（必須）　　①分量（必須）

お申込み内容		
お申込み □にチェック✓をご記入ください	□　購読する	□　１４日間無料で試し読みする
購読料・部数	月決め購読料　　税込み　Ａ円	×　（　　　）部
配達開始希望	（　　　）年　（　　　）月　（　　　）日より（　　　）か月 ※配達開始まで数日かかる場合があります。	

④引き渡し時期（必須）

③支払い時期・方法（必須）

お支払いについて	
お支払い方法 □にチェック✓をご記入ください	□　口座振替　　□　クレジットカード払い　　□　訪問集金 ※　お支払い時期は決済方法により異なります。 口座振替・カード払い＝ご利用の金融機関の引き落とし日。訪問集金＝毎月（　　　）日

⑥申し込みの撤回・解除に関する事項（必須）

注　意　事　項
・（例）ご購読お申込みを撤回されたい場合、配達開始希望日までに00-0000-0000へご連絡ください。
・期間満了日以降、ご契約を更新されない場合、満了日の前日までに上記の電話番号までご連絡をお願いします。※期限までに解約のご連絡がない場合、購読契約を自動更新させていただきます。

※個人情報の利用目的、共同利用に関する告知（個人情報保護法 21 条、27 条 5 項 3 号）（必須）

①分量（自動更新である場合はその旨）（必須）

個人情報の扱いについて
●●新聞社とお客様の地域を担当する●●新聞販売所は、お客様の氏名、電話番号、住所を、新聞配達、各種ご連絡、ご案内などの目的で、共同利用させていただきます。●●新聞社における個人情報の管理責任者については、●●新聞ウェブサイト（https://〜〜）をご参照ください。

トップページに戻る（申し込みは確定されません）

⑨申し込みの内容を容易に確認・訂正できるようにしていること（必須）

上記の内容で申し込む

⑦・⑨クリックすると契約申し込み確定となることの明示（必須）

第8章　新聞販売のルール、個人情報保護法

【例4】インターネットの購読申し込みフォームを利用し、訪問販売になる
（申し込みフォームで受け付け、読者宅を訪問して契約締結する）場合の
インターネット最終確認画面での表示見本（**個人情報の扱いを除き推奨にとどまる**）

お届け先情報		
お名前	フリガナ　　　　　　　　　　　　　　様	電話番号　　　　　－　　　　－
住所	〒□□□-□□□□	

②価格・対価（推奨）　　**①分量（推奨）**

お申込み内容		
お申込み □にチェック✓をご記入ください	□　購読する	□　１４日間無料で試し読みする
購読料・部数	月決め購読料　　税込み　Ａ円	×　（　　）部
配達開始希望	（　　）年　（　　）月（　　）日より（　　　）か月 ※配達開始まで数日かかる場合があります。	

④引き渡し時期（推奨）

③支払い時期・方法（推奨）

お支払いについて	
お支払い方法 □にチェック✓をご記入ください	□　口座振替　　□　クレジットカード払い　　□　訪問集金 ※　お支払い時期は決済方法により異なります。 口座振替・カード払い＝ご利用の金融機関の引き落とし日。訪問集金＝毎月（　　　　）日

①分量（自動更新である場合はその旨）（推奨）

注意事項

・　期間満了日以降、ご契約を更新されない場合、満了日の前日までに配達を担当する販売所までご連絡をお願いします。※期限までに解約のご連絡がない場合、購読契約を自動更新させていただきます。

※個人情報の利用目的、共同利用に関する告知（個人情報保護法 21 条、27 条 5 項 3 号）（必須）

個人情報の扱いについて

●●新聞社とお客様の地域を担当する●●新聞販売所は、お客様の氏名、電話番号、住所を、新聞配達、各種ご連絡、ご案内などの目的で、共同利用させていただきます。●●新聞社における個人情報の管理責任者については、●●新聞ウェブサイト（https://～～）をご参照ください。

トップページに戻る（申し込みは確定されません）

⑨申し込みの内容を容易に確認・訂正できるようにしていること（推奨）

上記の内容で申し込む

⑦・⑨クリックすると契約申し込み確定となることの明示（推奨）

申し込みの受け付け後、販売所従業員がお届け先住所を訪問します。その際に改めて申し込み内容をご確認いただいて申し込みを確定し、確定した申し込み内容を反映させた契約書を交付します。契約書の交付をもって契約が成立します。

通信販売と評価されないための注意書き（推奨）

2　消費者契約法

（1）法の目的

　民法は、契約が対等な当事者の合意に基づき成立することを前提としていますが、消費者と事業者との間には、情報の質・量や交渉力の格差があります。消費者契約法はこうした点を考慮し、民法の特別法として、2001（平成13）年4月1日より施行され、数次にわたり改正されています。

　事業者の一定の行為により消費者が誤認・困惑した場合に消費者に取消権を与え、また、消費者の利益を不当に害することになる条項を無効とすることなどを規定しています。

民法	消費者契約法
【一般法】 契約全般について規定	**【特別法】** 契約のうち、消費者契約について規定

（2）消費者契約のルール

　消費者契約法の適用対象となる「消費者契約」とは、「事業者」と「消費者」の間で締結される契約です（2条3項）。

①民事ルール

　消費者契約法は民事ルールです。特商法のように、警察や行政機関が事業者（販売所）を罰する法律ではありません。

　契約の締結にあたり、事業者が不公正な方法で勧誘した場合は、消費者（読者）はこの契約を取り消すことができます。契約を取り消すには、読者が事業者（販売所）に契約を取り消したいと通知しなければなりません。通知は口頭でも可能です。この取り消しは、読者が誤認に気付いたときや困惑行為の時から1年以内（霊感商法による困惑の場合は3年以内）に販売所

にその意思を伝える必要があります。また契約日から5年（霊感商法による困惑の場合は10年）が経過すると、契約の取消権は時効によって消滅します。

　なお、「消費者」とは個人をいいます。「事業者」とは、法人とその他の団体、あるいは「事業として又は事業のために契約の当事者となる」個人のことです。

②適用範囲

　労働契約を除くすべての消費者・事業者間の消費者契約に適用されます。読者と販売所の購読契約にも当然適用されます。

③情報提供の努力義務

　事業者に情報提供の努力義務を定めています。これは、消費者契約法制定の目的とも関連しますが、事業者と消費者の間の情報・交渉力の格差がトラブルの原因になっていることからです。ただし、この情報提供の努力を定めた法3条はいわゆる努力義務規定ですので、これを根拠に契約の取り消しを認めるものではありませんし、単に「説明がなかった」というだけでは、契約の取り消しはできません。

④契約の取消権（法4条）

　事業者の不適切な営業行為により消費者が誤認・困惑して契約を締結した場合や、消費者にとって必要な量を著しく超えた過量契約を結んだ場合は、読者は結んだ契約を取り消すことができます。

　消費者契約法における消費者の契約取消権は、2023（令和5）年現在、14種類規定されています。内訳は誤認類型3、困惑類型10、過量契約1となっています。

　ここでは、新聞販売において特に注意が必要な4類型について説明します。

消費者の取消権 （消費者契約法4条）

条	項	号	内容	類型
4	1	1	重要事項について事実と異なることを告げること	誤認
		2	不確実な事実について断定的判断を提供すること	
	2		重要事項について利益になることを告げ、かつ、不利益事実を告げないこと	
	3	1	不退去	困惑
		2	退去妨害	
		3	退去困難な場所に連れ出し	
		4	相談の連絡を妨害	
		5	不安をあおる告知（就職セミナー商法など）	
		6	好意の感情の不当な利用（デート商法など）	
		7	判断力の低下の不当な利用（高齢者、精神疾患等）	
		8	霊感等による知見を用いた告知（霊感商法）	
		9	契約締結前にサービスを実施し、原状回復を困難にすること	
		10	契約締結前にサービスを実施し、損失補償を請求すること	
	4		過量契約	過量

・重要事項について事実と異なることを告げること（1項1号）

勧誘時に「いつでも解約できる」「解約料はかからない」と告げたにも関わらず、実際には4年間は解約できなかったり、解約料を請求したりするような場合です。

・不退去（3項1号）

読者が「帰ってください」「お引き取りください」など、退去すべき旨の意思を示したにも関わらず、退去しないことにより消費者が困惑し契約を結んだ場合です。不退去の時間的な長短は関係ありません。

・相談の連絡を妨害（3項4号）

読者が「夫に相談したい」「娘に電話したい」など、事業者以外の者と連絡する旨の意思

を示したにも関わらず、「それは駄目だ」などと言い強引に契約させた場合です。

・判断力低下の不当な利用（3項7号）

物忘れが激しくなるなど加齢により判断力が著しく低下した読者の不安を知りつつ、「新聞を読まなければますます悪化して生活を維持できなくなります」などと告げて契約させたような場合です。

契約を取り消すには、読者が事業者（販売所）に契約を取り消したいと通知しなければなりません。通知は口頭でも可能です。この取り消しは、追認をすることができるとき（誤認等に気付き、取消権を有することを知ったとき）から1年以内（霊感商法による困惑の場合は3年以内）に販売所にその意思を伝える必要があります。また契約日から5年（霊感商法による困惑の場合は10年）が経過すると、契約の取消権は時効によって消滅します。

⑤不当条項の無効

消費者契約法では、法8条で事業者の損害賠償の責任を免除する条項の無効、法9条では消費者が支払う損害賠償の額を予定する条項等の無効を定めているほか、法10条で「消費者の利益を一方的に害する条項の無効」について定めています。法10条は特別の合意がなかった場合に比べて消費者（読者）の権利を制限したり、義務を加重したりする契約条項であって、民法1条2項に規定する基本原則（信義誠実）に反して消費者の利益を一方的に害するものが無効となるというものです。信義誠実の原則とは、社会共同生活の一員として、互いに相手の信頼を裏切らないように誠意をもって行動することを意味します。よって、読者の権利を制限、または読者の義務を加重する契約条項が即無効なのではなく、それがさらに信義誠実の原則に反して、読者の利益を一方的に害するものであると判断されたときに、その契約条項が無

効となります。

契約書では「購読料の改定が行われた場合には、新購読料とさせていただきます」「○日前に意思表示がなければ継続購読とさせていただきます」などと記載している場合は、これらが即無効とされるわけではありません。民法の信義誠実の原則に反して、読者の利益を一方的に害するものであると判断されたときに初めて、この契約条項が無効になります。購読料を改定する場合は、新聞本紙でその旨を告知しているので、黙示の承諾があったとみなすことができます。契約の自動継続については、契約書に「○日前に意思表示がなければ継続購読」と書いてあったとしても、契約期間満了に際しては、次の購読確認をするようにしてください。また、いずれの場合も、読者から解約の申し出があった場合は、「契約書に書いてあるからダメです」と言うのではなく、よく事情を聞き、誠実に対応するようにしてください。

◆特定商取引法と消費者契約法の関係

特定商取引法（特商法）は、行政による規制を内容とする行政規制法規ですが、消費者契約法（消契法）は民法の特則として事業者（販売所）と消費者（読者）の間の権利関係を定めた法律です。特商法に違反すると罰則が伴いますが、消契法は民事ルールのため、これに違反したからといって、懲役や罰金が課せられるものではありません。

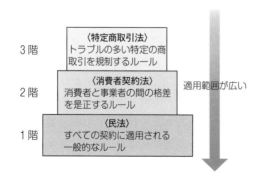

3階	〈特定商取引法〉トラブルの多い特定の商取引を規制するルール	
2階	〈消費者契約法〉消費者と事業者の間の格差を是正するルール	適用範囲が広い
1階	〈民法〉すべての契約に適用される一般的なルール	

消費者契約法と特定商取引法の関係

◆規制内容の違い

事業者の行為	消費者契約法	特定商取引法
不実告知	消費者に契約取消権を付与（4条）	禁止し（6条）、違反した場合は3年以下の懲役または300万円以下の罰金、または併科（70条）、消費者に契約取消権を付与（9条の3）
威迫・困惑	消費者に契約取消権を付与（4条）	禁止し（6条）、違反した場合は3年以下の懲役または300万円以下の罰金、または併科（70条）
過量販売	消費者に契約取消権を付与（4条）	禁止し（7条）、違反した場合は6か月以下の懲役または100万円以下の罰金、または併科（71条）、消費者に契約取消権を付与（9条の2）

契約取消権にも違いがあります。特商法は、トラブルの多い六つの類型（訪問販売、通信販売、電話勧誘販売、連鎖販売取引、特定継続的役務提供、業務提供誘引販売取引）について、消費者に対し、事業者の不実告知により消費者が誤認し契約した場合には取消権を、訪問販売および電話勧誘販売における過量販売の場合には申込みの撤回または解除権を付与しています。消契法は、すべての消費者契約について、事業者の不実告知・威迫・困惑・過量販売があった場合に消費者に取消権を付与しています。取消権の時効は、特商法・消契法とも「追認をすることができるときから1年、契約日から5年」（消契法における、霊感商法による困惑の場合は、それぞれ3年、10年）です。特商法における過量販売の申込み撤回または解除権の権利行使期間は、契約日から1年以内です。

特商法はさらに、クーリングオフ制度を規定し、四つの類型（訪問販売、電話勧誘販売、特定継続的役務提供、訪問購入）については原則

◆契約取消権の違い

	消費者契約法	特定商取引法
取消権	すべての消費者契約について、事業者の不実告知・威迫・困惑・過量販売があった場合に認める（法4条）	六つの類型（訪問販売、通信販売、電話勧誘販売、連鎖販売取引、特定継続的役務提供、業務提供誘引販売取引）について、 ・事業者の不実告知により消費者が誤認し契約した場合に認める（法9条の3、15条の4、24条の3、40条の3、49条の2、58条の2） 二つの類型（訪問販売、電話勧誘販売）について ・過量販売解除権を認める（法9条の2、24条の2）
期限	追認をすることができるときから1年、契約日から5年（法7条）	追認をすることができるときから1年、契約日から5年（法9条の3、15条の4、24条の3、40条の3、49条の2、58条の2） ※過量販売解除権は契約日から1年
クーリングオフ		六つの類型（訪問販売、電話勧誘販売、連鎖販売取引、特定継続的役務提供、訪問購入、業務提供誘引販売取引）について認める（法9条、24条、40条、49条、58条、58条の14） ※契約書面を受け取った日から8日間以内。連鎖販売取引と業務提供誘引販売取引は20日以内

として8日間、二つの類型（連鎖販売取引と業務提供誘引販売取引）については20日間、無条件で解約できます。

なお、通信販売には、クーリングオフ制度は適用されません。

3 自主規制規約

（1）新聞購読契約に関するガイドライン

販売委員会、中央協は2013（平成25）年11月、「新聞購読契約に関するガイドライン」を策定しました。同年8月に国民生活センターから寄せられた、新聞の訪問販売に関する改善要望を受け、新聞販売への信頼の維持・向上に強力に取り組む必要から、同要望に早急かつ真摯に対応するとの方針のもと、定めたものです。

ガイドラインは新聞協会・新聞公正取引協議会の会員全社・全系統におけるルールです。規約の順守徹底を前提に、ルールに基づく解約や不適切な契約が行われていた場合など、解約に応じるべき場合を具体的に整理しています。

（2）訪問販売委員会

1986（昭和61）年2月、自主規制により訪問販売に伴うトラブルの未然防止と問題が発生した場合の迅速な処理を行うため、当時の通産省の指導を受けて「新聞の訪問販売に関する自主規制規約」を策定しました。これを順守するために実施細則を設けています（資料編194ページ）。

自主規制にあっては、第一に販売所、発行本社がセールス活動をする人の教育研修を徹底し、読者の苦情やトラブルにも責任をもって解決することが必須の条件です。これは自主規約、実施細則でも明確にうたっているとおりです。同時に新聞界全体としても、組織的に可能な限りの自主努力を重ねる必要があります。そのため各地域に設けられている訪販委員会の機能を強化し、個々の新聞社、販売所と読者や消費生活センターなど関係機関からの苦情やトラブルの解決に努めるとともに、問題の未然防止に努めることとしました。

販売委員会は、実施細則に基づき、読者からの苦情の受付、トラブルの処理機関として新聞各社で作る地域別訪問販売委員会（訪販委員会）を設けています。

訪販委員会は毎月開催し、特定商取引法の順守や、読者から寄せられた苦情・相談の内容、処理結果について報告されます。また、各県の消費生活センターと支部協、訪販委員会との懇談を定期的に開催することとしています。

新聞購読契約に関するガイドライン

2013（平成25）年11月21日
日本新聞協会販売委員会
新聞公正取引協議会
新聞公正取引協議委員会

　日本新聞協会、新聞公正取引協議会の会員各系統は、読者の新聞販売に対する信頼を維持・向上させるため、新聞公正競争規約、特定商取引法、新聞訪問販売自主規制規約を厳守するとともに、読者から解約の申し出があった場合は読者の利益を一方的に害することのないよう、以下のとおり対応するものとする。

【解約に応じるべき場合】

　以下に該当する場合は、読者の解約申し出に直ちに応じなければならない。

　また、新聞公正競争規約の上限を超える景品類の提供が行われていた場合、解約にあたって景品類の返還を請求してはならない。

ルールに基づく解約申し出である場合

・クーリングオフ期間中、書面による解約申し出があったとき

不適切な契約が行われていた場合

・威迫や不実告知など、不適切な勧誘を行ったとき
・新聞公正競争規約の上限を超える景品類の提供など、同規約に沿わない販売方法を行ったとき
・契約期間が自治体が定める条例等の基準を超過していたとき
・相手方の判断力が不足している状態で契約したとき（認知症の方など）
・相手方が本人や配偶者以外の名前で契約したとき

その他考慮すべき事情がある場合

・購読者の死亡、購読が困難になる病気・入院・転居など、解約が合理的だと考えられるとき
・未成年者との契約であったとき

【丁寧に話し合い解決すべき場合】

　上記に該当しない、読者の都合による解約申し出があった場合、話し合いによって解決するものとする。

　申し出に応じる場合、解約の条件は両者の合意により決定する。ただし、契約事項を振りかざして解約を一方的に断ったり、過大な解約条件（損害賠償や違約金の請求など）を要求してはならない。読者の申し出の理由を丁寧に聞き、申し出の応諾や購読期間の変更など、お互いが納得できる解決を図らなければならない。

以　　上

①苦情やトラブルの解決

　読者から直接寄せられる苦情や関係機関から移送される問題について、関係する新聞社あるいは販売所に、事実関係を十分調査し解決に努力するよう指示するとともに、その内容を速やかに報告するよう求め、読者あるいは関係機関に返答します。

　解決できない場合は訪販委員会で審議し、解決に努めるとともに、その結果を読者や関係機関に伝えます。

　「威迫」など強引な勧誘行為に関する苦情やトラブルは、調査や判断が難しく、新聞社や販売所に解決の努力を指示しても、常に解決するとは限りません。また、逆に読者の方に問題がある場合も考えられます。これら解決できない場合は、新聞社や販売所の返事を、そのまま読者や関係機関に伝えることになります。

　解決しない場合は、並行して速やかに訪販委員会で審議することとします。調査が必要な場合があるかもしれませんが、ほとんどの場合は読者と新聞社や販売所との「橋渡し」の段階で、事実関係が分かると考えられますので、可能な限り解決してもらうことになります。

　読者や関係機関からの苦情やトラブルなどの問題をうやむやにせず、迅速に結論を出すことが大切です。

②苦情やトラブルの未然防止

　消費生活センターなど外部の関係機関とも連絡を密にし、正常な訪問販売の啓もう、ＰＲに努めるとともに新聞の訪問販売の現状を把握し、問題を未然に防止するために必要な対策を、立案実施していくことになります。

③訪販委員会の措置

　訪販委員会は、前述の①②で、特に読者の苦情やトラブルが顕著な新聞社あるいは販売所に対し、文書あるいは口頭で注意、警告するとともにその結果を販売委員会に報告します。

販売委員会に報告することによって、自主規制の実効をいっそう高めようということです。

◎研　修

　各社、各系統販売所会などで、研修制度を確立し、確実に実施してください。

4　個人情報保護法

　新聞販売所は、読者名簿や懸賞の当選者名簿など、多数の個人情報を扱っています。「個人情報保護法」は、販売所をはじめ、個人情報を取り扱う全ての事業者が守らなければならない共通のルールです。個人情報を扱う事業者に対して、義務や違反した場合の罰則を定めています。

（1）個人情報とは （法2条）

　個人情報とは、「特定の生存する個人を識別することができる情報」です。集計・数値化した統計情報や、会社・団体の名称など、個人を特定できない情報は個人情報には該当しません。

　個人情報には、他の情報と照合することで特定の個人を識別できるものも含まれます。例えば、生年月日や電話番号は、単体では特定の個人を識別できませんが、氏名などと組み合わせることで特定の個人を識別できるため、個人情報に該当する場合があります。

（2）「個人情報データベース等」、「個人データ」（法16条）

　個人情報保護法では、取り扱う個人情報の種類に応じて、事業者に課される義務が異なります。ここでは、新聞販売に関連するものとして、以下の二つを取り上げます。

①個人情報データベース等

　「個人情報データベース等」とは、特定の個

人情報を検索することができるように体系的に構成された、個人情報を含む情報の集合物をいいます。コンピュータで検索できるように体系的に構成したものや、紙面で処理した個人情報を一定の規則に従って整理・分類し、簡単に検索できるように目次や索引を付けているものが該当します。例えば、五十音順で整理された名簿などがこれに当たります。

②個人データ

「個人情報データベース等」を構成する個人情報を「個人データ」といいます。例えば、名簿を構成する氏名・誕生日・住所・電話番号などの個人情報がこれに当たります。

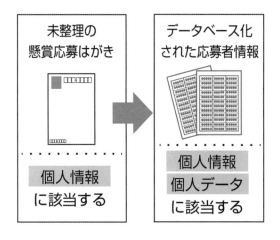

（3）個人情報取扱事業者（法16条2項）

個人情報取扱事業者は、個人情報データベース等を事業で利用している者です。営利・非営利を問いません。

（4）個人情報や個人データを取り扱うときの基本ルール

①「個人情報」の取得・利用（法17〜21条）

個人情報取扱事業者は、個人情報の利用目的を特定し、その範囲内で使用しなければなりま

せん。利用目的は、個人情報を取得する際に、本人に通知または公表する必要があります。

新聞販売では、申し込み・契約書面やインターネットの申し込みサイト、懸賞の応募はがき等から読者の個人情報を取得します。本人から直接、個人情報を取得する際には、書面や申し込みサイトに利用目的を明記しておく必要があります。利用目的は、例えば「お客様の氏名、住所、連絡先は、新聞の配達、商品のお知らせ、関連するアフターサービスのため使用いたします」などの表現が考えられます。

特定した利用目的を変更する場合、変更した利用目的を本人に通知もしくは公表しなければなりません。また変更の程度は、変更前の利用目的と関連性があると合理的に認められる範囲内とされています。

②「個人データ」の保管・管理（法22〜25条）

個人情報取扱事業者は、個人データを正確で最新の内容に保ち、不要となったときには遅滞なく消去するよう努めなければなりません。また、個人データが漏えいしないよう安全に管理するため必要かつ適切な措置を講じるとともに、従業者や委託先に対して、必要かつ適切な監督を行わなければなりません。

安全管理の方法としては鍵付きのキャビネットに保管する、データにパスワードやアクセス制限をかける、放置や目的外使用を禁止する、複写や持ち出しを制限する、セキュリティ対策ソフトを導入する、監督の方法としては従業員向け個人情報保護マニュアルを作成して研修や教育を徹底する、委託先の選定に十分に注意し、委託契約の内容の適正を図ることなどが考えられます。

③「個人データ」の第三者提供（法27〜30条、規則11〜29条）

個人データは、本人の同意なく第三者に提供

してはいけません。本人の同意は、ホームページ上の「同意する」ボタンの本人によるクリックなど、明示的な同意が必要です。

　「提供」の定義は「個人データ等を、自己以外の者が利用可能な状態に置くこと」です。個人データを記録した紙媒体や電子媒体を交付することはもちろん、単に閲覧させるだけでも「提供」に当たるので注意してください。

④「第三者」の範囲（法27条5項）

　3つの例外（委託先への提供、事業の承継に伴う提供、グループによる共同利用）を除き、他の事業者に提供することは「第三者提供」に当たります。

　これら3つは、形式的には第三者に該当するものの、本人との関係において提供主体である個人情報取扱事業者と一体のものとして取り扱うことに合理性があるため、第三者に該当しないものされています。

　新聞事業者が一般懸賞を実施する際、懸賞実施社（販売所）は当選者名簿を3か月間保管し、違反の疑義が生じた際は、支部協委員が事務局に申し出た後、懸賞実施社（販売所）を訪問して名簿を閲覧することにしていますが、このルールは共同利用の枠組みを利用しています（44ページ参照）。

企業内の他部署に対する情報提供

　新聞社のお客様相談室で苦情・相談を受け付けた際に、氏名・住所などの個人情報とあわせて他部署に共有することがあります。

　個人情報保護の問題は、法律上、事業者単位で考えるため、個人情報が他部署に提供されたとしても、同一事業者の内部であれば、第三者提供に関する制限は適用されません。

規約、施行規則に関する

規約、施行規則に関するQ&A　目次

1．景品類の定義、手続き

【総付景品類（規約2、3条）】

【総付景品類の届け出（施行規則6〜16条）】

【景品類に該当しないもの（規約2条）】

2. 懸賞／試読紙

4．違反に対する措置

【探知、調査、認定（施行規則17条～20条）】

【違反措置（施行規則21条～34条、38条～41条、42条～49条）】

5．その他

規約、施行規則に関する Q&A

（注）2020（令和２）年10月以前の決定事項
については、同年11月以降の規約、施行規則
に読み替えて記述しています。

1　景品類の定義、手続き

【総付景品類（規約２、３条）】

①関連会社の割引券

Q① 関連会社（例えば旅行社）の割引券、優待券を自社の景品類として提供することは、問題ないか。

A 上限の範囲内なら可能である。（1998〈平成10〉年７月10日・第454回中央協）

②自社出版物（新聞を除く）の購読券

Q② 自社の出版物（新聞を除く）の購読券（あるいは購読割引券）は、提供してよいか。

A 上限の範囲内なら提供は可能である。（1998〈平成10〉年７月10日・第454回中央協）

③広告掲載料割引は景品類か

Q③ 企業など事業者に対する購読勧誘を目的として、市民祭りなど催し物のポスターや、時刻表などの印刷物に掲載する広告について、自紙を購読すれば広告掲載料を割り引く旨申し出た場合、この行為は購読勧誘に際し提供される景品類に該当するか。

A 新聞購読に際し提供される経済上の利益と解釈されるので、景品類である。したがって割引金額は上限額の範囲内でしか認められない。（1998〈平成10〉年10月14日・第457回中央協）

④カード払いと景品類の扱い

Q④ クレジットカード会社が、新聞購読料の支払いにクレジットカードを利用している人、またはカードでの支払いに切り替えた人を対象に景品類を提供したり、懸賞を実施したりすることがあるが、新聞公正競争規約の制限を受けるのか、それとも一般ルールが適用されるのか。

A 景品類提供の対象となる商品・サービスが新聞に限定されているか否かにより、次のように取り扱うこととしたい。

（１）カード会社が景品類提供の対象商品・サービスとして新聞のみを指定し、新聞購読料の支払いにカードを利用している人だけを対象に景品類の提供や懸賞を行う場合——新聞の規約に準拠する。総付け景品は、使用景品類の届け出、懸賞は、懸賞企画の届け出を行う。

（２）カード会社が対象商品・サービスとして新聞のほかに電気、ガス、電話、有料放送など複数を指定し、いずれかの支払いにカードを利

用している人を対象に景品類の提供や懸賞を行う場合——景品類提供の対象となる取引は、新聞の購読という取引に限定されず、どの商品・サービスでもよい。例えば、電気料金の支払いにカードを利用している人に総付けで6か月・8％、一般懸賞で最高額5万円か10倍のいずれか低い価額と定められた新聞の規約を適用するのは、事実上不可能である。したがって、基本的にはカード会社との取引に付随した景品類提供であり、新聞の規約ではなく、一般ルールが適用される。総付け景品なら取引価額の20％が上限。懸賞企画の場合、カードの年会費と対象となる商品・サービスの最低価額を合算したものが取引価額の算定基準となり、その20倍か10万円のいずれか低い金額が提供できる景品類の最高額となる。対象となる商品・サービスがいずれも継続的に供給されるものであれば、対象商品・サービスの最低価額の12か月分（例えばガスの基本料金の12か月分）が合算される。

　ただし、上記（2）の場合にあっても、新聞社または新聞販売所が紙面や折込広告で「今、○○新聞の購読料を△△カードに切り替えれば、（抽選で）××を差し上げます」などと広告を出せば、新聞との取引付随に該当し、新聞の規約が適用される。新聞側がそうした告知を一切せず、カード会社が独自にＰＲしているだけなら、カード会社との取引に付随した景品類提供となる。（2005〈平成17〉年12月16日・第536回中央協）

⑤新聞公取協非加盟紙の取り扱い

Q⑤ 新聞販売所では、それぞれの系統の新聞のほかに、いろいろな新聞を取り扱っている。取り扱っている新聞の中には、新聞公取協に加盟していない専門紙や地域新聞も含まれている。新聞販売所が、そうした新聞公取協に加盟していない専門紙や地域新聞の営業活動を行う際、新聞公正競争規約とのかかわ

りはどうなるのか。

A 新聞公取協に加盟している新聞販売所は、新聞販売業としての行為が新聞公正競争規約の対象となる。したがって、協議会に加盟している新聞販売所が、取り扱っている新聞の営業行為を行う際、その新聞が協議会に加盟しているかどうかを問わず、提供できる景品類は6・8ルールの範囲内ということになる。協議会に加盟するＰ新聞販売所が、取り扱い紙の協議会非加盟であるＱ新聞の取引に付随して提供できる景品類の上限は、Ｑ新聞の購読料6か月分の8％である。

　また、協議会加盟紙であるＰ新聞の購読に付随して非加盟のＱ新聞（有代）を提供すれば、Ｑ新聞そのものが景品類に該当するので、必要書類を添付し支部協事務局へ事前届け出を行う必要がある。Ｑ新聞を試読紙として戸別配布する場合も、Ｐ新聞販売所が支部協事務局にあらかじめ届け出て行うことになる。（2005〈平成17〉年5月23日・第530回中央協）

⑥上限額の考え方

Q⑥ 読者との間に1年間分の契約が成立したが、これを、6か月契約を同時に2回結んだことにして、契約成立時点で「6か月8％」分の景品類を一度に2個提供することは可能か。もしこれが駄目だとすれば、1年契約の購読が終了した時点で「12か月8％」分の景品類を一度に提供することはできるか。

A 現行ルールでは、上限が6か月の購読料金の8％とされるので、1年契約でも1度に提供できる景品類の価額は、6か月の購読料金の8％までとなる。6か月契約が年に2回行われた場合、あるいは一度に6か月契約を2回結んだ場合、6か月ごとに6か月の8％を上限とする景品類の提供は可能であるが、1年契約を2回に分割し、契約成立時に一度に2個の景品類あるいは「12か月8％」分の景品類を提供することはできない。一度に提供できる景

品類の上限を 6 か月 8 ％分と定めた現行ルールの趣旨からすれば、 1 年契約の購読が終了した時点であっても、「12か月 8 ％」分の景品類を提供することはできない。（2000〈平成12〉年 6 月14日・第476回中央協）

⑦契約締結時と期間満了時に景品類提供は可能か

Q⑦ 読者との間に 6 か月分の契約が成立し、「 6 か月 8 ％」分の景品類を提供した。当初の契約期間である 6 か月間が経過した段階で、購読の謝礼としてあらためて「 6 か月 8 ％」分の景品類を提供することは可能か。取り締まりを受けるのは「顧客を誘引するための手段」としての提供であり、購読期間満了に対する謝礼は含まれないのではないか。

A 名目が「謝礼」であっても、 1 契約に対する景品類の上限は「 6 か月 8 ％」であり、当初提供した景品類と合算して上限を超えれば違反である。規約 2 条では「顧客を誘引する手段として提供する」とは、「新聞を購読させる」ためだけでなく、「新聞の購読を継続させるための手段として提供すること」および「中元、歳暮、開業記念品等を提供すること」も含むとされ、提供の方法についても「方法のいかんを問わず」と定めている。また、「顧客」すなわち「新聞を購読するもの」には、現に新聞を購読しているもののほか、将来、新聞を購読する可能性のあるものも含むことも定められている。現行ルールでは何年契約でも 1 契約に対する景品類は「 6 か月 8 ％」に制限されており、景品類を提供する時期が購読前か、購読中、購読満了後かは問われない。あくまで 1 契約に対する景品類の提供は「 6 か月 8 ％」の範囲内である。したがって、購読を満了した謝礼という名目であっても、それまでの購読に対する景品類に該当するので、当初提供した景品類との合算が上限額を超えれば違反となる。

ただし、質問の提供の趣旨・目的が、今後、あらたに継続して購読する期間に充当する景品類ということなら、規約に定められた上限の範囲内であれば認められる。（2000〈平成12〉年12月20日・第481回中央協）

⑧期間の定めのない長期読者への景品類提供

Q⑧ 長期読者の場合、とくに契約期間を定めていないが、どういう基準で景品類を提供できるか。

A 長期読者の場合（契約期間の定まっていない場合）、毎月月決め定価の 8 ％、あるいは 6 か月ごとに 6 か月分の定価の 8 ％の景品類を提供して構わないかどうかについては、公取委は1998（平成10）年 2 月13日付「契約の更改と景品提供」の回答により、「契約期間の定まっていない場合、 1 か月ごとに 8 ％の景品類を提供できる。あるいは、 3 か月経過後もしくは 6 か月経過後に同様の計算で景品類を提供することも可能である」としている。（1998〈平成10〉年 5 月 6 日・臨時販売正常化推進小委）

⑨解約に伴う景品類の扱い

Q⑨ 上限額の範囲内の景品類提供を条件に購読契約した後、読者が一方的に解約した場合、景品類の返還を求めることはできるのか。

A 上限額を超えた景品類の扱いについては、施行規則21条 4 項に規定するように「調査において規約に違反する景品類が発見された場合には、違反行為者は当該景品類の処分を含めて支部協議会事務局長又は支部協議会の決定に従わなければならない」とすることを確認する。問題となるのは上限額の範囲内の景品類の場合である。

かつて、通産省消費経済課では、次のような見解を示している。

「解約に伴う景品の扱いの問題は、基本的には民法の問題であり、訪販法（現・特商法）に

は規定がない。契約成立の記念品として受け取ったものか、販売促進用として提供されたものかにもよるが、成約記念として受け取ったものなら、解約後に持っていれば不当利得に当たる可能性もある。ただし『解約しても記念品は差し上げる』旨明示してあれば問題ないだろう。行政指導としては、『返せるものなら、なるべく景品は返しなさい』と言っているが、景品の返還を巡ってクーリングオフを妨害するようなことがあってはならない。消耗品は同じものを返却してもらうとか、金券は実費をもらうという方法もあるが、なくなってしまったものを『買って返せ』というのは行き過ぎではないかと思う。業界でルールを決めておけばよいが、ルール作りをしている業界はないだろうし、契約解除と景品の返還でもめている業界はないだろう」。

また、法律専門家は、一般的な法解釈とは別に「いかなる場合も読者に景品類の返還を請求できない」旨合意して決めることは可能であるとの見解を示している。

協議会のルールで規定するテーマではないが、これらの見解を参考に、読者とのトラブルを回避するよう地域別協議会で対応してほしい。（1998〈平成10〉年12月17日・第459回中央協）

※「新聞購読契約に関するガイドライン」は、規約の上限を超える景品類提供など不適切な契約が行われていた場合、「読者の購読解約申し出に直ちに応じなければならない。また、解約にあたって景品類の返還を請求してはならない」と定めています。

---

⑩電子マネーは景品類か

Q ⑩ PayPay など QR コード決済サービスの電子マネーは、コンビニ払いの収納代行票などの方法において、新聞購読料の支払いに利用できる。新聞の購読契約に際し

て提供するこれらの電子マネーは景品類か、値引きか。

A 新聞購読料以外の支払いに充当できる PayPay などの電子マネーを購読契約に際して提供する場合、値引きではなく、景品類の扱いになる。6・8ルールの範囲内で提供できる。（2021〈令和3〉年2月18日・第702回中央協）

【総付景品類の届け出（施行規則6～16条）】
⑪申請者と使用者／申請時の添付書類

Q ⑪ 景品類の届け出の際、申請者と使用者が違ってもよいのか。また、どのような書類を添付すればよいのか。

A （1）「届け出」をするのは、届け出の「申請者」とし、届け出用紙等との整合性を図ることとする。届け出を「使用者」に限定すると、事務手続きが煩雑となり、また例えば、系統会代表名で届け出る場合、「使用者」と必ずしも一致せず、これを受け付けないのは現実的でない、というのがその理由である。

（2）「届け出」に所定の用紙以外、領収書、納品書のコピーの添付が必要ではないか、との指摘については、必ずしも必要ではないと考えられるので、必要条件とはしないこととする。（1998〈平成10〉年5月6日・臨時販売正常化推進小委）

⑫届け出方法

Q ⑫ 「届け出」について手続き、方法等教えて欲しい。

A （1）届け出の方法
・届け出は発行本社、販売所のいずれにあっても協議会会員が行い、景品販売業者等第三者による届け出は認めないこととする。
・系統会単位でまとめて届け出る場合、系統会を代表できる者なら担当員でもよいこととする。
・届け出用紙中の「購入価格」については記入

が望ましいが、義務化しているものではない。

・届け出る品目数は制限せず、一括届け出を認めることとする。

・遠隔地の場合、書類は先にファクス送信し、現品は後から届くこともあるが、書類と現物、写真の提出はあくまで「使用開始と同時届け出」の原則に照らして運用することとする。

（2）判定期間の算定

判定期間の「受付から3日間」は、「受付当日を除く3日間」とする。

（3）現物、写真の保管

受付後、「現品」は支部協の判断で保管期間を決める。届け出書類、写真は閲覧用として保管する。「使用禁止」の場合の扱いは、支部協の判断にゆだねる。

（1998〈平成10〉年5月6日・臨時販売正常化推進小委）

⑬価額変動した景品類の扱い

Q⑬ 支部協事務局に届けられる景品類、使用期間が終了した景品類、価格が変動した景品類の扱いはどうしたらいいか。

A 使用景品類は規約、施行規則で届け出が義務付けられているが、支部協事務局への届け出件数が年々蓄積されている。届け出された景品類の中には、既に使われていないものや、価額が変動したものもある。届け出事務の効率化を図るため、支部協事務局は、届けられている景品類のリストを各発行本社、販売業者に戻し、それをもとに発行本社、販売業者が使用していない景品類の届け出の取り下げや、価額の変動に伴う再届け出を含めて整理した結果を、支部協議会に報告するよう要請できる。（2007〈平成19〉年1月19日・第548回中央協）

⑭景品類の価額判定

Q⑭ 届け出の景品類の価格がわからない場合、どうしたらいいか。

A 1978（昭和53）年の公取委事務局長通達第9号「景品類の価額の算定基準について」に準拠することとし、「市価」で判定する。このため支部協によって価額判定の結果が異なることはあり得る。プレミアム付オリジナルグッズの場合、入手した価格、類似品の市価等を勘案して判定する。「市価」の判定にし意的な運用をされる恐れのある場合は、新聞業に関係ある小売店を判断の対象から除くことができるものとする。（1998〈平成10〉年5月6日・臨時販売正常化推進小委）

⑮オリジナル商品の価額

Q⑮ オリジナル商品の判定はどうすればいいか。また、判定結果は開示してもよいのか。

A （1）価額の判定方法

・市販されていないオリジナル商品は、類似品の価格を参考に判定する。消費者庁に照会するのも一つの方法である。

・上限額の算定で、1円未満の端数は、切り捨てとする。

（2）情報の開示

・判定結果の周知は、地域別協議会で検討する。開示情報は「使用可」だけでなく、「使用禁止」とされた物品も含む。（1998〈平成10〉年5月6日・臨時販売正常化推進小委）

⑯割引価格がある商品の価額

Q⑯ 例えば、通常、入場料2000円の催し物があり、その催し物が団体割引で1600円となっている場合、2000円の券なら上限額を超えるが、団体割引の1600円なら範囲内に収まる場合は使用可能か。

A 提供する券類に1600円と表示してあれば、その金額が景品類の価額となる。

（1998〈平成10〉年10月14日・第457回中央協）

※ただし、その価額で実際に市販されている必要がある。

⑰景品使用の一時停止命令

Q⑰ 事務局長が一時停止命令を発した場合、支部協に報告すると規定されているが、具体的にどうするのか。

A 一時停止命令を発した場合、事務局長は遅滞なく支部協委員長はじめ全委員に報告することとする。（1998〈平成10〉年5月6日・臨時販売正常化推進小委）

⑱届け出情報の閲覧

Q⑱ 「届け出」内容は閲覧させてもよいのか。

A 現場での混乱や疑心暗鬼を防止するため、「届け出」の内容、「受理」の記録は、支部協委員に限って自由閲覧できるものとする。（1998〈平成10〉年5月6日・臨時販売正常化推進小委）

⑲届け出と異なる新聞での景品類使用

Q⑲ P紙とQ紙を扱っている販売店が、P紙に使用する旨の届け出を行っている景品類をQ紙の勧誘に使用した場合、届け出違反となるのか。P紙とQ紙の購読料金は同一価額である。

A 現行の届け出の様式は、複数紙扱っている場合は当該景品を使用する紙名を明記する形式である。P紙にのみ使用する届け出を行った景品類を、Q紙の勧誘に使用した場合、施行規則6条に定める「提供景品類の届出義務」違反に当たり、施行規則15条「届出不履行等に対する措置」が課される。（2001〈平成13〉年4月19日・第485回中央協）

⑳届け出違反への異議申し立て

Q⑳ 届け出違反の警告に対し、異議申し立てがあったらどうするのか。

A 届け出違反の警告は、施行規則15条に従い、（1）届け出をしないで景品類を提供した者、（2）届け出が「受付拒否」または「不受理」となったにもかかわらず景品類を提供した者――に対してなされ、この措置に対する異議申し立ては認めていない。したがって本件の質問が、上記警告に対する「異議申し立て」だとすると、どの機関に申し立てようとも「却下」されることになる。

また、届け出をして受理されたにもかかわらず、万一、記録漏れなどの事務局の手違いで警告を発せられた場合は、手元にある「受理通知」を提示すればよい。届け出をして事務局から受理、不受理などの通知もなく景品類を使用した場合を想定しているのなら、判定結果を使用前に問い合わせてから使用を開始すべきであろう。（1998〈平成10〉年9月17日・第456回中央協）

【景品類に該当しないもの（規約2条）】
㉑紹介者への謝礼

Q㉑ 新規読者を紹介した者に対し渡す謝礼は、景品類として公正競争規約の対象となるのか。読者に限定する場合とそうでない場合で扱いは変わるのか。また、紹介者のうち、先着何名に謝礼進呈とした場合はどうか。

A 「景品類等の指定の告示の運用基準について」（1977〈昭和52〉年・公取委事務局長通達第7号）では「自己の供給する商品又は役務の購入者を紹介してくれた人に対する謝礼は、取引に付随する提供に当たらない（紹介者を当該商品又は役務の購入者に限定する場合を除く）」としている。したがって回答としては、公正競争規約の対象外ということになるが、当該紹介者も新聞読者であり、紹介者への

謝礼に名を借り、上限を超えた景品類提供の脱法行為にならないよう厳格に運用されるべきであることは言うまでもない。また、紹介者を自紙読者に限定した場合には当然、取引付随となり規定額の範囲内でなければならない。なお、紹介者に対し抽選、先着の方法で謝礼をすることは構わない。（1999〈平成11〉年3月18日・第462回中央協）

㉒新聞事業者以外が新聞を景品とする場合

Q㉒ 地元の宅地開発業者が、新聞に掲載した分譲地売り出し広告の中で「×年△月末まで入居の方に、○新聞（朝・夕刊セット）を1年間無料購読サービス」との記載があった。これは新聞公正競争規約に違反するものではないか。そもそも公共的・文化的使命を果たすべき新聞が、分譲地入居者への「特典」という形で、宅地開発業者の「景品」として使用されること、さらには新聞広告として紙面に掲載する行為について、どのように考えるのか。

A 新聞公正競争規約は、新聞業における正常な商慣習に照らして景品類の意義、提供を制限される行為の範囲などを明らかにすることにより、不当な顧客の誘引を防止し、新聞業における公正な競争を確保することを目的としている。規約が適用される新聞事業者とは、新聞社および販売業者であり、新聞事業者以外の行為には及ばない。新聞事業者以外の第三者が、新聞事業者と何ら意思の連絡なく、単独に、当該新聞の購読者に当該新聞を景品類として提供する行為は、新聞事業者の関知するところではないから、責任を問われるべき筋合いのものではない。

　ただし、今回のケースの場合、新聞社が宅地開発業者と提携することで、新規分譲地に引っ越してくる多数の新規読者の獲得ができることを見込んで、本件のような企画を実施した場合、新聞社が新聞公正競争規約に違反すること

がないか、という問題がある。新聞公正競争規約で規定する景品類とは、「新聞事業者が、顧客を誘引する手段として、方法のいかんを問わず、自己の供給する新聞の取引に付随して、新聞を購読するものに提供する物品その他の経済上の利益」だが、今回のケースは、宅地の取引に付随する景品類の提供であり、そもそも新聞購読という取引は存在しない。したがって、不動産業における景品告示・規約の対象とはなるものの、新聞公正競争規約の適用は受けないことになる。（2003〈平成15〉年9月19日・第511回中央協）

㉓新聞事業者以外が提供する経済上の利益について

Q㉓ 電子サービスや読者限定の会員組織、広告などにおける、新聞の購読に伴って新聞事業者以外の企業等が、割引等の経済上の利益を提供する場合の規約上の解釈に関し、表示上の留意点を教えてほしい。

A ・経済上の利益を提供する主体が新聞事業者以外の企業等である場合は、当該利益は規約上の景品類に該当しない。

・ただし、新聞事業者が、自らが主体となって経済上の利益を提供すると受け取られる表示（購読勧誘時の口頭説明等を含む）を行った場合は、規約上の景品類に該当する。

・広告主が広告を通じて、新聞購読者を対象に経済上の利益を提供する（提供の申し出を含む）場合の規約解釈は、上記趣旨に照らし、従来どおり景品類には当たらない。（2012〈平成24〉年10月15日・第610回中央協）

㉔新聞事業者が読者名義で行う寄付

Q㉔ ある系統が総付景品として届け出たカタログギフトに「チャリティー」の項目があり、読者が選択すると、一定額がボランティア団体に寄付される仕組みになっている。この場合の寄付は、景品類に該当するか。

Ⓐ 新聞購読料の一部を販売所が第三者のボランティア団体に寄付する行為について、消費者庁は「値引きでも景品類でもない」との見解を示している。規約2条は景品類の要件として「新聞を購読するものに提供する経済上の利益」と定めている。購読する読者以外の第三者への寄付行為は、景品類には該当しない。（2022〈令和4〉年10月17日・第720回中央協）

㉕試読申込者への記念品

Ⓠ㉕ 試読紙申込者に提供する記念品は、景品類に該当するか。

Ⓐ 試読紙の申し込みや提供は取引ではないので、申し込んだ人や提供を受けた人を対象に物品を提供する行為は、取引付随には当たらない。したがって、試読紙を申し込んだ人や提供を受けた人を対象に、抽選もしくはもれなく物品を提供することは、規約の対象ではない。ただし、物品を購読勧誘時に渡すなど、提供の仕方によっては取引付随性が生じる可能性があるので、注意してほしい。（2022〈令和4〉年10月17日・第720回中央協）

㉖クーポン広告の集金時配布

Ⓠ㉖ クーポン広告を集金時に配布した場合、景品類に該当するか。

Ⓐ ・クーポン広告は取引に付随しない限り、景品類ではなく、クーポン広告を集金時に単に配布すること自体は取引付随に当たらない。
・しかし、集金時配布の際に契約継続などの勧誘行為があれば取引付随に当たり、景品類となるので、支部協において厳正に処理すべきである。
・今後、集金時配布に関して、正常化に支障をきたすなどの新たな問題が発生した場合は、あらためて議論することとする。（2015〈平成27〉年2月19日・第636回中央協）

2 懸賞／試読紙

【一般懸賞（規約2、3条）】

㉗売上予定総額の計算

Ⓠ㉗ 懸賞企画で、例えばキャンペーン期間が2月1日から3月10日までといった端数がある場合、売上予定総額の計算はどうなるのか。

Ⓐ 新規読者だけを対象にした場合は、キャンペーン期間内に購読申し込みをした人が対象となるので、キャンペーン期間に端数があろうとなかろうと、申し込み月数と人数が総額となる。ここで問題となるのは、現読を対象とした場合の売上額であろう。現読を対象とした場合でも、1か月以上購読の読者、何月何日現在の読者、など応募資格の設定によっても異なるが、2月はまるまる1か月なので対象読者に月決め購読料を乗じればよいが、3月は1か月間購読して初めて売り上げが上がるわけで、日割り計算をするか、1か月に切り上げて計算するかは、企画段階で実施者が判断し、協議会内部に明示すればよい。（1999〈平成11〉年2月18日・第461回中央協）

㉘応募当選条件に差を付ける

Ⓠ㉘ 一般懸賞の企画で（1）1等、2等、3等など、賞品の等級により、1等は1年以上の購読者（契約者）、2等は半年以上の購読者（契約者）、3等は3か月以上の購読者（契約者）などと、応募・当選の条件に差を付ける（2）コース別・等級別に、例えばAコースの1等は1年以上、2等は半年以上、Bコースの1等は半年以上、2等は3か月以上などと応募・当選の条件に差を付ける──などの設定は可能か。

Ⓐ 可能である。ただし、このケースは、賞品のコース別あるいは等級別に応募・当選の条件に差を付けだけで、懸賞のキャンペーン期間が同一であれば、同一の懸賞企画とみな

される。（2000〈平成12〉年9月20日・第478回中央協）

㉙～㉚系統会が実施する一般懸賞

Q㉙ 販売店の集合体である系統会が主体となって、一般懸賞企画を実施できるか。

A 中央協は、販売店の集合体である系統会は、一般懸賞の実施主体である事業者には当たらないとの運用をしている。複数店舗が同一内容の懸賞を実施する場合は、店舗ごとに（1）提供する景品名と価格（2）当選者数（3）提供する景品総額（4）売上予定総額に占める（3）の割合——をあらかじめ算出し、支部協に届け出る必要がある。（2021〈令和3〉年2月18日・第702回中央協）

Q㉚-1 告知で系統会の名称を使用してよいか。

A 系統会の名称を使用した告知を認める。

Q㉚-2 応募先を系統会にしてよいか。

A 応募先を系統会とすることを認める。

Q㉚-3 懸賞に参加する店舗間で、当選する景品類の等級が異なってもよいか（A店は1等賞、B店は2等賞など）。

A 店舗間で景品類の等級に差を付けることを認める。

Q㉚-4 一括抽選は認められるか。店舗ごとの個別抽選とするか。

A 応募先を系統会にする場合でも、販売店エリアごとに応募を振り分けて、届け出内容に沿った当選本数となるようエリア別に抽選を行う。

Q㉚-5 参加店舗分全ての景品類を網羅して一括で告知することは可能か（例：A店は1等1本、B店は2等3本で懸賞実施するところ、懸賞実施エリア全てで「1等1本・2等3本」と一体的に告知すること）。

A 1等景品について、そもそも当選の可能性がないB店エリアの読者にも当たるかのような表示になっていれば、不当表示（有利誤認）に当たる。A店エリアでは1等1本のみが当選し、B店エリアでは2等3本のみが当選することを記載し、消費者が誤解しないように気を付けてほしい。そのうえで、参加店舗全ての景品類を一体で告知すること自体に問題はない。不当表示に当たるかのポイントは、消費者が誤認しないかどうかである。

Q㉚-6 A・B両店で10本（同一景品）の当選を出す懸賞について、「当選本数合計20本」と告知することは可能か。

A 実態は各販売所で10本ずつの当選となる。A・B両店エリアで10本ずつの当選であることを明示し、消費者の誤認が生じないようにしてほしい。そのうえで、「当選本数合計20本」と一体的に告知することに問題はない。（2021〈令和3〉年5月20日・第705回中央協）

㉛当選しなかった人への「残念賞」提供

Q㉛ 抽選後に「残念賞」と称して、当選しなかった人に告知していない景品類を提供することは、懸賞に名を借りた脱法行為というより、企画違反そのものになるのではないか。

A 施行規則33条の2に規定する本社100万円、販売店50万円の違約金を課す行為は、協議会で定める懸賞のルールの範囲を超えて一般懸賞あるいは共同懸賞を実施した場合と、届け出された懸賞企画と実態がかい離した場合が対象となる旨確認されている。届け出された懸賞企画と実態がかい離した場合とは、例えば4等当選が2万人と告知したにもかかわらず、3万人を当選させた場合、企画では1等から4等までしかないのに、実際には5等あるいは「残念賞」があり多数の者に当選賞品を提供した場合、1等が1万円相当の温泉一泊旅行と

企画したにもかかわらず、実際には15万円相当のハワイ旅行であった場合などである。

しかし、仮に発行本社ぐるみで前述の行為を行った場合は別だが、本社の企画・実施とは無関係に、現地販売店が「残念賞」と勝手に称して景品類を提供した場合は、施行規則第21条第7項に規定する懸賞に名を借りた脱法行為に該当する。（1999〈平成11〉年3月18日・第462回中央協）

【オープン懸賞（2020〈令和2〉年6月18日・第695回中央協）】

㉜「オープン性」の担保

Q㉜ 新聞社がオープン懸賞を実施する場合、本紙での告知に加えて自社ニュースサイトで告知すれば、オープン性が担保され、オープン懸賞と見なされるか。

A オープン懸賞か一般懸賞かの判断は、一般消費者が当該商品（新聞）を購入しないと応募しにくい、あるいは当選しにくいと認識するかどうかによる。オープン懸賞は、広く告知されなければならない。新聞社ニュースサイトは、自己以外の媒体（新聞本紙とは別）と見なすことができる。ただし、誰でも容易に閲覧可能であることや、一定のアクセス数があることが前提条件となる。サイトの認知度が低い場合は、その告知を持ってしてオープンであると認められない場合もあり得る。その基準はなく、個別判断となる。

結論を言えば、誰でも見ることができる新聞社サイトのトップページなどで懸賞の告知をしていれば、通常、広く周知していると見なされる。オープン懸賞を実施していることが、誰でも容易に分かるようにしていることが重要である。トップページに懸賞をしているバナーを置いて当該応募要項のページに誘導する、トップページではなくても、誰でも容易にアクセスできるページであれば問題ないと言える。

オープン懸賞は、当該商品を購入していなくても応募可能で、当選可能性があることがポイントである。実態として、商品購入者しか懸賞実施を知ることができない場合は、一般懸賞と見なされる。

また、告知の順番は、本紙が先になると取引付随性があると見なすことになる。すくなくとも本紙とサイトなど他媒体の告知は、同時かサイトが先でないといけない。

㉝1面での告知

Q㉝ 新聞社や広告主が実施するオープン懸賞の告知を新聞1面で掲載した場合、取引付随性ありとみなされ、一般懸賞扱いとなるか。

A 1面での告知は、その掲載の位置・大小にかかわらず、新聞購読の誘引効果が生じていると見なすので、当該新聞の一般懸賞となる。一般消費者が新聞を購入した方が「懸賞応募に有利である」という印象を受けるなど、何らかの誘引効果を持たせる表示をしていれば取引付随性が生じていると判断する。1面の目次・インデックス内での告知であっても、取引付随性ありとみなす。

（例）（1）1面に「懸賞実施」の表示→取引付随性あり（一般懸賞）（消費者が中面に応募要領等があるかもしれないと思い、購読を誘引する可能性あり）

（2）1面の目次・インデックスに「懸賞実施○P」の表示→取引付随性あり（一般懸賞）

（3）1面に「懸賞実施」+「詳細は（誰でも無料で見ることができる）ウェブへ」→取引付随性なし（オープン懸賞）（応募するにはウェブを見てみようと思う。ウェブへの誘導をセットで表示することで、新聞購読の誘引効果を持たせていない）

（4）1面の目次・インデックスに「懸賞実施○P」+「詳細はウェブへ」

→取引付随性あり（一般懸賞）

（5）1面の目次・インデックスに「懸賞実

施」＋「詳細はウェブへ」
　　→取引付随性なし（オープン懸賞）

㉞後援事業でのオープン懸賞

Q㉞ 新聞社や関連会社が名義を使用させる後援事業があり、この事業に関連したオープン懸賞が紙面で告知・実施されている。『景品・表示相談事例集』（消費者庁編）は、後援事業であっても取引付随性が発生する事例として「自己が当該他の事業者に対して協賛、後援等の特定の協力関係にあって共同して経済上の利益を提供していると認められる場合」を挙げている。「共同して経済上の利益を提供していると認められる」具体的な線引き（判断基準）はあるか。

A 具体的な線引きはない。「共同して経済上の利益を提供していると認められる」後援に当たるかは個別判断となる。企画立案は誰が行っているか、経費を誰が負担しているかなどの要素から判断する。

　後援事業に関する取引付随性は「どの商品の顧客誘引性があるか」で判断する。新聞社が後援している事業に関連した懸賞でも、新聞に対する顧客誘引がないと判断でき、かつ懸賞実施を広く告知し、新聞購読者に限らず誰でも懸賞に応募できるようになっていれば、顧客誘引性がないため、一般懸賞ではなくオープン懸賞として扱う。

【編集企画（規約6条）※特例懸賞】

㉟「自己の発行する新聞」以外で告知

Q㉟ 編集企画による景品類の提供は、「募集事項を、自己の発行する新聞にのみ表示すること」との要件が付されているが、編集企画による景品類の提供を実施していることをポスターなどで広く一般に告知することは問題ないか。

A 「募集事項」を限定的に解釈すれば、規約に規定されているとおり、（1）アンケートの質問事項、クイズ等についての回答、ある事実についての回答（2）ある事実についての将来の予想もしくは推測（3）趣味、娯楽、教養等に関する問題の解答など、紙面に掲載された出題の内容ということになる。これらの募集事項については、自己の発行する新聞にのみ表示しなければならず、ポスターやネットなど他媒体での表示はできない。

　募集事項以外で、編集企画による景品類の提供を実施している事実を広く一般に告知する場合、例えば「今日の夕刊にクイズが掲載されています」「毎週○曜日の紙面にクイズが掲載されています」など、新聞の紙名と掲載日を特定できる表現で、事前、同時、事後にかかわらず、また媒体のいかんを問わず読者に告知することは、不当な購読誘引に結びつくのでできない。（2000〈平成12〉年9月20日・第478回中央協）

【試読紙等（規約5条、施行規則4条、15条）】

㊱試読紙は景品類か

Q㊱ 試読紙（ポスティング）は、景品類提供制限にいう「許容上限価額」以内を適用するのか。

A 試読紙はそれ自体景品類ではないので、その行為が経済上の利益であっても、購読料6か月8％の「上限」規定からは除外される。（1999〈平成11〉年5月19日・第464回中央協）

㊲営業時に提供する試読紙

Q㊲ 「営業時に試読紙であることを明示し、無償で提供する新聞」の扱いはどうなるのか。

A 営業勧誘時に読者に直接手渡し、内容紹介に供する新聞は、現行施行規則では試読紙であることを明示し、地域別協議会に届け出れば配布可能である旨明記している。ただ

127

し、1998（平成10）年11月度中央協で、試読紙のうち営業勧誘時の配布に限って地域別協議会への届け出は省略してよい旨確認している。（1999〈平成11〉年10月14日・第468回中央協）

㊳届け出の情報の公開

Q㊳ 「試読紙配布実施」届け出の情報は公開すべきか、非公開とすべきか。公開するとすれば、その方法は支部協または地区協の判断で取り決めてよいか。

A 中央協は協議会内部での公開を前提に考えている。届け出情報の公開の対象は支部協委員に限定するが、公開の期日は各支部協で判断するものとする。その場合、支部協開催日に限定するなど制限的に運用してはならない。（1999〈平成11〉年6月17日・第465回中央協）

㊴届け出の代表申請

Q㊴ 支部協管内の全販売店が配布する場合、届け出は新聞社が代表して申請してもいいか。あるいは、配布地域で、その系統販売店が代表して申請してもいいのか。その場合、届け出用紙1枚で「支部協内における届け出対象紙の扱い店、全店（または○○店）」としてもかまわないのか。その場合、「部数」の届け出はどうするのか。

A 本社、あるいは系統会の意思により、一定地域の同社の系統販売店が一斉に配布する場合、新聞社あるいは系統会名で、支部協管内全系統店、あるいはA町実行委員会全系統店一括で申請することを認める。届け出用紙は、1枚にまとめてもよいが、新聞社が配布するのではなく、販売店が配布する場合は、全販売店名と販売店ごとの配布部数を一覧表に記入し、添付する。（1999〈平成11〉年5月19日・第464回中央協）

㊵代表申請した試読紙に違反行為があった場合

Q㊵ 施行規則に則り、新聞社・代表販売店（または同社系統会）から連名で、支部協管内全域で試読紙配布の届け出があり、所定期間中に実施されたが、一部販売店で違反行為（届け出内容と異なる配布）があった。その場合、違反対象はどこになるのか。（1）違反した当該販売店のみか、全販売店も含まれるのか、（2）発行本社か、（3）連帯責任と見て届け出者（社・店）全員か。

A 支部協管内全域配布の場合など、配布地域が広域の場合、配布全販売店ごとに1枚ずつ届けても、系統会で一括でも、本社一括扱いであっても、配布店と部数など詳細がわかる形式であれば自由である。届け出の主体は単に名義上の問題であり、配布に違反行為があれば当該違反者がその責を負うべきで、施行規則を順守した他の販売店にまで連座することはない。発行本社の社員が配布し、違反があれば本社違反である。なお、試読紙配布の違反は、届け出記載事項と異なる配布を行った場合は、施行規則第15条「届出不履行等に対する措置」の罰則が適用される。（1999〈平成11〉年10月14日・第468回中央協）

㊶届け出の期限

Q㊶ 届け出は配布開始の何日前までに行うのか。同一地区の同一店で複数月にわたり継続的に配布する場合でも、毎月届け出の必要があるのか。

A 届け出の時期について、中央協では「事前」と規定している。何日前と具体的な日数がないと現場で対応に苦慮するということであれば、中央協で検討する。「月14回以内」と月単位で限度を決めている以上、月単位に届け出る必要がある。（1999〈平成11〉年5月19日・第464回中央協）

㊷販売所名の明示

Q ㊷ 配布者の販売店名あるいは発行本社名を紙面等に明示してもよいか。

A 配布者（責任者）がだれか明確にする目的と、購読意欲を啓発し、最終的には契約してもらうために試読紙を配布するのであるから、購読申込先を明示するのは当然である。「新聞社」については通常、紙面の題字下に連絡先が明記されており、販売店については、とくに方法を規定していないが、販売店の連絡先のスタンプ、ワッペンを貼付したり、申込先を記載したチラシを添付したりする方法などが考えられる。（1999〈平成11〉年５月19日・第464回中央協）

㊸１読者への配布回数

Q ㊸ 期間中の配布回数は14回が限度とされているが、配布者は発行本社、販売店、委託された者の３形態があり、それぞれの配布者について各14回の配布が認められるのか。

A 配布者は３形態あるが、期間中の配布回数の限度は、１系統紙につき、かつ、１読者に対し14回を限度としている。それぞれの配布者が混在して配布しても構わないが、１読者に対する配布は合計月14回以下でなければならない。（1999〈平成11〉年５月19日・第464回中央協）

㊹連日配布、部数制限

Q ㊹ 配布回数は14回以内であれば、同一読者に対し連日配布してもよいのか。配布部数に制限はないのか。

A 配布回数については、施行規則の定めの範囲なら構わない。配布部数に制限はないが、試読紙である以上、業界秩序を混乱させないよう正常な商慣習の範囲で行われるべきである。（1999〈平成11〉年５月19日・第464回中央協）

㊺別ブランドの試読紙

Q ㊺ 同一読者に14回を限度として配布することは、系統社が発行している別ブランド紙、合売店が扱っている異種ブランド紙も重複して配布できるのか。

A 配布回数の限度は、１系統紙につき、かつ、１読者に対し月14回を限度としている。一定地域で複数系統が同時にポスティング配布を行った場合、複数紙が各14回配布されることは当然起こりうる。質問のように、合売店の場合など、同一読者に対し、販売店が扱うＡ系統紙を14回、Ｂ系統紙を14回、Ｃ系統紙を14回配布することは、規定上可能である。（1999〈平成11〉年５月19日・第464回中央協）

㊻配布回数のカウント方法

Q ㊻ 戸別配達の方法による試読紙の配布方法を規定した施行規則４条３号ロ「１か月につき14回を限度」の14回のカウント方法について、従来の朝夕刊それぞれ１回ずつから、朝夕刊セット紙の場合は、セットで１回に解釈・運用が変更されたが（2004〈平成16〉年５月度中央協）、夕刊から試読紙の配布を開始した場合、夕刊から起算し翌日の朝刊までで１セットとカウントし、14回まで可能となるのか。

A セット紙においては、商品特性からいって、同じ日付の朝刊・夕刊セットで１商品とみることが妥当であり、号数も日付単位となっていることから、同じ日付の朝刊・夕刊の順番で１セットとカウントすることとする。（2004〈平成16〉年６月18日・第520回中央協）

㊼街頭、イベント会場配布

Q ㊼ 14回配布の制限は街頭配布、イベント会場配布には適用されるか。

A 新聞社、販売店が主催するイベントでなく、その場で購読申込を受け付けるなどの取引付随行為がない限り、イベントや街頭での試読紙配布は制限できない。(2001〈平成13〉年11月20日・第491回中央協)

㊽購読申し込み用紙

Q㊽ 試読紙に宣伝パンフレットを折り込んで配布してもよいか。また、購読申し込み用紙を折り込んでもよいか。

A 「新聞類似の付録」の規定内の自社のパンフレットであれば折り込み配布しても問題ない。購読申し込み用紙も同様である。(2002〈平成14〉年6月21日・第498回中央協)

3 電子サービスの扱い(2013〈平成25〉年12月12日・第623回中央協、2014〈平成26〉年6月19日・第629回中央協)

㊾電子サービスが景品類に当たる場合

Q㊾ 新聞本紙と電子サービスの組み合わせ販売で、電子サービスが景品類に当たる場合と当たらない場合の違いは、どう見分けるのか。

A 景品規制においては一般的に、ある取引で商品Aと商品Bの両方が渡される場合、消費者が何を買ったと認識するのか——「AとBを買った」なのか「Aを買ったらBをもらった」なのか、という点が問題になる。前者は組み合わせ販売で景品類には該当しないが、後者はAの取引に付随してBが提供されるので景品規制の適用を受ける。適用されるルールが消費者の認識によって左右されるので、販売する際にどのような表示をしたかが大きな問題になる。

※「消費者が何を買ったと認識するのか」という点は、景品規制上、「取引の本来の内容」という言葉で表現される。景品規制は「取引の本来の内容」に関する消費者の判断がゆがまないよう「取引に付随した提供」について一定の制限をするものである。

㊿本紙と電子サービスは別個の商品

Q㊿ 新聞社の電子サービスと新聞本紙は別個の商品か。

A 電子サービスは新聞本紙とは異なる機能・サービスが提供されており、商品特性を踏まえて判断すれば「画像化して配信するサービス」といった新聞本紙と同一と認められるものを例外として、両者は景品ルール上、別個の商品である。

(51)景品類提供の上限

Q(51) 本紙(4,000円)と電子サービス(1,000円)の両方で12か月の新規契約を行った人に対し、総付景品を提供する場合、上限はいくらか。

A (4,000円+1,000円)×6か月×8%=2,400円となる。

(52)本紙、電子サービス契約者を対象とした一般懸賞

Q(52) 本紙読者や電子サービス会員を対象に懸賞を行う場合、どのようなルールが適用されるか。

A 応募条件の一部に新聞購読が含まれる場合は、規約に従う。計算方法は、応募条

消費者の認識	取引の本来の内容	取引に付随する提供	ルール
「AとBを買った」	AとBを購入	な し	景品類には該当しない
「Aを買ったら Bをもらった」	Aを購入	Bをもらった	Bの提供は 景品規制の範囲内

※例として、次の条件で懸賞を実施すると仮定します。
・懸賞の実施期間1か月で、1か月の契約を応募条件とする。
・電子単体3000円（本紙読者に限定しない電子サービスのみ）　　応募可能者A人
　本紙単体4000円　　　　　　　　　　　　　　　　　　　　　　応募可能者B人
　併　　読5000円（本紙4000円＋電子＜読者向け価格＞1000円）　応募可能者C人
※「応募可能者」とは、懸賞の応募条件を満たす読者・会員見込み数を指します。

	懸賞対象者	適用ルール	取引価額	景品類の最高額	売上予定総額
1	併読のみ	規約	5,000円	5万円	5,000円×C
2	本紙単体または併読	規約	4,000円	4万円	（4,000円×B）＋（5,000円×C）
3	電子単体または併読	規約	3,000円	3万円	（3,000円×A）＋（5,000円×C）
4	電子単体、本紙単体、併読いずれも	規約	3,000円	3万円	（3,000円×A）＋（4,000円×B）＋（5,000円×C）
参考	電子単体のみ	一般	3,000円	6万円	3,000円×A

件によっても変わる。※規約が適用される場合は、届け出が必要。

㊼本紙読者への電子サービス割引

Q㊼ 単体価格を3,000円、本紙読者向け価格を1,000円としている電子サービスについて、販売促進のキャンペーンとして、読者向け価格を期間限定で700円とする（300円値引く）場合、値引き分は景品か。

A 原則として景品類には当たらない。自由に価格設定できる。

※電子サービスの価格設定は原則として自由で、読者向けのみ値引きしたり、電子単体より読者向けの値引き幅を大きくしたりするキャンペーンも可能。

㊽本紙読者への無料提供

Q㊽ 通常、本紙（4,000円）の読者は電子サービスを1,000円で購読している。今回、新たに本紙と電子サービスを組み合わせた商品を4,000円で販売する。あくまでも本紙と電子サービスの組み合わせ価格だが、この場合、電子サービスは景品となるか。

A 原則として本紙購読の景品とはならないが、電子サービスが景品類であると認識される表示を行った場合は、景品類に該当する。

㊾景品類であると認識される表示

Q㊾ 有料の電子サービスを本紙読者に無料で提供した場合、規約が適用される可能性のある「景品類であると認識される表示」とは、どのようなものを指すのか。

A 「いま本紙を契約すれば電子サービスをプレゼント」「本紙を購読すれば電子サービスが付いてくる」「いま本紙を契約すれば電子サービス無料」などを指す。

㊿画像化して配信する電子サービス

Q㊿ 紙面を画像化して配信する電子サービスは、どのような考え方から特例が設けられているのか。紙面の画像化ではない電子サービスは、必ず特例の対象外なのか。

A 新聞本紙と同じコンテンツ・機能で同じ編集上の特性を持つ電子サービスを本紙と合わせて提供する場合は、異なる商品の提供

と見ることは合理的ではないとの考え方からである。紙面の画像化でないサービスについても、特例の対象になる可能性がないとは断定できない。

※紙面を画像化して配信する電子サービスは、本紙と同じコンテンツ・機能で本紙と同じ編集上の特性を備えているので、本紙と合わせて提供する場合は、同一商品を紙と電子の２種類の媒体で読者に利用させるものと考えられる。紙面の画像化ではない電子サービスについても、表現が本紙の編集と同じ特性を持ち、コンテンツ・機能も本紙と同じであれば「紙面を画像化して配信するサービス」の一種と考え得る可能性はある。

(57)電子サービスの価格設定

Q(57) 電子サービスを無料あるいは極めて安く提供した場合、独禁法で禁止している不当廉売に当たらないか。不当廉売に当たるのはどのようなケースか。

A 不当廉売は、企業の効率性によって達成した低価格で商品を提供するのではなく、採算を度外視した低価格によって継続的に販売し、顧客を獲得しようとすることで、公正な競争に悪影響を及ぼす行為を規制するものである。適用に当たっては、個々の事案ごとに判断を要することとなる。

(58)学生向け割引価格

Q(58) 電子サービスで学生向け割引価格を設けることは、独禁法上の差別対価に当たらないか。

A 差別対価は、不当に、地域または相手方により価格差を設けることで、公正な競争に悪影響を及ぼす行為を規制するものである。適用に当たっては、個々の事案ごとに判断を要する。

(59)自振読者への無料提供

Q(59) 新聞購読料の支払いを自動引き落としにしている読者に限り、有料電子サービスを無料提供することを考えているが、景品類に該当するか。

A ただちに景品類に該当するものではないが、表示によっては景品類に該当するので留意が必要である。

※一般論として言えば、「自動引き落としにすれば電子サービスをプレゼント」などは、本紙の購読契約の継続を誘引する「景品類と認識される表示」になりやすいと考えられる。景品類としない形で提供したい場合は、その点を踏まえて表示のあり方を考えることが必要。

(60)新規読者へのデータベース無料提供

Q(60) 本紙の新規読者に限り、有料記事データベースを無料提供できないかと考えているが、景品類に該当するか。

A ただちに景品類に該当するものではないが、表示によっては景品類に該当するので留意が必要である。

※一般論として言えば、「いま契約すれば記事データベースが無料」などは、「景品類と認識される表示」になりやすいと考えられる。景品類としない形で提供したい場合は、その点を踏まえて表示のあり方を考えることが必要。

(61)取引価額の計算方法

Q(61) 電子サービスが１か月単位の自動延長契約で自由に解約できる場合、取引価額の計算上、どのような扱いになるか。

A 取引価額に算入できる電子サービスの代金は１か月分となる。

※景品類の提供条件として電子サービスの契約期間が明示されていなければ、自由に解約できる以上、取引価額に算入できる電子サービ

スの代金は１か月分となる。

約が適用される。

⑥電子サービスを景品類として使用する場合の 評価額

Q ⑥ 当社は効果的なプロモーションを行うため「電子サービスをプレゼント」などの表示を使いたい。本紙の新規読者に景品類として電子サービス（単体3,000円、読者向け1,000円）を１か月分提供する際の評価額は、3,000円か、1,000円か。

A 読者向け価格である1,000円で評価する。※景品類の評価額は市価により判定される。本紙勧誘の際に提供を申し出るものである以上、他の本紙読者が購入できる価格である1,000円で評価する。

⑥タブレットの無償貸与

Q ⑥ 新聞本紙と電子サービスの組み合わせ販売に際し、「購読者に対してタブレット端末を無償貸与」もしくは「無料提供」と表示して行う企画は、規約上どのような扱いになるか。

A 上記のような表示を行った場合、タブレット端末の貸与および提供が消費者に景品類であると認識されるので、規約が適用される。

※上記事例において、タブレット端末の無償貸与は、相手方に「タブレット端末のレンタル」という経済上の利益を提供していることになる。新聞本紙と電子サービスの組み合わせ販売の購読者に対して、タブレット端末を無償貸与することは、新聞本紙と電子サービスの取引に付随した景品類となり、規約が適用される。価額の算定に際しては、同端末のレンタル料の市価を参考に算出することとなる。また、タブレット端末を無料提供する場合も、無償貸与と同様にタブレット端末の提供が消費者に景品類であると認識された場合には、取引に付随した景品類となり、新聞規

4 違反に対する措置

【探知、調査、認定（施行規則17条〜20条）】

⑥事務局長のパトロール

Q ⑥ 事務局長が行う日常のパトロールの具体的な範囲は。

A 事務局長によるパトロールは原則としてヒアリングと規約順守・指導とする。ただし、事務局長には調査の自由裁量権限があり、パトロールの際、違反の疑いがあればいつでも調査できる。（1984〈昭和59〉年11月20日・第303回中央協）

⑥一時停止命令の解除

Q ⑥ 施行規則中の「一時停止命令」の解除はどのようにしたらよいか。

A 当該事案が支部協で正式に処理された時点で解除する。（1984〈昭和59〉年11月20日・第303回中央協）

⑥違反行為を伴った予約カード

前任者Pから引き継いだ予約カードの中に違反行為を伴って獲得したものがあった（引き継ぎ時にはすべて正しいカードとなっている）。後任店主Qは入れ月がきたので配達を開始した。読者は申し込みをしたとき、申込担当者が上限額を超える景品類提供を約束したので守れと迫った。

Q ⑥-1 Qは約束だからとしぶしぶ了承した。Qが違反行為者に問われるか。

A Q店主はしぶしぶでも了承し、違反行為をしたのであるから違反行為の当事者である。本来違反に基づく購読契約であるからQは、解約すべきであるがしぶしぶでも了承したのであれば、自己違反行為をしたものと同様に扱うのが相当であり、Qは違反行為に問われる。

Q 66-2 Qは規約に違反するので、できないと断った。そして正常な申し込みに戻した。上限を超えるサービス申し出について、Qが違反行為に問われるか。

A 申し出も内容が上限を超えていれば違反行為であるが、Pの違反行為であるからQに引き継がれない。(1986〈昭和61〉年5月20日・第320回中央協)

⑥⑦違反申告の受け付け

Q ⑥⑦ いろいろな申告があるが、扱いに基準があるのか。

A 違反容疑の受付にあっては、違反探知に有効かどうかを基準とし、事務局長に扱いをゆだねる。申告者や申告要件が一部不足している場合にあっても、事務局長が有効と判断した場合は受け付けることとする。(1998〈平成10〉年5月6日・臨時販売正常化推進小委)

⑥⑧違反申告の受理

Q ⑥⑧ 違反申告について、違反容疑行為の実行日など施行規則17条3項に記載されている要件の特定が難しい場合、その申告は受理できないか。一時保留できるのか。読者が協力を拒み証言が得られない場合どうするのか。このような場合、違反容疑店への立ち入り調査は可能か。

A 施行規則17条3項記載の要件は、できるだけ備わっていることが望ましい要件であり、すべてがそろっていなければ受理できないということではない。支部協事務局長が受理可能と判断すれば、受理しても構わない。受理後、読者の協力が得られないなど、違反行為の事実認定にかかわる部分の調査が不可能な場合は、「調査不能」という扱いになる。「立ち入り調査」の定義が不明だが、支部協事務局長は施行規則第17条の規定により違反容疑行為を探知した場合、同18条によって、速やかに調査を開始しなくてはならないと規定されており、販売業者は事務局長の求めに応じて必要な帳簿類の提出も義務づけられている。第三者の証言を採る以外に、容疑販売店に直接調査を行うか否かは事務局長の裁量の範囲である。(1998〈平成10〉年11月9日・第458回中央協)

⑥⑨事務局長の判断を超える事態

Q ⑥⑨ 違反処理において事務局長が判断に困った場合、どうすればよいか。

A 大量、組織的違反の場合などの違反処理にあって、事務局長の判断を超える事態がみられる場合、支部協委員長と協議し、対処できるものとする。(1998〈平成10〉年5月6日・臨時販売正常化推進小委)

⑦⓪景品類提供後の解約

Q ⑦⓪ 景品類を提供して契約した後、解約された場合は、元となる契約がないのだから違法ではないのか。

A 規約2条2項5号は、「新聞を購読するもの」には「将来新聞を購読する可能性のあるものを含む」と規定しており、契約の成立の有無にかかわらず景品類を提供することは可能であり、上限を超えた景品類を提供すれば、上限違反に問われる。(1998〈平成10〉年5月6日・臨時販売正常化推進小委)

⑦①違反申告者名の公開

Q ⑦① 違反申告があった場合、その内容を支部協委員、被疑店を含む関係者に連絡している。その時点では申告者については明らかにしていないが、違反処理後に支部協の場で公開することは構わないか。

A 申告内容については支部協事務局長の調査以前に公開してはならず、申告者の氏名等については違反確定後も秘匿すべきである。施行規則17条(違反容疑行為の探知)4項に「申告者、申告内容等については、当該支

部協議会事務局職員以外の者に公開してはならない」とあり、また、施行規則18条（調査）6項には「調査日程等については、当該支部協議会事務局職員以外の者に公開してはならない」と規定している。

17条4項は申告内容、申告者など違反申告にかかわる情報が事前に洩れ、事務局長の調査の前に、口止めなどの隠蔽工作が行われることを防止するための規定である。18条6項は、調査は被疑者、被疑系統には事前連絡無しに抜き打ちで行うことを規定したもので、理由は17条4項の場合と同様である。

施行規則19条（違反の有無の認定）2項には支部協事務局長が調査結果を支部協に報告する旨を規定しているが、報告を義務づけられているのは違反認定にかかわる違反容疑内容のみである。

また、申告事実、申告内容については、21条（違反行為者に対する措置）9項に規定する弁明の機会の関係で、支部協事務局長の調査、違反有無の認定後は申告内容を被疑者に伝えることはあるが、その場合でも申告者の氏名等は秘匿すべきである。申告は協議会会員でも外部の第三者でも受け付けている。申告者の氏名等を明かすことにより、申告者にあとから迷惑がかかったり、公開することにより将来の申告を妨げることにもなりかねないので、申告者の氏名等の公開はすべきではない。（1999〈平成11〉年11月18日・第469回中央協）

⑫支部協の「裁定」と事務局長の「認定」

Q⑫ 施行規則21条に「…支部協事務局長から違反事実ありとの報告を受けた場合には、速やかに支部協議会を開催し、支部協議会は裁定により…」とあるが、支部協の「裁定」は何を指すのか。違反の有無は事務局長の認定によるものであり、支部協が事務局長の「認定」とは別の「裁定」をすることもあり得るのか。

A 事務局長の認定と支部協の裁定する対象は、それぞれ分化しているので、質問のように双方で「異なる」ことはない。支部協事務局長は違反事実の認定を行うのであって、違約金等を含む違反措置を決定するのは支部協議会である。（1999〈平成11〉年9月17日・第467回中央協）

⑬違反認定の公表と裁定との時間差

Q⑬ 当支部協では半月分の調査結果を直後の支部協で公表、即日、違反措置を採ってきた。認定、裁定結果に不服がある場合は、2週間以内に上部機関に異議申し立てをしてきた。これに対し「支部協で違反の有無が公表されてから数日後でなければ確認できない。したがって裁定にも応じられない」との意見が出された。他県では認定結果をいったん支部協で公表し、裁定は次回支部協に延ばしているところもあると聞く。認定の公表と裁定との時間差はどうあるべきか。

A 違反行為は常時起きる可能性があり、一方、支部協は定例日が決まっている。支部協事務局長が違反有無を認定した日と、支部協で認定結果を公表する日がずれることはあり得るが、違反確定はあくまで支部協で事務局長から認定結果の報告を行った時点である。

支部協で認定結果を報告し違反事実を確認し、違反措置を裁定する段階で、「裁定に応じられない」という趣旨がわからない。被疑系統の委員が被疑店に事実確認するなどの猶予が必要ということかもしれないが、別途認定、裁定後に不服申し立てができる規定があるのだから、支部協の場では事務局長の認定結果をもとに処理すればよいはずで、ルールもそのように規定している。また、支部協委員はその系統を代表し当事者能力を備えた全権委員であるから、被疑店の了解をその都度求める必要はないのではないか。不服があれば認定、裁定後に不服申し立ての手続きをとればよい。（1999〈平

成11〉年9月17日・第467回中央協）

【違反措置（施行規則21～34条、38～41条、42～49条）】

⑭徴収した違約金の使途

Q⑭ 徴収した違約金は何に使ってもよいのか。

A 違約金は支部協の運営経費として厳正に扱うこととし、規定を設ける。（1984〈昭和59〉年12月19日・第304回中央協）

⑮預託金の徴収方法

Q⑮ これまで一部地域しか預託金を集めていなかったが、今後は管内全域の販売店から集めなければならないのか。その場合、現金でも手形でもよいのか。

A 施行規則43条に明記している通り、各支部協管内の販売業者は取り扱い部数が千部以上にあっては10万円、千部未満にあっては2万円以上10万円未満の範囲内で支部協が決定した額を預託することになっている。また、現金か手形かは施行規則では規定していない。預託の目的は違約金支払いの保証なので、本来の目的を遂行できる範囲で預託方法については支部協で協議されたい。（1998〈平成10〉年10月14日・第457回中央協）

⑯預託金の使途

Q⑯ 違反者が違約金の支払いをしないので、販売店提出の10万円の預託金を実害補償に充てたいがどうか。

A 預託金の使途は実害補償に限定せず、違反があり、違約金が決定した場合、（1）まず違反者は現金で違約金を支払うが、（2）これに応じない場合、預託金で落とす、（3）さらにそれで足りない場合、地区協に積み立てている預託金から落とすことを確認した。（1984〈昭和59〉年6月19日・第298回中央協）

⑰発行本社の連帯責任

Q⑰ 施行規則23条（新聞社の指導監督責任、連帯責任）2項に「違反行為者である販売業者が違約金を支払わない場合には、その系統新聞社は、これを連帯して支払わなければならない」と規定してあるが、販売店が実害補償の支払いをしなかった場合も同様に考えていいのか。

A 違約金の場合は、違反行為者である販売店が支払いをしなかった場合は、施行規則43条（保証金の預託等、違約金等の支払い）2項に規定された預託金から徴収し、それでも不足の場合は、同条1項に規定した新聞社の預託金から徴収する。また、公正競争規約8条（違反に対する措置）には、（1）違反行為の停止または撤回、（2）実害補償または復元、（3）謝罪および広告、（4）違約金の支払い、（5）その他必要な措置——と定められており、協議会規則21条（違反者に対する措置）でも同様に規定している。

支部協は復元、実害補償を含む［違反に対する措置］を決定し、実効を確保する権限と責任を有している。施行規則43条の「違約金等」の「等」には、支部協の措置として決定した実害補償が含まれると解釈される。したがって、実害補償の支払いについても支部協の決定に従い、違約金の場合と同様の措置が執られるべきである。（2001〈平成13〉年9月19日・第489回中央協）

⑱復元と購読契約

Q⑱ 規約上では、違反勧誘をした場合、復元することになっているが、これは本来、販売店と読者との契約上の問題であり、支部協が契約の問題にまで介入するのは違法ではないか。また、違反調査の過程で違反者に景品類を返還しないのは違法ではないか。

A 規約や規則、施行規則等で決まっているのだから違法ではない。ただし、読者がその新聞の購読を主張した場合、支部協がこれを無視して復元することは読者の選択の自由を奪うことになるので問題がある（そうでない限り、さらに業界で厳しく決めることはさしつかえない）。また、読者から支部協が景品類を預かる場合も、読者が所有権を主張した場合、支部協がこれを取り上げるのは問題があろう。この場合、支部協は読者によく趣旨を説明し、協力を求めることが大事である。（1984〈昭和59〉年6月19日・第298回中央協）

⑲発行本社の指導

Q ⑲ 違約金徴収に関する通達文書を当該の違反店が受け取り拒否し、スムーズな処理が阻害されている。本社側の強い指導をお願いしたい。また、これに関する明確な規定をつくってほしい。

A 受け取り拒否がないように本社側の強い指導を要請する。また、たとえ受け取りを拒否しても、支部協には各系統の代表が出席しているので、違反店に違約金を課した事実は告知したものと考えてよい。（1984〈昭和59〉年11月20日・第303回中央協）

⑳現地店主会での違反処理

Q ⑳ 処理がスムーズなので、現地店主会で違反処理してよいか。

A 関係販売店間や関係発行社間のみによる違反処理は直ちに中止し、支部協においてこれを行うこと。違反処理は支部協が行うこととする。（1984〈昭和59〉年12月19日・第304回中央協）

㉑違反の責任者

Q ㉑ 店主に違反する意思がなく、特定従業員に違反常習者がいる場合でも店主に違反を問うのか。

A 仮に特定の従業員が違反の常習者であっても、その責任は個人経営の場合店主にある。法人の場合、違反の主体は代表者個人の責任でなく、法人そのものである。（1985〈昭和60〉年11月19日・第314回中央協）

㉒措置命令を受けた販売業者による再違反

Q ㉒ 販売業者が消費者庁による措置命令を受け確定した後、再び違反確定した場合、再違反となるのか。

A 措置命令を受けた販売業者が再び違反した場合、重大な責を負うことになり、協議会内部の再違反云々ではすまない。（1985〈昭和60〉年11月19日・第314回中央協）

㉓前任者の違反の責任

Q ㉓ P店主が死亡したため、その後Q店主に引き継ぎした。Q店主が引き継いだ現読者の中にP店主時の違反容疑行為があり、他紙店より摘発された。支部協で調査の結果、それが認められた。支部協ではQ店主に対し、（1）違約金の賦課、（2）謝罪、（3）違反行為の撤回——を決定した。Q店主は前任者の違反行為であり、その行為まで引き継ぎの範囲に入っていないと主張、裁定に不服を唱えた。P店主の行った違反行為に対してQ店主の責任はどこまで及ぶのか、違反行為の認定はどうなるのか。

A 個人経営の場合、Q店主とP店主との引き継ぎの中に「違約金が賦課された場合、その支払い義務を引き継ぐ」という契約がなければ、P店主の違反行為の責任はQ店主には及ばない。P店主の違反行為の責任は包括継承される相続人にあり（Q店主が相続人であれば責任が生じる）、相続人に対して（1）の違約金を賦課できる。しかし（2）については謝罪の性格上命ずることはできないであろう。（3）については違反行為を伴っている契約を引き継いだのであるから公正競争規約の精神か

らして原状に戻すことが相当と考えられる。

なお、（1）の違約金の賦課に関して、相続人が支払いを回避した場合は、支部協は施行規則第43条第2項の預託金から徴収し、それができない場合は同条第1項の預託金から徴収するとするのが相当である。（1986〈昭和61〉年5月20日・第320回中央協）

㉘違約金の査定基準

Q㉘ 景品類提供でビール券と洗剤の重ね使用で上限額を超えた場合、査定基準は景品類として定価の2か月分とするのか、券類違反として定価の4か月分とするのか。

A 現行ルールでは券類や同一紙の景品的使用を除いて、使用した景品類の金額の多寡あるいは個数、品目による査定基準の差は設けていない。したがって、一部（一読者）契約のために複数の景品類を使用した場合、査定基準は以下の通りとする。

（1）施行規則21条6項1号に規定する景品類（例えば洗剤など）であり、かつ上限額以内のものを複数個使用して、上限を超えた場合は、違反事案としては1件であり、施行規則21条6項1号に規定する定価2か月分が基準となる。

（2）施行規則21条6項1号、同2号に規定する景品類（券類等）、同3号（同一紙）、同4号（役務の提供等）の景品類であって、それぞれが上限額の範囲内のものを複数個使用して合算し上限額を超えた場合、違反事案としては1件であるが、査定基準は同1号から4号の規定中、使用した景品類の中でもっとも重い基準を査定基準とする。

（3）施行規則21条6項1号に規定する景品類と、同2号に規定する景品類（券類等）、同3号（同一紙）、同4号（役務の提供等）の景品類であってそれぞれが上限額を超えるものを使用した場合、違反事案としては1件であるが、査定基準は同1号から4号の規定中、使用

した景品類のうち上限を超えた物品のそれぞれの基準の合算とする。（1998（平成10）年11月19日・第458回中央協）

㉟地域別協議会独自の違約金査定基準

Q㉟ 地域の実情を踏まえてこれまで運用してきた地域別協議会の違約金査定基準はどうなるのか。中央協の基準に変更するのか、従来の地域の基準で構わないのか。

A 施行規則と異なる厳しい基準を設けている地域別協議会は、従来どおりの厳しい基準を今後も適用することを確認した場合、その旨中央協に報告する。（1998〈平成10〉年11月19日・第458回中央協）

㊱同時期の違反

Q㊱ ある店が上限を超えた景品類を一定期間提供した。当月の支部協で何件か確定し、翌月に同時期の違反が新たに何件か申告され、確定した場合、これは再違反とするのか。あるいは同時期に起きた違反なので再違反とはしないのか。

A 違反の発生が同時期と確認されれば、申告時期が複数月にわたっても、同一の違反とし、再違反とはしないこととする。（1998〈平成10〉年6月18日・第453回中央協）

㊲再違反の算定

Q㊲ 同一支部協管内で、かなり広い区域をもつ販売店Pがあり、その区域に他系統の店が複数店、例えばQ、R店があるとする。広域の販売店が、ある場所で違反し確定の後、再び違反した場合、最初の違反はQ店と同一区域、2度目はR店と同一区域だった場合、再違反のルールが適用されるか。

A 再違反、再々違反のルールは、販売店の区域の大小、直接的な被害店がだれであるかによって決まるのではなく、同一支部協管内で再違反したかどうかによって決定されるの

で、質問のような場合も再違反あるいは再々違反になる。(1985〈昭和60〉年11月19日・第314回中央協)

⑧⑧配置転換と再違反の関係

Q⑧⑧ P地のP店で違反（違反が確定）した販売業者が同一支部協管内のQ地Q店に配置転換され、そこで違反した場合、再違反となるか。

A 販売業者は独立の経営者であり、"配置転換"という意味が不明だが、同一支部協管内で移動しても同一販売業者は、その支部協ルールに拘束される。ただしこれは個人の販売店主の場合であり、法人の場合は代表者が個人としてルールの拘束を受けているわけではないから、代表者が法人を離れたら、法人の過去の違反ともかかわりはなくなり、Q地で新しく販売店を経営、違反した場合は初めての違反ということになる。なお、Pが真の出資者で、Q、Rの販売店を個々の法人として開設し、A、Bをそれぞれ代表者として任命、営業に従事させ、時々配置転換を行っていた場合、Q、Rの販売店が実質的に同一と認定できる場合は、Q、Rいずれかの販売店の違反が確定したのちに、再びいずれかの販売店が違反した場合、再違反ということもありうる。(1985〈昭和60〉年11月19日・第314回中央協)

⑧⑨発生時期が異なる複数の違反が、同時に確定

Q⑧⑨ 支部協での違反処理において、同一販売業者の違反2件が審議に付され、同日中に2件とも確定したが、この2件の発生時期がそれぞれ異なるため、初違反、再違反とした。その後、違反当事者から、発生時が異なる違反でも同時に確定した場合は再違反とはならないとの疑義が出されたので、支部協の措置が適当かどうか尋ねたい。

A 施行規則22条（再違反者、再々違反者に対する措置）では、「…違反行為者が違反の確定後3年以内に…」と規定している。発生時期が異なる違反でも、質問のような同時確定の場合は、この「確定後」の規定に該当しない。したがって22条の適用は撤回し、2件とも初違反とすべきである。(2000〈平成12〉年5月19日・第475回中央協)

⑨⓪〜⑨②届け出違反と上限違反の数え方

Q⑨⓪ 届け出違反で初違反となった販売店が、その後、上限価額超過違反をした場合、再違反とするのか。

A 届け出違反と上限を超えた違反は、それぞれ別々にカウントする。ただし、届け出をせずに上限を超えた景品類を使用し、3年以内にまた上限を超えた景品類を使用すれば、再違反となる。(1998〈平成10〉年8月24日・第455回中央協)

Q⑨① ある販売店が、届け出していない景品類を使用し、この景品価額が上限を超えたので、それぞれの措置規定を適用した。この場合、当該販売店の違反発生は同時期であるので、違反件数は1事象、1件（1契約1件）であるが、初違反の適用でよいか。

A 初違反の適用でよい。届け出違反1件、上限違反1件とする。(1998〈平成10〉年8月24日・第455回中央協)

Q⑨② ある読者に上限を超える景品類を提供して購読契約し、その後、その契約を継続するため再び上限を超える景品類を提供した場合、違反件数としては同一読者だから1件とするのか、あるいは違反行為としては2度なので2件とすべきか。

A 1契約ごとに1件と算定する。したがって本件の場合、最初の契約と再契約の2契約なので、2件とみるのが妥当である。(1985〈昭和60〉年7月19日・第311回中央協)

⑨③規約違反の時効

Q93 規約違反について時効はあるのか。半年前、1年前でも、あるいはもっと以前でも、申告があれば違反行為として協議会で処理してよいのか。

A 一連の違反行為は通常継続して行われ、発生、終了の日時を特定することは困難であり、時効の認定が難しい。したがって何年経過していても、調査、立証、認定が可能であれば措置できるものとする。（1998〈平成10〉年7月10日・第454回、8月24日・第455回中央協）

⑨④⑨⑤再違反の起算日

Q94 施行規則中、違反措置の「警告」の確定日はどの時点を指すのか（再違反の起算日）。支部協で確定した日か、警告文書を作成した日か、文書が違反者に届いた日か。

A 3年間の再違反の起算日ということであれば、違反者が違反処理通知を受け取った日から2週間の異議申立期間が経過し、違反が確定した時点で、さかのぼって支部協で措置が決定した日を起算日とする。（1998〈平成10〉年9月17日・第456回中央協）

Q95 再違反の起算日について中央協で「違反者が違反処理通知を受け取った日から2週間の異議申立期間が経過し、違反が確定した時点で、さかのぼって支部協で措置が決定した日を起算日とする。」としているが、新施行規則では違反の有無は支部協事務局長が決定することになっている。起算日は「支部協で措置が決定した日」ではなく「支部協事務局長が違反事実を確認した日」ではないのか。

A 施行規則19条（違反の有無の認定）では「違反行為の有無の認定は、支部協議会事務局長の権限でこれを行う」と規定され、同2項では「支部協議会事務局長は、…（中略）…違反の有無の認定結果を支部協議会に報告しなければならない」としている。また、施行規則21条（違反行為者に対する措置）では「支部協議会委員長は19条2項に従い、支部協議会事務局長から違反事実ありとの報告を受けた場合には、速やかに支部協議会を開催し、支部協議会は裁定により、違反行為者に対して次の各号の措置を採らなければならない」と規定している。支部協事務局長は違反事実の認定を行うのであって、違約金等を含む違反措置を決定するのは支部協議会である。したがって、再違反の起算日は支部協議会で措置が決定した日である。（1998〈平成10〉年10月14日・第457回中央協）

⑨⑥復元、実害補償

Q96 違反行為による購読契約が発効し、違反確定となり、同契約が解除され復元した場合、同契約が解除されるまでの月数に乗じた金額を実害として補償すべきか。また、違反確定後、復元したが契約読者が復元の購読紙以外の新聞の購読を申し出た場合、実害補償はどうするのか。

A 施行規則21条8項の規定により、実害補償されるべきである。補償の内容は、読者契約が発効した日から同契約が解除されるまでの月数に月額購読料を乗じた額、又は契約期間に関係なく1件につき1万5千円、のいずれか高い額である。また、後段の質問の趣旨が、P紙の読者が違法勧誘によりQ紙に変わり、その後、違反処理の結果、P紙に復元したが、さらに読者がR紙に自由意思で変えた場合であるなら、Q紙はあくまで自紙の投入から中止までの間の責を負うだけで、読者が自由意思で新聞を変えたことの責は問われない。

Q紙の投入中止後、P紙を経ずに読者の自由意思でR紙に変わった場合も同様である。（1998〈平成10〉年12月17日・第459回中央協）

⑨⑱実害補償の算定

Q⑨ 違反行為による１年契約の場合、違反確定時に購読が満了している場合と、購読期間が残っている場合について実害補償の可否を尋ねたい。具体的には、違反行為により１年契約し、購読開始時から６か月目に違反が発覚、確定した。しかし、読者が違反行為を行った系統の新聞を継続したいと言った場合、購読期間が満了している６か月分については実害補償となるのか。また、残余の６か月については、読者の自由意思を尊重した結果なので、実害補償しなくてもよいのではないか。

A 施行規則21条８項の規定では、実害補償の請求は「違反行為による購読契約が復元されない場合」と規定している。違反行為による１年間の購読が満了している場合は、復元不能なので１年間の購読すべてが実害補償の対象となる。また、質問のように、購読期間中に違反が発覚、確定した場合は、すでに購読期間が満了している６か月間については復元不能なので、施行規則21条８項の規定により、実害補償されるべきである。補償の内容は、読者契約が発効した日から同契約が解除されるまでの月数に月額購読料を乗じた額、又は契約期間に関係なく１件につき１万５千円、のいずれか高い額である。

また、「残余６か月間」の扱いに対する後段の質問は、読者の自由意思を尊重し、復元の強制ができないことは言うまでもないが、仮に読者の自由意思を尊重した結果であっても、21条８項の規定にある「復元されない場合」に該当し、実害補償の対象となる。（2001〈平成13〉年４月19日・第485回中央協）

Q⑱ Ｐ紙が違反行為によりＱ紙読者と１年契約し、当該読者はＱ紙の購読を取りやめてしまった。その後、Ｐ紙の購読中にＰ紙の違反が発覚したが、当該読者はＰ紙を引き続き購読することを希望した。この場合、Ｐ紙はＱ紙に実害補償することになるが、違反行為に基づく契約１年間に対して実害補償するのか、あるいはそもそもＰ紙の違反がなければＱ紙を購読し続けただろうから、Ｐ紙の購読中はＱ紙に対して実害補償すべきであるとの主張もあるが、どう解釈すべきか。

A 施行規則21条８項の規定では、実害補償の請求は「違反行為による購読契約が復元されない場合」と規定している。したがって本件のように期限を切った契約の場合、「違反行為による購読契約」は１年間なので、その期間を超えて実害補償することはできないだろう。また、違反行為がなければ、読者は永久にＱ紙を読み続けるという推測はできるが断定はできない。読者はＱ紙固有の財産ではないので、Ｑ紙が自紙の読者だった者を、将来においても自紙が所有すべき権利として主張し続けることはできない。（2001〈平成13〉年４月19日・第485回中央協）

⑲⑳実害補償の相手方

Q⑲ Ｐ紙を購読していた読者に対し、Ｑ紙が違反行為により６か月間契約し、さらにその後の６か月間はＲ紙が違反行為により契約した（Ｐ紙、Ｑ紙、Ｒ紙はそれぞれ販売業者が異なる）。この場合、Ｒ紙の復元はどのようにすればよいか。また、復元できない場合の実害補償は何紙に支払うべきか。

A Ｐ紙が実害補償を請求できるのは、直接自紙から違反行為によって読者を奪われたＱ紙に対してである。Ｒ紙の違反行為は別途、厳正に処理されるべきであるが、Ｒ紙の違反行為が行われた時点では、Ｐ紙の購読は完了しており、Ｐ紙とＲ紙との実害補償関係は生じない。

また、Ｑ紙はあくまで自紙の投入から中止までの間の責を負うだけで、読者がＱ紙の投入中止後、自由意思（違反行為が伴う場合を含む）でＲ紙に新聞を変えたことの責は問われない。

Ｐ紙はＱ紙に対しては実害補償を請求できる

立場にあるが、R紙に対してはその立場にない。Q紙、R紙の違反処理後、協議会としてはP紙に復することが望ましいが、読者に強制することはできない。読者はP紙、Q紙、R紙、あるいは別の新聞を自由意思で選択すべきである。（2000〈平成12〉年2月18日・第472回中央協）

Q ⑩ 実害補償、復元に関する第472回中央協解釈（前項）について再考願いたい。この解釈のままでは規約を順守する者が、大被害を被ったまま何の補償も受けられず衰退し、違反を継続する者たちが、読者を獲得し利益を得るという不合理な結果を招く。現在の違約金は契約期間に関係なく一定なので、大型景品類を使用して定価の2か月分の違約金を支払い、長期契約を取れば「やり得」となる。Q紙と同様に、R紙もP紙に復元しない場合は実害補償すべきで、R紙からさらに違反により読者を獲得したV紙も、それ以降の違反を繰り返す各紙も、同様に実害補償すべきである。正義が通る解釈が望ましく、もしだめなら規約改正が必要である。

A 質問のような意見が出される背景は十分に理解できるが、原解釈を覆すことはできない。Q紙、R紙などの違反者に対しては、厳正に違反措置がなされるべきことは言うまでもない。しかし、読者は自由意思で新聞を自由に選択する。P紙が実害を受けたとして補償請求できるのは、あくまで直接自紙から違反行為によって読者を奪ったQ紙に対してのみである。違反行為がなければ、読者は永久にP紙を読み続けるという推測はできるが保証はできない。読者はP紙固有の財産ではないので、P紙が自紙の読者だった者を、将来においても自紙が所有すべき権利として主張し続けることはできない。（2000〈平成12〉年12月20日・第481回中央協）

⑩実害補償の相殺

Q ⑩ P紙を購読していた読者に対し、Q紙が違反行為により6か月間契約し、さらにその後の6か月間はP紙が違反行為により契約した（P紙、Q紙はそれぞれ販売業者が異なる）場合は復元、実害補償はどうなるのか。

A まずP紙、Q紙ともに違反処理の対象であることは言うまでもない。また、本来はQ紙が最初に違反行為によってP紙の読者を獲得した時点で、処理が完了しているべきであろう。何かの事情で質問のような状況が起きた場合、実害補償に関しては、最初のQ紙の違反については、P紙は補償を請求できるという考え方もあろうが、この場合はP紙、Q紙双方が違反行為を行い合ったため、双方の請求権を「相殺」とすべきである。復元については、読者の自由意思に委ねるべきである。（2000〈平成12〉年2月18日・第472回中央協決定）

⑩復元した販売所が、改めて当該読者と契約

Q ⑩ P紙が違反行為によりQ紙読者と先付けの1年契約をしたが、購読契約開始前に違反が発覚、確定した。規則に従いP紙販売店は読者に事情説明のうえ違反契約を破棄し、その後（契約破棄の当日から1か月以内のうちに）、改めて当該読者と同じ入れ月あるいは1か月間入れ月を遅らせて契約を取り直した。この際、規約に違反しなければ再契約は有効なのか。施行規則21条1項第2号の措置に従ったことになるのか。さらには、このようなケースで実害補償の請求はできるのか。

A 本件の場合、P紙販売店は当初の違反行為を伴った契約については、違反が確定し、契約を破棄しているので、一般的には施行規則21条1項2号の措置（違反行為の停止、撤回）は、とられたものと解釈することは可能である。また、同様に、その後、P紙販売店が同一読者に対し正当な手段で再契約した場合

は、新たな契約行為であり、違反措置、実害補償の対象外と判断することも可能であり、これらの判断は支部協において為されるべきである。ただし、P紙販売店は当初の違反契約を破棄していても、1か月以内に再契約しているので、対抗販売店から見れば、結果的には違反行為の停止、撤回が完遂されたとは言い難いと感じるのは自然である。確かに被疑店が同一の違反行為対象者に、1か月以内の勧誘を禁止する規定はないが、たいへん紛らわしく誤解を招く状況である。支部協においては、この点を考慮して、正当な破棄・再契約か、偽装した契約破棄行為かは、十分に実情を調査し、その都度、適切、かつ厳正に判断されるべきである。（2001〈平成13〉年6月15日・第487回中央協）

⑩復元しないまま廃業

Q ⑩ ある販売業者が違反し、復元が決定した。ところが当該の販売業者が復元しないまま廃業し、後任の販売業者が復元されるべき読者に契約成立を理由に新聞を投入し始めた。このような行為は違反ではないか。引き継ぎに本社も立ち会っているはずだから、本社の連帯責任を問うことはできないか。

A 復元が決定すると販売業者の側から契約の解除を読者に申し出ることになっている。したがって、前販売業者がそれを履行しないときは、後任の販売業者は営業の譲り受けにより前販売業者の債権債務を引き継いでいるのであれば、当然契約解除の義務を引き継いでいるものというべきである。よって後任の販売業者は、契約は有効と主張することはできない。ただし、復元措置が支部協によって確認され、その後、違反行為を伴わずに拡張契約し、配達を開始することは問題ない。このような関係から、支部協は復元措置が確定したら、すみやかに読者にその旨を告げ確認することが重要である。復元されるべき読者に、前任者の契約成立

を理由に投入することを発行本社が黙認することは、規約、諸規則等の順守を申し合わせているところから問題であるので、本社は当該販売店に対し、指示監督責任を負う。（1985〈昭和60〉年11月19日・第314回中央協）

⑩復元しないまま店主交代

Q ⑩ 甲店主の経営する販売店の違反行為20件が、昨年10月、新聞投入直後に確定し、違約金が納入された。しかし、違反確定後も甲店主は新聞投入を止めなかったため、甲店主は契約締結月から昨年12月までの分について実害補償した。その後、今年1月になって経営者が乙店主に交代した。その後、違反契約20件のうち、12件が復元されたが、8件は依然としてこの販売店から配達されている。この場合、復元・実害補償はどうなるのか。甲乙は別個の個人経営者で、甲店主は現在も同一支部協管内の別の店を経営している。

A 乙店主が経営を引き継いだ時点で、違反行為を伴った契約20件（現時点では8件）の読者との契約をいったん破棄し、改めて新規に正当な契約を交わせば問題は解消したはずであるが、乙店主が甲店主時代の違法契約をそのまま引き継いでいる場合は、乙店主と被害店との間で復元・実害補償の問題が継続することになる。しかしながら、乙店主が甲店主時代の違反事実と、自分が甲店主から引き継いだ契約のうち、復元・実害補償を伴う事案が含まれていることを認識できない場合には責任を問うことは困難である。したがって、経営譲渡の時点で、支部協は乙店主に対し、甲店主時代の違反確定の事実と、それに伴い、乙店主の読者の中に復元、あるいは実害補償を義務づけられる読者がいることを通知し、乙店主に対応を選択させるべきであった。

経営譲渡から時日が経過した現在では、支部協は直ちに乙店主に対し、今回の8件のケースについては前述の事実を通知し、是正措置を迫

るべきである。乙店主は読者に事情をよく説明して、引き続き購読の意思がなければ契約破棄すればいいし、読者に引き続き購読の意思があれば、いったん契約を破棄し、新たに正当な購読契約を締結すればよい。ただし、乙店主には、支部協から通知を受けた時点から契約破棄に至る間については実害補償の責任が課される。この場合、経営譲渡以降、支部協からの通知を受けた日までの間は、乙店主が事情を知り得なかったと解釈されるので責任を問うことはできない。

　読者に購読の意思があり、乙店主がいったん契約を破棄として再契約すれば、違法行為が伴わない限り、それ以降は甲店主時代の違反・実害補償の責任を引きずることはない。甲乙の経営譲渡が、単に違反の責任を逃れるための名義上の異動であるなど、脱法意図が明白な場合はこの限りではない。（2001〈平成13〉年9月19日・第489回中央協）

⑩実害補償しないまま店主交代

Q⑩ 違反措置の結果、違約金は納入されたが、実害補償の処理が済まないうちに当該販売店の店主が交替した場合、後任の店主に補償は請求できるのか。

A 店主が交替した場合、当該店が個人経営の場合は、事業者である店主個人に違反の責任があるので、後継者は以前の店主の違反の責を引き継ぐことはない。したがって、実害補償を請求することはできない。しかし、店が法人の場合は、違反の主体は代表者個人でなく法人そのものであるから後継者も前任者時代の違反の責を問われることになるので、実害補償を請求しても差し支えない。ただし、個人経営の場合でも、名義変更が明らかに脱法の意図で行われ、かつ、同一事業者と認定できる場合は適用することができる。（2000〈平成12〉年1月18日・第471回中央協）

⑩違反措置の対象

Q⑩ 施行規則22条に示されている「再違反、再々違反者に対する措置」について、違反行為者に対しての措置は販売店口座単位なのか、もしくは個人に対してなのか。また複数兼営店の場合（他県にも同一店主が兼営することも含む）の措置はどうなるのか。

A 規約の参加単位も規制の対象も事業者である。事業者が法人の場合は法人そのもの、個人の場合は当該店主が違反に問われる。また、事業者がA店、B店の2か所で事業を営んでいるとき、A店で違反（確定）し、B店で再び違反した場合は、同一支部協管内の場合は、再違反に問われる。

　しかし、A店、B店がそれぞれ別の支部協に属している場合は、当該事業者は両方の支部協に属しているが、それぞれ別の支部協の裁定を受けることになるので、X支部協に属するA店の違反が、Z支部協に属するB店の違反と併せて再違反、再々違反に問われることはない。ただし、一つの支部協管内で違反があった場合、他の支部協がこれをその支部協管内において違反があったものとみなすという規定がある場合は再違反、再々違反とすることができる。（1999〈平成11〉年4月20日・第463回中央協決定）

⑩名義変更後の違反

Q⑩ 違反をした販売店主が再違反、再々違反の適用を逃れるために別の者に名義を変更した後、違反が起きた場合、再違反、再々違反が適用できるか。

A 店が法人の場合は、違反主体は法人そのものであるから、代表者の名義を変更しても再違反、再々違反が適用される。個人経営の場合、名義変更が明らかに脱法的意図で行われ、かつ、同一事業者と認定できる場合は適用することができるが、認定できなければ別人格なので再違反、再々違反に問うことはできな

い。（1999〈平成11〉年4月20日・第563回中央協）

⑩違反措置不履行

Q ⑩ 施行規則40条（違反措置不履行の場合の措置）では、（1）消費者庁に報告、（2）除名又は会員資格の停止その他必要な措置を講ずる旨規定しているが、これは支部協で決定する事項なのか。

A 40条の規定は支部協で違反が確定した後、38条（違反措置不履行の違反者に対する措置）、あるいは39条（新聞社の協議会委員に対する措置不履行の措置）を執ったにもかかわらず、履行されなかった場合である。そのような事態は協議会全体にかかわる問題であり、支部協が地区協を通じて、中央協に規定されている措置を執るよう要請する手続きが妥当である。（1999〈平成11〉年1月19日・第460回中央協決定）

5 その他

⑩支部協事務局経費の分担方法

Q ⑩ 支部協事務局経費の分担について、何か取り決めはあるのか。

A 総経費の2分の1を部数割り、残り2分の1を均等割りとする。ただし、地域の実情により特例を認めることとし、次のようなガイドラインを決めた。今後、特例を認める場合はこのガイドラインを適用し、中央協の承認を得なければならない。

（1）当該支部協管内でシェアが小さい社については、総経費の2分の1の均等割り分担について、均等割りのウエートを0.5とすることができる。

（2）スポーツ紙、専門紙等、特別な扱いが必要と認められる社については、相応の減免措置をとることができる。（1984〈昭和59〉年3月16日・第295回中央協）

⑩支部協事務局の体制

Q ⑩ 支部協事務局の人的構成について、1984（昭和59）年4月度中央協は、「常勤で調査能力をもつ複数以上の職員（事務局長を含む）を置くこととする」旨確認・決定したが、支部協事務局長の職務役割変化や今後の雇用情勢の変化などを勘案し、「複数以上」を改め、常勤1人体制での運営を認めてはどうか。

A 2002（平成14）年2月度中央協では、監視機能や違反処理能力の強化を前提に、地域の実情に合わせ、地域別協議会の組織、事務局体制の見直しを行うことを決めており、69支部協が61支部協に合理化された経緯がある。これらの経緯を踏まえて、支部協事務局の人的構成については「常勤で調査能力をもつ職員を置くこととする」旨改めて確認・決定する。（2008〈平成20〉年11月20日・第568回中央協）

⑪事務局長不在の場合の扱い

Q ⑪ 事務局長が急逝した場合、どう対処すればいいか。

A 事務局長が空席の場合は早急に選任することとし、事務局長に代わる人に権限を委嘱することとする。（1998〈平成10〉年5月6日・臨時販売正常化推進小委）

⑫「無代紙」とPRチラシ

Q ⑫ 事業者間で「値引き」を禁止したり、上限の範囲内の「無代紙」まで一律に禁止する表現が盛り込まれたPRチラシを配布することは、独禁法違反とされるカルテル行為に当たるとのことだが、ある販売店が単独で、そうした表現を盛り込んだチラシを配布した場合、そこに各地域別協議会事務局の住所・連絡先を記載してもいいのか。また同一系統の販売店名を複数連記した場合はどうか。

Ⓐ　ある販売店が単独で、「値引きはしません。無代紙は配布しません」と宣言することは自由であるが、チラシに地域別協議会事務局の住所・連絡先が記載されていれば、協議会参加の事業者が値引きと上限を超えた無代紙を禁止していると受け取られるおそれがある。独禁法の問題は協議会の取り扱いではないので、誤解を生まないためにも、自店が「値引きはしません。無代紙は配布しません」と宣言するチラシには、支部協事務局の住所・連絡先を記載することは避けた方がいい。

また、自系統だけでも別個の事業者である複数の販売店が連記していれば、事業者間で禁止したことになり、独禁法上禁止されているカルテル行為に該当する。「規約順守」「景品類提供は上限の範囲」「上限額を超えた規約に違反する同一紙の使用禁止」など、消費者庁が協議会の所管として認定した事項について協議会、現地の販売業者連名でチラシを作成することは問題ない。（1999〈平成11〉年3月18日・第462回中央協決定）

⑬支部協の常任委員会

Ⓠ ⑬　支部協に常任委員会を設置し、支部協開催前に常任委員会を開催することで会議運営の効率化を図りたいが、常任委員会の役割、権限など留意事項はあるか。

Ⓐ　新聞公正取引協議会の組織及び運営に関する規則13条［地域別新聞公正取引協議会］2項に、「同（支部）協議会の下に常任委員会を置くことができる」と規定されており、支部協の判断で常任委員会をおくことは問題ない。ただし、常任委員会の役割は、例えば支部協で取り上げるテーマについて事前に諮ったり、支部協の会議運営の手順等の協議が主であり、あくまで支部協が最終決定機関であることは言うまでもない。支部協に諮らずに常任委員会だけで決定するような運営は組織上問題があり、とくに規則等の改正や違反措置など、支部協で決定することが規則、施行規則に明記されている重要事項を、常任委員会だけで決定、措置することはできない。（2000〈平成12〉年5月19日・第475回中央協決定）

資料編

資 料 編 目 次

○新聞業における特定の不公正な取引方法

1999（平成11）年7月21日
公正取引委員会告示第9号

1 日刊新聞（以下「新聞」という。）の発行を業とする者（以下「発行業者」という。）が、直接であると間接であるとを問わず、地域又は相手方により、異なる定価を付し、又は定価を割り引いて新聞を販売すること。ただし、学校教育教材用であること、大量一括購読者向けであることその他正当かつ合理的な理由をもってするこれらの行為については、この限りでない。

2 新聞を戸別配達の方法により販売することを業とする者（以下「販売業者」という。）が、直接であると間接であるとを問わず、地域又は相手方により、定価を割り引いて新聞を販売すること。

3 発行業者が、販売業者に対し、正当かつ合理的な理由がないのに、次の各号のいずれかに該当する行為をすることにより、販売業者に不利益を与えること。

　一　販売業者が注文した部数を超えて新聞を供給すること（販売業者からの減紙の申出に応じない方法による場合を含む。）。

　二　販売業者に自己の指示する部数を注文させ、当該部数の新聞を供給すること。

備考
この告示において、「日刊新聞」とは、一定の題号を用い、時事に関する事項を日本語を用いて掲載し、日日発行するものをいう。

附則
この告示は、平成11年9月1日から施行する。

○新聞業における景品類の提供に関する事項の制限

2000（平成12）年8月15日
公正取引委員会告示第29号

1 新聞の発行又は販売を業とする者は、新聞を購読するものに対し、次に掲げる範囲を超えて景品類を提供してはならない。

　一　懸賞により提供する景品類にあっては、次に該当する範囲内であって、新聞業（新聞を発行し、又は販売する事業をいう。以下同じ。）における正常な商慣習に照らして適当と認められる範囲（二に該当するものを除く。）

　　イ　景品類の最高額は、懸賞に係る取引の価額の10倍又は5万円のいずれか低い金額の範囲

　　ロ　景品類の総額は、懸賞に係る取引の予定総額の1000分の7の金額の範囲

　二　「懸賞による景品類の提供に関する事項の制限」（昭和52年公正取引委員会告示第3号）第4項各号に該当する場合において、懸賞により提供する景品類にあっては、同項の範囲内の景品類であって、新聞業における正常な商慣習に照らして適当と認められる範囲

　三　懸賞によらないで提供する景品類にあっては、次に掲げる範囲

　　イ　景品類の提供に係る取引の価額の100分の8又は6か月分の購読料金の100分の8のいずれか低い金額の範囲（ロ又はハに該当するものを除く。）

　　ロ　自己が発行し、又は販売する新聞に附随して提供する印刷物であって、新聞に類似するもの又は新聞業における正常な商慣習に照らして適当と認められるもの

　　ハ　その対象を自己が発行し、又は販売する新聞を購読するものに限定しないで行う催し物等への招待又は優待であって、新聞業における正常な商慣習に照らして適当と認められるもの

2 新聞の発行を業とする者が、その新聞の編集に関連してアンケート、クイズ等の回答、将来の予想等の募集を行い、その対象を自己の発行する新聞を購読するものに限定しないで懸賞により景品類を提供する場合には、前項の規定にかかわらず、当該景品類の価額の最高額は、3万円を超えない額とすることができる。

備考
この告示において「新聞」とは、邦字で発行される日刊新聞をいう。

附則
1 この告示は、平成12年9月1日から施行する。

2 この告示の施行前に終了した取引に附随して行う景品類の提供については、なお従前の例による。

○新聞業における景品類の提供の制限に関する公正競争規約

1998（平成10）年8月31日　公正取引委員会
告示第17号　　　　　　　平成10年9月1日施行
2000（平成12）年8月15日　公正取引委員会
告示第30号　　　　　　　平成12年9月1日施行
2009（平成21）年8月31日　公正取引委員会
告示第17号　　　　　　　平成21年9月1日施行

第1章　総則

〔目的〕

第1条　この公正競争規約（以下「規約」という。）は、新聞業における景品類の提供に関する事項の制限（平成10年公正取引委員会告示第5号）を励行するため、新聞業における正常な商慣習に照らして景品類の意義、提供を制限される行為の範囲などを明らかにするとともに、所要の組織及び手続等を定めることにより、不当な顧客の誘引を防止し、一般消費者による自主的かつ合理的な選択及び事業者間の公正な競争を確保することを目的とする。

〔定義〕

第2条　この規約において「景品類」とは、顧客を誘引するための手段として、方法のいかんを問わず、新聞の発行又は販売を業とする者（以下「新聞事業者」という。）が自己の供給する新聞の取引に附随して新聞を購読するものに提供する物品、金銭その他の経済上の利益であって、次に掲げるものをいう。

① 物品及び土地、建物その他の工作物
② 金銭、金券、預金証書、当せん金附証票及び公社債、株券、商品券その他の有価証　券
③ きょう応（映画、演劇、スポーツ、旅行その他の催物等への招待又は優待を含む。）
④ 便益、労務その他の役務

2　この規約及びこの規約に基づく規則等の解釈に関しては、次の各号に定めるところによる。

① 「新聞」とは、一定の題号を用い、時事に関する事項を掲載し、日日発行するものをいう。
② 「新聞業」とは、新聞を発行し、又は販売する事業をいう。
③ 「顧客を誘引する手段として提供する」とは、新聞を購読させ、又は新聞の購読を継続させるための手段として提供することをいい、中元、歳暮、開業記念品等を提供することを含む。ただし、次に掲げるものを含まない。
　イ　新聞の発行を業とする者（以下「新聞社」という。）が、教育的、文化的又は社会的催

物等へ有識者又は評論家等を招待すること。
　ロ　新聞事業者が、公共的又は慈善の目的に使用するために委託された経済上の利益をその目的に従って公共機関又は団体を経由して提供すること。
④ 「新聞の取引に附随して」提供するとは、取引を条件として提供する場合だけでなく、取引の勧誘に際して相手方に景品類を提供する場合を含む。
⑤ 「新聞を購読するもの」には、現に新聞を購読しているもののほか、将来新聞を購読する可能性のあるものを含む。
⑥ 「提供」には、提供の申し出を含む。
⑦ 「物品」には、新聞及び付録（新聞に附随して提供する印刷物をいう。以下同じ。）を含む。
⑧ 「招待又は優待」には、催物等（自己が主催するものであるかどうかを問わない。以下同じ。）の入場券、招待券、優待券、整理券等（以下「入場券等」という。）を提供すること、自己の発行する新聞に入場券等を印刷して提供すること及び入場券等を印刷したチラシ、折り込み広告、ビラ等を配布することを含む。
⑨ 「便益、労務その他の役務」には、住居移転等に際しての手伝い等の労務を含む。

第2章　景品類提供の制限

〔景品類提供の制限〕

第3条　新聞事業者は、新聞を購読するものに対し、次に掲げる範囲を超えて景品類を提供してはならない。

① 懸賞により提供する景品類にあっては、次に掲げる範囲（②に該当するものを除く。）
　イ　提供する景品類の最高額は、懸賞に係る取引の価額の10倍又は5万円のいずれか低い金額を超えない範囲。
　ロ　提供する景品類の総額は、懸賞に係る取引の予定総額の1000分の7を超えない額の範囲。ただし、当選者の数は過大にわたらないものとする。
　ハ　懸賞の実施地域の最小単位は、都道府県とすること。ただし、新聞の発行・配布区域が一の都道府県の一部にとどまる場合は、その配布区域の範囲内とする。
　ニ　原則として年間の実施回数は3回を、実施期間については3か月をそれぞれ限度とするが、年間の実施期間の通算が9か月を超えない範囲で、実施回数の増加、及び実施期間の延長を行うことができるものとする。

② 次の各号に定める場合において懸賞により提供する景品類にあっては、それぞれ各号に掲げる範囲

　イ　一定の地域における小売業者又はサービス業者の相当多数が共同して行う懸賞に販売業者が参加する場合にあっては、当該懸賞により提供する景品類の最高額については30万円を超えない額の範囲、景品類の総額については懸賞に係る取引の　予定総額の100分の3を超えない額の範囲。

　ロ　一の商店街に属する小売業者又はサービス業者の相当多数が共同して行う懸賞に販売業者が参加する場合にあっては、当該懸賞により提供する景品類の最高額については30万円を超えない額の範囲、景品類の総額については懸賞に係る取引の予定総額の100分の3を超えない額の範囲。ただし、中元、年末等の時期において、年間の実施回数については3回を限度とし、かつ、年間の実施期間を通算して70日を超えないものとする。

　ハ　一定の地域（市町村）において販売業者の相当多数が共同して懸賞を実施する場合にあっては、当該懸賞により提供する景品類の最高額については15万円を超えない額の範囲、景品類の総額については懸賞に係る取引の予定総額の1000分の15を超えない額の範囲。ただし、年間の実施回数については2回を限度とし、かつ、年間の実施期間を通算して70日を限度とするとともに、販売業者が本号に規定する行為を行う場合、新聞社はその行為すべてに関与するものとする。

　ニ　一定の地域において新聞社の相当多数が共同して懸賞を実施する場合にあっては、当該懸賞により提供する景品類の最高額については30万円を超えない額の範囲、景品類の総額については懸賞に係る取引の予定総額の100分の3を超えない額の範囲。

③ 懸賞によらないで提供する景品類にあっては、次に掲げる範囲

　イ　景品類の提供に係る取引の価額の100分の8又は6か月分の購読料金の100分の8のいずれか低い金額の範囲（ロ又はハに該当するものを除く。）

　ロ　自己が発行し、又は販売する新聞に附随して提供する印刷物であって、新聞に類似するもの又は新聞業における正常な商慣習に照らして適当と認められるもの（以下「新聞類似の付録等」という。）

　ハ　その対象を自己が発行し、又は販売する新聞を購読するものに限定しないで行う催物等への招待又は優待であって、新聞業における正常な商慣習に照らして適当と認められるものとして、施行規則で定めるもの

④ 新聞事業者が無償で提供する新聞であって、新聞業における正常な商慣習に照らして適当と認められるもの（以下「予約紙等」という。）として、施行規則で定めるもの

2 新聞社が、その新聞の編集に関連してアンケート、クイズ等の回答、将来の予想等の募集を行い、その対象を自己の発行する新聞を購読するものに限定しないで懸賞により景品類を提供する場合（以下「編集企画に関する景品類」という。）には、前項の規定にかかわらず、当該景品類の価額の最高額は、3万円を超えない額とすることができる。

〔新聞類似の付録等〕

第4条　「新聞類似の付録等」には、次の各号に掲げるものを含む。

① 附随して提供される新聞に記載されている事項と同様の事項を掲載する等のため、当該新聞を補完する機能を有し、かつ、当該新聞と別個では通常販売できないと認められるもの（緊急に時事を報道し、又は評論するため臨時に発行する号外を含む。）

② 宣伝版（新聞の特質、新聞社の機構、事業等の解説、紹介又は宣伝に関する事項を掲載したものに限る。）

③ 宣伝用パンフレット（その内容の全部又は一部に紙名、新聞の特質、新聞社の機構、事業等の解説、紹介又は宣伝に関する事項を掲載したものであって、通常独自には販売できないと認められるものに限る。）であって、次の各要件に該当するもの

　イ　B4判（257×364mm）の場合には、32ページ以下であること。

　ロ　B4判以外の変型判の場合には、判の面積はB4判以下であって、判の面積にページ数を乗じた延べ面積が、イの延べ面積以下であること。

④ 家計簿、メモ帳、時間表、星取表、地図、カレンダー、新聞整理袋等の印刷物であって、前号の宣伝用パンフレットの要件を満たし、かつ正常な商慣習に照らして適当と認められるもの

〔予約紙等の定義〕

第5条　「予約紙等」とは、次の各号に掲げるものをいう。

① 自己が発行し、又は販売する新聞を購読する旨の契約を新たに締結したものに対し、購読を開始する月の前月末において、無償で提供する当該購読に係る新聞

② 自己が発行し、又は販売する新聞を購読し、契約を満了するものに対し、満了する月の翌月初において、無償で提供する当該購読に係る新聞

③ 試読に供されるものであって、新聞業における正常な商慣習に照らして適当と認められる範囲で、無償で提供する新聞

〔編集企画に関する景品類〕

第6条 「編集企画に関する景品類」とは、新聞の編集の企画上、文化的又は社会的に必要があると認める場合に、新聞社が、①アンケートの質問事項、クイズ等についての回答、②ある事実についての将来の予想若しくは推測又は、③趣味、娯楽、教養等に関する問題の解答を募集し、その応募者のうちから特定の者を選び提供する景品類であって、その提供の方法等について次の各号の要件を満たすものをいう。

① 当選者の数が過大にわたらないこと。

② 募集事項を、自己の発行する新聞にのみ表示すること。

③ 回答用紙を新聞に刷り込む方法等により応募資格を自己の発行する新聞を購読するものに限定しないこと。

④ 販売業者を関与させないこと。

第3章 規約の実施

〔協議会〕

第7条 この規約の目的を達成するため、新聞公正取引協議会（以下「協議会」という。）を設置する。

2 協議会は、この規約に参加する新聞事業者をもって構成する。

3 協議会は次の事業を行う。

① この規約についての相談及び指導に関すること。

② この規約の周知徹底に関すること。

③ この規約の順守状況の調査に関すること。

④ この規約の規定に違反する疑いのある事実の調査及び違反行為の処理に関すること。

⑤ 一般消費者からの苦情の処理に関すること。

⑥ 不当景品類及び不当表示防止法及び公正取引に関する法令の普及並びに違反防止に関すること。

⑦ 関係官公庁との連絡に関すること。

⑧ 会員に対する情報提供に関すること。

⑨ その他この規約の施行に関すること。

4 協議会の組織は、次のとおりとする。

① 協議会に新聞公正取引協議委員会を置く。

② 新聞公正取引協議委員会の下に地区新聞公正取引協議会を置く。

③ 地区新聞公正取引協議会の下に支部新聞公正取引協議会を置く。

④ 支部新聞公正取引協議会の下に地域別実行委員会を置く。

5 地区新聞公正取引協議会、支部新聞公正取引協議会及び地域別実行委員会は、「地域別新聞公正取引協議会」と総称する。

〔違反に対する措置〕

第8条 協議会は、この規約に違反する事実があると認めたときは違反者に対して次の措置を採ることができる。

① 違反行為の停止又は撤回

② 実害補償又は復元

③ 謝罪及び広告

④ 違約金の支払い（違約金の最高限度は200万円とする。）

⑤ その他必要な措置

〔規則の制定〕

第9条 協議会は、この規約の実施及び運営に関する事項について規則を定めることができる。

2 前項の規則を定め、また変更しようとするときは、事前に消費者庁長官及び公正取引委員会の承認を受けるものとする。

附則

この規約の変更は、消費者庁及び消費者委員会設置法（平成21年法律第48号）の施行日から施行する。

※施行日は平成21年9月1日

○新聞業における景品類の提供の制限に関する公正競争規約施行規則

1998（平成10）年 9 月 1 日施行
1999（平成11）年 1 月20日施行
2000（平成12）年 9 月 1 日施行
2002（平成14）年 4 月16日施行
2004（平成16）年12月24日施行
2008（平成20）年10月 6 日施行
2009（平成21）年 9 月 1 日施行
2010（平成22）年 3 月15日施行
2020（令和 2 ）年11月17日施行

第 1 章 景品類提供の範囲

〔懸賞により提供する景品類〕

第 1 条 新聞業における景品類の提供の制限に関する公正競争規約（以下「規約」という。）第 3 条第 1 項第 1 号で規定する範囲の景品類を提供する場合には、次の各号に定める方法によらなければならない。

① 当該懸賞の当選者の選定に当たっては、公開の場で第三者の立会いの下で抽選を行うなどにより透明性を確保するものとし、スピードくじその他これに類する方法によっては行わないこと。

② 新聞社は、新聞の販売を業とする者（以下「販売業者」という。）を経由して景品類を当選者に送付するときは、抽選日から60日以内に送付を開始し、開始後 3 週間以内を目途に終えること。また、第14条の 2 に定める懸賞の届出をしようとするときは、当該期間を明示するものとし、届け出た期間を超える場合は、新聞社から直接当選者に送付すること。

③ 販売業者は、当分の間、新聞社の関与なしに独自に懸賞を実施しないこと。

2 規約第 3 条第 1 項第 2 号で規定する範囲の景品類を提供する場合には、当選者の選定に当たっては公開抽選などにより、透明性を確保するものとし、読者の自宅などで選定してはならない。

◇一般懸賞に関する当選者氏名等の公表、閲覧方法について（中央協確認・決定事項）

＜本社が一般懸賞を実施する場合＞

公表の方法

・当選者氏名の公表を実施しない場合は、「当選者の発表は賞品の発送をもって代える」など何らかの表記をすることで代える。

協議会内部での閲覧方法

・懸賞を実施した新聞社は、当選者名簿を整備し、抽選日から起算して 3 か月間、社内で保管する。支部協委員の求めに応じて閲覧に供する。

・違反の疑義から名簿閲覧を希望する支部協委員は、抽選日から起算して 3 か月以内に、中央協事務局に申し出る。支部協委員が、懸賞を実施した新聞社を訪問し、名簿を閲覧する。

・閲覧に際しては、身元確認ができる証明書等を持参する。

協議会内部での閲覧内容

・当選者の氏名、住所（番地まで）
懸賞実施社は公表・閲覧が円滑に行われるよう努める。

＜販売業者が一般懸賞を実施する場合＞

公表の方法

・当選者氏名の公表を実施しない場合は、「当選者の発表は賞品の発送をもって代える」など何らかの表記をすることで代える。

協議会内部での閲覧方法

・懸賞を実施した販売業者は、当選者名簿を整備し、抽選日から起算して 3 か月間、販売所で保管する。支部協委員の求めに応じて閲覧に供する。

・違反の疑義から名簿閲覧を希望する支部協委員は、抽選日から起算して 3 か月以内に、支部協事務局に申し出る。支部協委員が懸賞を実施した販売所を訪問し、名簿を閲覧する。

・閲覧に際しては、身元確認ができる証明書等を持参する。

協議会内部での閲覧内容

・当選者の氏名、住所（番地まで）
懸賞を実施した販売業者は公表・閲覧が円滑に行われるよう努める。

〔懸賞によらないで提供する景品類〕

第 1 条の 2 規約第 3 条第 1 項第 3 号イで規定する景品類には、購読料金、購読月数等の購入実績を一定の換算方法に基づいて継続的に記録し、蓄積された購入実績に応じて懸賞によらないで提供するもの（以下「ポイントサービス」という。）を含む。

〔新聞類似の付録等〕

第 2 条 規約第 4 条に規定する「新聞類似の付録等」にあっては、その価額の上限は規約第 3 条第 1 項第 3 号イの範囲とする。

2 規約第 4 条第 3 号に規定する「宣伝用パンフレット」については、次に掲げる基準に基づいて提供

155

を行うこととする。

① 紙名を掲載する等、「宣伝用パンフレット」であることを表紙に明示する。

② 「宣伝用パンフレット」の内容は紙名、新聞の特質、新聞社の機構、事業等の解説、紹介又は宣伝に関する事項のいずれかについて掲載する。その他、本紙に掲載されている事項及び本紙を補完する事項等を、掲載することができる。

③ 通常独自に販売できないものに限り、美術集、百科事典等の分冊は「宣伝用パンフレット」とは認められない。

④ 広告、懸賞の掲載はこれを認めるが、懸賞及び編集企画の場合にあっては規約を順守する。

⑤ 変型判は、リーフレット（1枚もの）を含むものとし、リーフレットについては「額絵その他これに類似したもの」を内容に盛り込む場合は、1か月に2枚以内で、かつ、リーフレット1枚につき表裏の紙面の総面積の2割以上に「宣伝に関する事項」を掲載するものとする。解説、包紙等を含む場合も総面積は規約第4条第3号ロの範囲内とする。

⑥ 以上のほか、解釈をめぐって問題が出てきた場合には、事前に協議委員会で協議する。

〔公開招待〕

第3条　規約第3条第1項第3号ハに規定する景品類（以下「公開招待」という。）として「施行規則で定めるもの」とは、新聞事業者が行う文化的・教育的事業、催し物に自社、自己の読者に限定しないで招待するもので、紙面掲載、新聞折り込み、ポスター掲示などの方法で周知するものであって、次の要件を満たすものをいう。

① 販売業者が入場券等を配布して行う場合にあっては、様式第1号により事前に地域別協議会に届け出たものであること。

② 新聞社が入場券等を配布して行う場合にあっては、販売業者を関与させずに提供するものであって、入場券等の枚数が過大にわたるものでないこと。

2　その地域の新聞業における正常な商慣習に照らして特に必要があると認めるときは、前項の規定にかかわらず、公開招待の要件をさらに制限し、又は公開招待を禁止することができる。

〔予約紙等〕

第4条　規約第3条第1項第4号の景品類（予約紙等）として「施行規則で定めるもの」とは、以下の各号に掲げるものをいう。

① 規約第5条第1号に規定する新聞（予約紙）

については、月末4日以内に限り無償で配布するもの。

② 規約第5条第2号に規定する新聞（おどり紙）については、当該月末で購読契約期間が終了する読者に対し、契約を継続するかどうかの意思を確認する手段として、翌月初めの3日以内に限り無償で配布するもの。

③ 規約第5条第3号に規定する新聞（試読紙）については、次の要件を満たすもの。

イ　新聞の新規発行に際して、紙名、配布地域、配布部数、配布時期等を明示し、1週間を限度に無償で配布するものであって、あらかじめ、その見本を配布地域の地区新聞公正取引協議会（以下「地区協議会」という。）及び支部新聞公正取引協議会（以下「支部協議会」という。）に届け出たもの。

ロ　新聞の購読の勧誘の手段として、試読紙である旨紙面に明示して無償で提供するもの。ただし、戸別配布の方法による場合は、1か月につき14回を限度に配布するものであって、あらかじめ、様式第2号により配布地域等について地区協議会及び支部協議会に届け出たもの。

「戸別配布による試読紙配布実施」届出用紙（モデル）

〈様式第2号〉　　　　　　　　　　　　　　　　No._____

_____地区新聞公正取引協議会委員長　殿

_____支部新聞公正取引協議会委員長　殿

下記により試読紙配布を実施いたしますので届け出ます。

申請日　　　年　月　日

申請者（新聞社）_____　印

申請者（販売店）_____　印

記

対象紙	
配布地域	
配布部数	
期　間	年　月　日　～　年　月　日　（　日間）
実施店	

※申請者が実施店の場合は記入不要

以　上

〔クーポン付き広告〕

第5条　新聞事業者が新聞紙面又は折り込み広告に刷り込んで販売又は配布する広告により提供される経済上の利益のうち、新聞事業者以外の者がその供給する商品又は役務の価格の割引又は無料提供を約する証票については、規約第2条の景品類に該当しない。

第2章　提供景品類の届出

〔提供景品類の届出義務〕

第6条　規約第3条第1項第3号イに規定する範囲で景品類を提供しようとする者（以下「届出者」という。）は、景品類の提供に際して、提供しようとする景品類の現品と次項に定める書類を添付して、支部協議会事務局に届け出なければならない。

2　届出書類には、届出者名、取扱紙名、提供景品類の品目・品名のほか、必要に応じて使用地域の市場での参考市価、製造単価、届出者の購入価額等を記載する。なお、届出の書式は様式第3号のとおりとする。

3　ポイントサービスを提供する場合は、様式第4号に必要事項を記載し、ポイントと交換可能な物品・サービスの一覧を添えて支部協議会事務局に

資料編（法令関係）

使用景品類の届出用紙（モデル）

〈様式第3号〉　　　　　　　　　　　　　　No._____

年　月　日　提出

_____支部協委員長　殿

下記により○月○日から景品類を使用いたしますので届け出ます。

申請系統名　_____
住所
電話
ファクス
申請者名　_____　印
届出者名　_____　印

記

1. 取扱紙名　_____
（複数紙ある場合は本景品類を使用する紙名）

2. 品目・品名　_____

3. 添付資料（現品、写真など）_____

4. 参考市価　_____円　（購入価額　_____円）

5. オリジナル商品価額（製造単価）　_____円

6. その他（他支部協にも届け出ている場合、使用エリア等をご記入ください）

受　付	受　理	使用禁止
月　日	月　日	月　日
印	印	印

以　上

ポイントの届け出用紙（モデル）

〈様式第4号〉　　　　　　　　　　　　　　No._____

年　月　日　提出

_____支部協委員長　殿

下記により○月○日からポイントサービスの提供を開始いたしますので届け出ます。

申請系統名　_____
住所
電話
ファクス
申請者名　_____　印
届出者名　_____　印

記

1. 取扱紙名　_____
（複数紙ある場合は本ポイントを付与する紙名）

2. ポイントサービスの名称　_____

3. ポイント付与の条件
（購読料のクレジットカード払いなど、ポイント付与に必要な条件がある場合）

4. ポイントの最大還元率
（蓄積したポイントと交換可能な物品、サービスのうち、還元率が最大となるもの、およびその還元率を記入してください）

交換可能な物品、サービスの名称	その価額	交換に必要なポイント数	還元率
	円相当	ポイント	％

（このほか、交換可能なすべての物品、サービスを、別途リストにして提出してください）

5. 上記還元率に基づくポイントの価額
購読料_____円（　ヶ月分）ごとに

_____ポイント付与＝_____円相当

受　付	受　理	使用禁止
月　日	月　日	月　日
印	印	印

以　上

届け出なければならない。

〔届出の受付拒否〕

第7条 支部協議会事務局長は、届出の時点で届出に係る景品類の価額が、規約第3条第1項第3号イの上限を超えると判断する場合には、届出を受け付けてはならない。

2 支部協議会事務局長は、前項により、届出を受け付けないこととしたときは速やかに届出者に通知し、かつ、その旨支部協議会に報告する。

3 支部協議会事務局長により届出が受け付けられたときは、届出者は当該景品類の提供を開始することができる。

〔判定及び届出の受理〕

第8条 支部協議会事務局長は、前条により届出が受け付けられた景品類について、届出の受付日から3日以内に、規約第3条第1項第3号イで定める上限の範囲内であるかどうかを判定しなければならない。

2 前項の判定の結果、受け付けられた景品類が規約第3条第1項第3号イの範囲内のものである場合には届出を受理し、上限を超えるものである場合には届出不受理として、当該景品類の使用を禁止することとする。

3 支部協議会事務局長は、前項による届出の受理・不受理の結果を文書により速やかに届出者に通知し、かつ、その旨支部協議会に報告する。

4 前項により不受理の通知を受けた届出者は、開始している当該景品類の提供を直ちに停止しなければならない。

〔一時停止命令〕

第9条 支部協議会事務局長は、前条第1項の期間内にその判定ができず、同条第2項の届出の受理・不受理を決定できないときは、届出者に対して当該景品類の使用を一時停止するよう命令（以下「一時停止命令」という。）するとともに、その旨速やかに支部協議会に報告する。

2 一時停止命令を受けた者は、直ちにこれに従わなければならない。

3 一時停止命令を発出した旨の報告を受けた支部協議会は、支部協議会事務局長に対し、速やかに前条第1項の判定を行うよう指示するか、又は景品類が規約で定める上限の範囲内かどうかを決定しなければならない。決定に際し必要な場合には、地区協議会の意見を求めることができる。

4 一時停止命令は、支部協議会若しくは支部協議会事務局長の決定がなされたとき、第11条の支部協議会の判断がなされたとき、又は第13条の地区協議会の判断がなされたときに失効する。

〔異議申立て〕

第10条 届出者又は支部協議会委員において、提供景品類の届出の受付拒否、受理、及び不受理に異議がある場合には、具体的な理由を付して支部協議会に対して異議を申立て、支部協議会による判定を求めることができる。

〔異議申立てに対する支部協議会の判定〕

第11条 前条の異議申立てを受けた支部協議会委員長は、支部協議会事務局に対し、再調査及び消費者庁長官その他の景表法運用機関等と相談を行うことを指示するものとする。

2 支部協議会事務局は、前項の指示に基づく再調査結果等を、7日以内に支部協議会委員長に報告するよう努めなければならない。

3 前項の報告を受けた支部協議会委員長は、速やかに支部協議会の開催手続をとり、同協議会は異議申立てに対する判定を行わなければならない。

4 前項の支部協議会による判定は、異議申立て後10日以内に行うよう努めなければならない。

5 支部協議会において、届出に係る景品類の価額が規約第3条第1項第3号イの範囲内と判定された場合には、届出者は当該景品類の提供を開始することができる。

6 支部協議会において、届出に係る景品類の価額が規約第3条第1項第3号イの上限を超えていると判定された場合には、支部協議会は届出者に対して当該景品類の提供禁止を命令するものとし、届出者は直ちにこれに従わなければならない。

〔地区協議会への移管〕

第12条 支部協議会において、第10条の異議申立てに対し、自ら解決することが困難と判断した場合には、その上部機関である地区協議会にその旨上申し、地区協議会の判定に委ねることができる。

〔地区協議会による判定〕

第13条 前条の移管を受けた地区協議会は、届出に係る景品類の価額が規約第3条第1項第3号イの上限を超えているかどうかを審査する。

2 地区協議会において、届出に係る景品類の価額が規約第3条第1項第3号イの範囲内と判定された場合には、届出者は当該景品類の提供を開始することができる。

3 地区協議会において、届出に係る景品類の価額が規約第3条第1項第3号イの上限を超えていると判定された場合には、地区協議会は、届出者に対して当該景品類の提供禁止を命令するものとし、届出者は直ちにこれに従わなければならない。

〔地区協議会の届出処理〕

第14条 地区協議会において景品類の届出に係る業務、違反処理に係る業務を行う場合は、第6条から第11条までの規定を準用する。

〔懸賞の届出〕

第14条の2 新聞事業者が新聞を購読する者に対し懸賞により景品類を提供しようとする場合にあっては、次に掲げる届出を行わなければならない。

① 新聞社が規約第3条第1項第1号に規定する範囲で懸賞を実施する場合は、当該懸賞の内容を様式第5号により、協議委員会に届け出るものとする。

② 販売業者が規約第3条第1項第1号に規定する範囲で懸賞を実施する場合又は同第2号に規定する懸賞に参加する場合には、当該懸賞の実施予定地域の支部協議会を経由して、当該懸賞の内容を様式第6号により、協議委員会に届け出るものとする。なお、規約第3条第1項第1号の懸賞を届け出る場合は、系統新聞社が連名で届出を行うものとし、この場合において、同号ニの規定については、新聞社には適用しない。

2 第6条第2項及び第15条の規定は、前項の規定に基づいて提出された届出について準用する。

懸賞企画の届出用紙（モデル）

〈様式第5号〉　　　　　　　　　　No.＿＿＿＿＿＿

年　月　日　提出

新聞公正取引協議委員会
委員長　殿

下記により懸賞企画を実施いたしますので届け出ます。

申請系統名＿＿＿＿＿＿　申請者名＿＿＿＿＿＿印
住所＿＿＿＿＿＿　　　　届出者名＿＿＿＿＿＿印
電話
ファクス

記

1. 主催者　＿＿＿＿＿＿
2. 名称　　＿＿＿＿＿＿
3. 実施する懸賞の種別（○で囲む）
　①一般懸賞　　②共同懸賞
　（イ他業者の懸賞に販売店が参加　ロ商店街の懸賞に販売店が参加
　ハ新聞販売業者の共同懸賞　　ニ新聞発行社の共同懸賞）
4. 実施期間
5. 実施地域
6. 提供する景品類の内容

景品名	金額	当選本数	計
1等			円
2等			円
3等			円
4等			円
5等			円
（売上予定総額の　　％相当）景品総額			円

7. 実施方法（告知方法と応募のあて先）＿＿＿＿＿＿
8. 応募対象（現読者・新規契約者の別）＿＿＿＿＿＿
9. 応募方法　①現読者＿＿＿＿＿＿
　　　　　　②新規契約者＿＿＿＿＿＿
10. 抽選方法と抽選日　　　　　　　　　　＿＿月＿＿日
11. 当選者の発表方法と発表予定日＿＿＿＿＿＿月＿＿日
12. 当選者への賞品の発送方法＿＿＿＿＿＿
13. 販売店を経由して景品類を届ける場合、配布開始予定日と配布完了予定日
　　開始＿＿月＿＿日　完了＿＿月＿＿日

以　上

懸賞企画の届出用紙（モデル）

〈様式第6号〉　　　　　　　　　　No.＿＿＿＿＿＿
支部協名＿＿＿＿＿＿

年　月　日　提出

新聞公正取引協議委員会
委員長　殿

下記により懸賞企画を実施いたしますので届け出ます。

申請系統名＿＿＿＿＿＿　申請者名＿＿＿＿＿＿印
住所＿＿＿＿＿＿　　　　届出者名＿＿＿＿＿＿印
電話　　　　　　　　　　申請系統新聞社責任者名＿＿＿＿＿＿印
ファクス

記

1. 主催者　＿＿＿＿＿＿
2. 名称　　＿＿＿＿＿＿
3. 実施する懸賞の種別（○で囲む）
　①一般懸賞　　②共同懸賞
　（イ他業者の懸賞に販売店が参加　ロ商店街の懸賞に販売店が参加
　ハ新聞販売業者の共同懸賞）
4. 実施期間
5. 実施地域
6. 提供する景品類の内容

景品名	金額	当選本数	計
1等			円
2等			円
3等			円
4等			円
5等			円
（売上予定総額の　　％相当）景品総額			円

7. 実施方法（告知方法と応募のあて先）＿＿＿＿＿＿
8. 応募対象（現読者・新規契約者の別）＿＿＿＿＿＿
9. 応募方法　①現読者＿＿＿＿＿＿
　　　　　　②新規契約者＿＿＿＿＿＿
10. 抽選方法と抽選日　　　　　　　　　　＿＿月＿＿日
11. 当選者の発表方法と発表予定日＿＿＿＿＿＿月＿＿日
12. 当選者への賞品の発送方法＿＿＿＿＿＿
13. 配布開始予定日と配布完了予定日
　　開始＿＿月＿＿日　完了＿＿月＿＿日

以　上

この場合において、新聞社が届け出るものについては、「支部協議会」を「協議委員会」と読み替えるものとする。

〔届出不履行等に対する措置〕

第15条 支部協議会は、第4条または第6条に定める届出をせずに景品類を提供した者、及び本章の規定により景品類の提供ができないとされたにもかかわらずこれに従わずに景品類を提供した者に対し、次の措置を採るものとする。

① 違反行為者に対し警告すること。

② 違反後3年以内に再び違反した者に対し、3万円の違約金を課すこと。

〔新聞類似の付録等の届出〕

第16条 地区協議会及び支部協議会は、必要と認めるときは、規約第3条第1項第3号ロの新聞類似の付録等についても、提供する景品類の届出に関する規定を設けることができる。

第3章　違反行為の処理手続

第1節 違反容疑行為の探知、調査及び違反の有無の認定

〔違反容疑行為の探知〕

第17条 支部協議会事務局長は、違反容疑行為の探知をするため販売店を巡回して販売の状況を聴取

し、又は読者に対し調査を行うことができる。

2　支部協議会事務局は、モニター、消費生活セン
ター、国民生活センター等との連携を図ることに
より、処理機能の向上に努めるものとする。

3　違反容疑行為に係る申告は、支部協議会事務局
に行うものとする。申告は可能な限り違反容疑者
の住所、氏名及び電話番号、違反容疑行為の実行
日、違反容疑内容並びに読者の住所及び氏名を明
らかにして行うものとする。申告者は、支部協議
会会員であるかどうかを問わない。

4　申告者、申告内容等については、当該支部協議
会事務局職員以外の者に公開してはならない。

〔調査〕

第18条　支部協議会事務局長は、前条第1項に従い
違反容疑行為を探知し、又は同条第3項の違反申
告を受け付けたときは、速やかに調査を開始しな
ければならない。

2　調査は、支部協議会事務局長の権限と責任の下
に行い、必要に応じて事務局に指示して行わせる
ことができる。なお、支部協議会委員は、調査に
関与してはならない。

3　調査に当たっては、隣接支部協議会間での職員
の融通等、地区協議会内での応援を要請すること
ができる。

4　支部協議会事務局長及び事務局職員は、違反容
疑行為の調査に際し、違反容疑者が販売業者の場
合には、当該販売業者又はその系統新聞社の名前
を用いて直接読者を調査することができる。

5　支部協議会事務局長は、調査に際し、違反容疑
販売業者に対し、紙分け表、順路帳、購読申込カ
ードその他必要な書類の提示を求めることができ
る。

6　調査日程等については、当該支部協議会事務局
職員以外の者に公開してはならない。

〔違反の有無の認定〕

第19条　違反行為の有無の認定は、支部協議会事務
局長の権限でこれを行う。事務局長は、認定に当
たり一般消費者等協議会会員以外の者で構成する
組織を設け、その意見を求めることができる。

2　支部協議会事務局長は、違反容疑者名、違反容
疑系統紙名、違反容疑内容を含む調査の結果及び
違反の有無の認定結果を、支部協議会に報告しな
ければならない。

3　支部協議会は、規約違反事案の処理に関する記
録を議事録に記載し、地区協議会を通じ協議委員
会に報告しなければならない。協議委員会は、こ
の報告に基づく記録を作成して、各支部協議会の
公正な運営に資するものとする。

4　違反行為が複数の支部にまたがる場合には、地
区協議会で調査を行うことができる。

〔緊急停止命令及び一時停止命令〕

第20条　支部協議会委員長は、規約に明らかに違反
する違反容疑行為が発生し、緊急を要すると認め
た場合には、違反容疑者に対して違反容疑行為を
停止するよう命令（以下「緊急停止命令」とい
う。）することができる。命令を受けるものが委
員長の所属する新聞社又は同一系統の販売業者で
ある場合には、副委員長が本項に基づく措置を採
るものとする。

2　支部協議会委員長は、あらかじめ支部協議会事
務局長に前項に基づく権限の行使を委任すること
ができる。この場合には、委員長名により緊急停
止命令を発するものとする。

3　支部協議会委員長は、違反かどうか直ちに判定
できない場合であって、特に必要があると認める
ときは、その行為を一時停止するよう命令（以下
「一時停止命令」という。）することができる。な
お、支部協議会委員長が不在その他差し支えのあ
る場合、又は命令を受けるものが支部協議会委員
長の所属する新聞社若しくは同一系統の販売業者
である場合には、副委員長が本項に基づく措置を
採るものとする。

4　本条の緊急停止命令及び一時停止命令を受けた
者は、直ちにこれに従わなければならない。

5　本条の緊急停止命令及び一時停止命令は、次条
の支部協議会の裁定がなされたとき、又は第25
条の地区協議会の処理がなされたときに失効す
る。

第2節　支部協議会による違反措置と移管

〔違反行為者に対する措置〕

第21条　支部協議会委員長は、第19条第2項に従
い支部協議会事務局長から違反事実ありとの報告
を受けた場合には、速やかに支部協議会を開催
し、支部協議会は裁定により、違反行為者に対し
て次の各号の措置を採らなければならない。

①　違約金を課すこと。

②　違反行為を直ちに停止又は撤回させること。

③　支部協議会及び地域別実行委員会において謝
罪させ、違反行為の広告をさせること。

2　第2号の違反行為の撤回は、景品類の提供の中
止、購読契約の破棄、既に配達中のものの配達の
中止又は復元により行うものとする。

3　第1項第3号の謝罪は、初めて違反を行った場
合は、口頭により行い、その広告は「中央協だよ
り」及び地区協議会、支部協議会及び地域別実行
委員会（以下「地域別協議会」という。）の機関

紙誌に系統別違反件数等を掲載することにより行うものとする。

4　調査において規約に違反する景品類が発見された場合には、違反行為者は当該景品類の処分を含めて支部協議会事務局長又は支部協議会の決定に従わなければならない。

5　違反行為の復元のない場合は、これまで契約していた販売業者に実害を与えたものとみなし、実害補償しなければならない。

6　第1項第1号の違約金の金額は、支部協議会において、以下の基準（地域の実情を勘案して支部協議会がさらに厳しい査定基準を設けた場合は当該基準）に従って、決定しなければならない。

①　規約に違反する景品類の提供又は提供の申出を行った場合には、1部につきその新聞の定価の2か月分（スポーツ紙その他の新聞の提供又は提供の申出の場合を含み、②から④までに該当する場合を除く）。

②　規約に違反する商品券その他の有価証券、優待券、招待券、ポイントサービスの提供又は提供の申出を行った場合、1部につきその新聞の定価の4か月分。

③　規約に違反して、同一紙の景品としての提供又は提供の申出を行った場合には、1部につきその新聞の定価の10か月分。

④　規約に違反して、便益その他の役務（古紙回収を除く）の提供を行った場合、1部につきその新聞の定価の1か月分。

⑤　違反行為者に対する違約金総額は、1か月間につき200万円を超えることができない。

7　前項の規定にかかわらず、懸賞により提供する景品類の名目をもって規約第3条第1項第3号で定める規定の脱法行為を行った場合には、前項に基づき支部協議会が定める違約金と前項各号に定める基準額の倍額を合計した額を、違反行為者に対して課する。

8　支部協議会は、違反行為による購読契約が復元されない場合、①読者契約が発効した日から同契約が解除されるまでの月数に月額購読料を乗じた金額、又は②契約期間に関係なく1件につき1万5千円のいずれか高い額を、第5項で定める実害補償として決定することができる。

◇施行規則第21条第8項について
　違反行為による購読契約が発効し、違反確定となり、同契約が解除され、復元した場合、読者契約が発効した日から同契約が解除されるまでの月数に月額購読料を乗じた額、または契約期間に関係なく1件につき1万5000円のいずれか高い額である。

9　支部協議会は、本条に基づく措置を採る前に、違反容疑者に対して弁明の機会を与えなければならない。ただし、違反容疑者が再度にわたって協議会の出席要請に応じない場合には、弁明の権利を放棄したものとみなし、適切な措置と違約金の額を決定することができる。

10　支部協議会から本条に基づく措置を受けた者は、再調査により違反事実なしとの裁定がなされない限り、当該違反行為を行ってはならない。

〔再違反者、再々違反者に対する措置〕
第22条　支部協議会は、違反行為者が違反の確定後3年以内に再違反を行った場合には、次の各号の措置を採らなければならない。

①　違反行為者に対して、前条第6項で定める額の2倍の違約金を課すこと。

②　違反行為者に対して、地域別協議会で文書により謝罪させ、「中央協だより」及び地域別協議会機関紙誌に違反者名、違反内容等を掲載すること。

2　支部協議会は、違反行為者が再違反の確定後3年以内に再々違反を行った場合には、以下の措置を採らなければならない。

①　違反行為者に対して、前条第6項で定める額の3倍の違約金を課し、2週間以上30日以内の範囲で景品類の提供を禁止すること。

②　国民生活センター等に違反内容を開示し、「中央協だより」、地域別協議会機関紙誌に違反者名、違反内容等を掲載すること。

③　違反行為者に対して、店頭に謝罪ポスターを掲示させ、地域別協議会で文書により謝罪させるほか、同謝罪文書を当該区域全域に謝罪チラシとして折り込み配布させること。この場合の費用は違反行為者の負担とする。

「中央協だより」は、2018年7月10日号を最終号に廃刊した。施行規則22条で規定する再違反、再々違反の違反者名等を「中央協だより」に掲載する措置に代わり、新たに決定事項と議事録に掲載することとした。ただし、販売・中央協ウェブサイトに掲載する決定事項からは、違反者名等は削除する。
　2018年5月度中央協確認・決定

〔新聞社の指導監督責任、連帯責任〕
第23条　販売業者の違反について、系統新聞社は、

指導監督責任を負うものとし、支部協議会は、違反容疑者又は違反行為者が販売業者の場合には、系統新聞社に対して次の各号に掲げる措置を採らなければならない。

① 販売業者が緊急停止命令に従わなかったときは、系統新聞社に対して、連帯責任を問い、当該新聞社に違約金の支払い等を命ずること。

② 販売業者が初めて違反行為を行ったときは、系統新聞社の支部協議会委員に対して、支部協議会委員長宛てに指導顛末書を提出させるとともに、支部協議会において、口頭で謝罪させること。

③ 販売業者が再違反を行ったときは、系統新聞社の地区協議会委員に対して、地区協議会委員長宛てに指導顛末書を提出させるとともに、地区協議会において文書で謝罪させること。

④ 販売業者が再々違反を行ったときは、系統新聞社の協議委員会委員に対して、協議委員会委員長宛てに指導顛末書を提出させるとともに、協議委員会で文書により謝罪させること。

⑤ 前号において、当該販売業者の系統新聞社に協議委員会委員がいないときには、当該新聞社の販売責任者がこれを行う。

2 違反行為者である販売業者が違約金を支払わない場合には、その系統新聞社は、これを連帯して支払わなければならない。

第23条の2 販売業者の違反において、系統新聞社の関与が明らかな場合、発行本社は次の各号に掲げる金額を当該違反措置を行った支部協に支払わなければならない。

①販売業者が再違反を行った場合、2万円

②販売業者が再々違反を行った場合、3万円

〔地区協議会への移管〕

第24条 支部協議会は、違反の有無の認定又は違反行為の処理について自ら解決することが困難と判断した場合には、その上部機関である地区協議会にその旨上申し、当該地区協議会による処理に委ねることができる。

第3節 地区協議会による違反処理

〔地区協議会による処理〕

第25条 地区協議会は、支部協議会から前条の上申があった場合、又は複数の支部協議会にわたる違反容疑行為、新聞社の違反容疑行為等であって、当該地区協議会において処理することが適当と認める場合には、速やかに調査を開始し、違反行為があると認めるときは、違反行為者に対し第21条で定める措置を採らなければならない。

2 前条の支部協議会から上申のあった案件について、地区協議会が違反行為者に対し違約金を課す場合には、当該支部協議会の違約金の査定基準を適用し、地区協議会において処理することが適当と認める案件については、違反行為があった地域の支部協議会の違約金査定基準を準用する。ただし、新聞社の違反であって上記基準を適用することが適当でないと認めるときは、協議委員会の承認を得て別途措置することができる。

3 実害補償について、地区協議会が実害補償額を決定する場合には、第21条第8項の規定を準用する。

4 地区協議会委員長は、第20条の支部協議会委員長による緊急停止命令又は一時停止命令などの措置が採られておらず、かつ本条第1項の処理が未だなされていないときであっても、緊急を要すると認めるときは、違反容疑行為の緊急停止命令を発し、又は特に必要があると認めるときは一時停止命令を発し、違反の拡大防止のための措置を採ることができる。委員長が不在その他差し支えのある場合又は命令を受ける者が委員長の所属する新聞社若しくは同一系統の販売業者である場合は、副委員長が同様の措置を採ることができる。

5 前項に従い緊急停止命令が発せられた場合についても、支部協議会における系統新聞社の連帯責任を規定する第23条第1項第1号の規定を準用する。

6 地区協議会委員長は第4項の措置を採ったときは、速やかに地区協議会を開催し、第1項と同様に当該事件を処理しなければならない。

7 第1項若しくは第2項の措置を受けた者並びに第4項の緊急停止命令又は一時停止命令を受けた者は、直ちにこれに従わなければならない。

8 第4項の緊急停止命令又は一時停止命令は、第1項の地区協議会の処理がなされたとき又は次節の協議委員会（小委員会）の処理がなされたときに失効する。

9 この他特に規定のない場合は、支部協議会の違反処理手続に関する規定を準用する。

〔再違反者、再々違反者に対する措置〕

第26条 再違反者、再々違反者に対する地区協議会における措置については、支部協議会における措置に関する第22条の規定を準用する。

〔新聞社の指導監督責任、連帯責任〕

第27条 違反行為者が販売業者である場合の発行本社に対する地区協議会における措置については、支部協議会における措置に関する第23条の規定を準用する。

〔協議委員会への移管〕

第28条　地区協議会は、第25条の処理について自ら解決することが困難と判断した場合には、上部機関である協議委員会にその旨上申し、協議委員会による処理に委ねることができる。

〔消費者庁長官への報告〕

第29条　前条の場合において、地区協議会は必要があると認めるときは、消費者庁長官に報告するものとする。この場合には、遅滞なくその旨を協議委員会に報告しなければならない。

第4節　協議委員会による違反処理

〔小委員会〕

第30条　協議委員会は、違反行為の処理について、地区協議会から第28条の上申があった場合において、当該事案が全国的なものと認められないときは、当該地区に関係のある協議委員会委員をもって小委員会を組織し、これに処理させることができる。

2　前項の場合において、協議委員会委員長は、当該事案を緊急に処理する必要があると認めるときは、協議委員会の議を経ずに、小委員会を組織することができる。

3　小委員会は、協議委員会委員長が招集し、協議委員会委員長がその議長となる。

4　小委員会は、必要に応じ、その会議に関係者の出席を求めて意見を聞くことができる。

〔小委員会による処理〕

第31条　小委員会による処理手続、処理内容については、地区協議会による処理に関する第25条の規定を準用する。

2　小委員会の措置を受けた者は、直ちにこれに従わなければならない。

〔小委員会の措置報告〕

第32条　協議委員会委員長は、第30条第2項により小委員会を組織したときはその旨を、小委員会が前条により当該事案の処理を決定したときはその内容を、それぞれ遅滞なく協議委員会に報告しなければならない。

〔協議委員会による処理〕

第33条　本規則において、支部協議会又は地区協議会が処理するものとされている場合であっても、違反容疑が全国的なものと認められる等、協議委員会において処理することが適当と認められる場合は、同委員会においてこれを処理することができる。

2　前項により処理する場合には、小委員会による処理に関する第32条の規定を準用する。

〔協議委員会による懸賞規定の違反処理〕

第33条の2　第1条に規定する懸賞の規定に違反する行為の調査・措置は、当分の間協議委員会が行うものとし、協議委員会は、必要に応じて支部協議会又は地区協議会に対して調査・措置を指示することができる。

2　協議委員会は、新聞事業者が第1条の規定に違反して懸賞により景品類を提供した場合には、違反行為者に対して、次の各号に掲げる措置を採らなければならない。

①　100万円の違約金を課すこと。ただし、販売業者が規約第3条第1項第1号及び第2号に規定する範囲を超えて懸賞により景品類を提供した場合については、1販売業者につき50万円の違約金を課すものとする。

②　景品類の提供の中止により違反行為の撤回をさせること。

3　前項の指示を受けた者は直ちにこれに従わなければならない。

◇施行規則第33条の2について
　協議会で定める懸賞ルールの範囲を超えて一般懸賞あるいは共同懸賞を実施した場合と、届け出された懸賞企画と実態がかい離した場合が対象となる旨、確認されている。

〔緊急停止勧告〕

第34条　協議委員会委員長は、緊急を要すると認めるとき、又は地域別協議会の要請を受けたときは、協議委員会の議を経ずに、違反容疑者に対し、一時違反行為を停止すべき旨を勧告することができる。

2　前項の勧告に反する行為があった場合は、第41条を準用する。

第5節　異議申立て

〔異議の申立て〕

第35条　支部協議会又は地区協議会による違反処理内容に不服がある者は、当該違反処理通知を受けた日から2週間以内にそれぞれの上部機関である地区協議会又は協議委員会に対して異議の申立てをすることができる。

2　前項の異議申立てが違約金の決定にかかわる場合には、違反容疑者は、異議申立てに際して、原機関たる支部協議会又は地区協議会で決定した違約金相当額を上位の協議会に預託しなければならない。

　なお、この異議申立てが却下された場合には、預託された違約金相当額は違約金を決定した支部協議会又は地区協議会に確定違約金として直ちに納入されるものとする。

3　第1項に基づく異議申立ては、当該支部協議会委員又は地区協議会委員も行うことができるものとし、その場合には第1項を準用する。

〔原機関による再調査〕

第36条　前条に基づく異議の申立てが行われ、かつ、それが違反事実の裁定にかかわる場合には、原機関たる支部協議会又は地区協議会において再調査を行い、改めて違反事実の有無につき決定しなければならない。

2　前項の再調査の結果、違反事実なしと裁定したときは、同裁定により当該違反容疑事件は終了するものとする。

3　第1項の再調査の結果、改めて違反事実ありと裁定したときは、当該原機関はその上部機関である地区協議会又は協議委員会に対し、遅滞なくその旨報告するものとする。

〔上部機関による再審査〕

第37条　異議申立てを受けた地区協議会又は協議委員会は、異議申立て事由が前条第1項以外の場合及び同条第3項の報告を受けた場合には、当該違反容疑事件につき再審査のうえ適当な処理をするものとする。

2　前項の場合、地区協議会による処理については、第25条の規定を、協議委員会による処理については、第33条の規定を、それぞれ準用する。

第6節　違反措置不履行等に対する措置

〔違反措置不履行の違反者に対する措置〕

第38条　違反行為者が再違反者又は再々違反者としての措置を受け、それに従わなかった場合には、当該措置を命じた地域別協議会は、以下の措置を採ることができる。

①　店頭謝罪ポスターの掲示を行わなかった場合には、当該違反行為により被害を受けた販売業者が、違反事実及び当該違反行為者が地域別協議会による措置に従わなかった旨をポスター掲示すること。掲示期間は支部協議会で決定する。

②　地域別協議会で謝罪が行われなかった場合、系統新聞社に対し販売業者を指導するよう指示すること。

③　チラシの折り込み配布が行われなかった場合には、当該区域の他系統の全販売業者が配布し、これに要する費用を違反販売業者に請求すること。

〔新聞社の協議会委員に対する措置不履行の措置〕

第39条　販売業者の違反について系統新聞社の指導監督責任に関する措置に対し、当該新聞社の各協議会委員がそれに従わなかった場合には、当該措置を命じた協議会は次の措置を採るものとする。

①　支部協議会委員が従わなかったときには、系統新聞社の地区協議会委員にその旨を通知し、適切な措置を行うよう求めること。

②　地区協議会委員が従わなかったときには、系統新聞社の協議委員会委員にその旨を通知し、適切な措置を行うよう求めること。

③　協議委員会委員が従わなかったときには、協議委員会委員長にその旨を通知し、適切な措置を行うよう求めること。

2　前項でいう適切な措置とは、指導顛末書の不提出については、通知を受けた上位の者が本人に実行するよう命令し、また、謝罪の不履行にあっては、通知を受けた上位の者が本人に実行するよう命令することを意味し、それぞれ上位の者がその実施について責任を負うものとする。

〔違反措置不履行の場合の措置〕

第40条　違反行為者が支部協議会、地区協議会、協議委員会又は小委員会の措置に従わなかった場合には、当該協議会等は、次の各号の措置を採ることができる。

①　当該違反行為を消費者庁長官に報告すること。

②　当該違反行為者に対し、除名又は会員資格の停止その他必要な措置を講ずること。

〔その他の違反に対する措置〕

第41条　第20条第1項及び第3項又は第25条第4項の命令に従わなかった者は、命令を発した支部協議会又は地区協議会の裁定に従い、10万円の違約金を支払わなければならない。第34条の勧告に従わなかった者についても同様とする。

2　違反容疑者が、支部協議会事務局長、同事務局職員による調査を拒否した場合、当該販売業者は支部協議会の裁定に従い10万円の違約金を支払わなければならない。

3　販売業者による調査拒否が再度行われた場合には、支部協議会は系統新聞社に対し適切な指導を求めるものとする。

4　調査に必要な帳簿類の改ざんが発見された場合には、調査対象店は、支部協議会の裁定に従い10万円の違約金を支払わなければならない。

第7節　その他

〔対抗手段の禁止〕

第42条　新聞事業者は、いかなる場合であっても、他の新聞事業者の違反容疑行為又は違反行為への対抗手段を講じてはならず、また他の新聞事業者の違反行為を理由として自己の違反行為の責を免れることはできない。

〔保証金の預託等、違約金等の支払い〕

第43条 新聞社は、違約金等の支払いを保証するため、地区協議会に各系統ごとに200万円を預託しなければならない。

2 販売業者は、違約金等の支払いを保証するため、以下の金額を支部協議会に預託しなければならない。

① 取扱い部数が1,000部以上の販売業者の場合には、10万円。

② 取扱い部数が1,000部未満の販売業者の場合には、2万円以上10万円未満の範囲内で支部協議会が決定した金額。

3 違約金等の支払い命令を受けた者は、10日以内に違約金等を支払わなければならない。

4 販売業者が違約金等を支払わない場合には、第2項の預託金から徴収し、預託されていない場合又は金額が不足する場合は、地区協議会に積み立てた第1項の預託金から徴収するものとする。

5 新聞社が違約金を支払わない場合についても、第1項の預託金から徴収するものとする。

〔違約金の使途〕

第44条 徴収した違約金は、当該支部協議会又は地区協議会の運営経費に充てるものとする。

〔悪意の申告等に対する違約金〕

第45条 支部協議会は、新聞公正取引協議会会員による申告であって、それが悪意によるものと裁定した場合には、当該申告者に対して、調査に要した経費及び10万円の違約金を請求することができる。

第4章　違反行為の防止措置等

〔セールススタッフの登録等〕

第46条 セールススタッフの違反行為は、業務委託した販売業者又は新聞社の責任であり、販売業者が責任を負わない場合は、系統新聞社が責任を負う。

2 新聞社又は販売業者はセールススタッフに業務委託する場合、その業務委託証明書を発行し、就業の間携帯させなければならない。

3 新聞社は、自己又は自己の系統販売業者が業務を委託するセールススタッフを関係支部協議会事務局に登録しなければならない。支部協議会事務局長は、登録があった場合には登録証を発行し、合わせて当該スタッフから正常販売の誓約書を提出させるものとする。セールススタッフの関係支部協議会事務局への登録に代えて、正常販売の確保を目的とする新聞セールスインフォメーションセンター等の組織に登録することができる。この

場合には、同センター長等が登録証を発行し、正常販売の誓約書を提出させるものとする。

4 新聞社又は販売業者は、就業中のセールススタッフに対し、身分証を携帯させるものとする。

5 新聞社及び販売業者は、第3項又は第4項に違反するセールススタッフに対して業務委託をしてはならず、セールススタッフが購読申込カードを持参してもこれを受け取ってはならない。

6 新聞社及び販売業者は、セールススタッフが提出する購読申込カードに当該スタッフの所属団体、氏名、購読申込月日、購読月の記載のない場合には、当該購読申込カードを受け取ってはならない。

〔正常化状況の監視〕

第47条 地域別協議会は、外部有識者によるオンブズマン会議を設置することができる。

2 協議委員会は、オンブズマン会議の内容について地域別協議会に対し報告を求めることができる。

3 地域別協議会は、地域の景表法運用機関、消費生活センター、消費者団体等と適宜意見交換を行い、規約の順守状況の監視と正常販売の確保に努めるものとする。

4 地域別協議会は、モニター調査の結果を年1回広報するものとする。

5 新聞社は、読者からの景品類の提供に関する苦情受付窓口を設置するものとする。

〔正常販売のPR〕

第48条 地域別協議会は、正常販売を促進するため、読者に対するPR活動（紙面広告、折込みを含む）を積極的に行うとともに、新聞公正取引協議会会員相互の正常販売意識の高揚に努めるものとする。

2 地域別協議会は、会員に対し随時規約等の周知徹底を行うものとする。

〔事務局の研修〕

第49条 地区協議会は、規約、規則をより円滑に運用できるよう、支部協議会事務局長の研修を年2回以上、事務局職員の研修を随時実施するものとする。

〔附則〕

1 この施行規則の変更は、平成12年9月1日から施行する。

〔附則〕

この施行規則の変更は、公正取引委員会の承認のあった日（平成14年4月16日）から施行する。

〔附則〕

この施行規則の変更は、公正取引委員会の承認の

あった日（平成16年12月24日）から施行する。

〔附則〕
　この施行規則の変更は、公正取引委員会の承認のあった日（平成20年10月6日）から施行する。

〔附則〕
　この施行規則の変更は、消費者庁及び消費者委員会設置法（平成21年法律第48号）の施行日から施行する。

※施行日は平成21年9月1日

〔附則〕
　この施行規則の変更は、消費者庁長官及び公正取引委員会の承認があった日（平成22年3月15日）から施行する。

〔附則〕
　この施行規則の変更は、消費者庁長官及び公正取引委員会の承認があった日（令和2年11月17日）から施行する。

○新聞公正取引協議会の組織及び運営に関する規則

1998（平成10）年9月1日施行
1999（平成11）年4月1日施行
2002（平成14）年4月16日施行
2009（平成21）年9月1日施行

第1章　総則

〔目的〕
第1条　この規則は、新聞業における景品類の提供の制限に関する公正競争規約（以下「規約」という。）を円滑かつ適正に運営するため、新聞公正取引協議会の組織及び運営を定めることを目的とする。

第2章　新聞公正取引協議会の組織

第1節　新聞公正取引協議会

〔事業〕
第2条　新聞公正取引協議会（以下「協議会」という。）は、前条の目的を達成するため、規約第7条第3項に掲げる事業を行う。

〔組織〕
第3条　協議会は、新聞の発行を業とする者（以下「新聞社」という。）及び新聞の販売を業とする者（以下「販売業者」という。）により組織する。

〔会長〕
第4条　会長は、会員総会において選任する。
2　会長は、協議会の会務を総括し、協議会を代表し、また、会員総会を招集して、その議長を務める。
3　会長は、新聞公正取引協議委員会の活動報告を定期的に受け、その都度、必要な指示、助言を行う。
4　会長は、その職務、権限の一部を新聞公正取引協議委員会に委任することができる。
5　会長の任期は2年とし、再任を妨げない。

〔総会〕
第5条　会員総会は、原則として、年に1回開催し、協議会の運営、予算その他会務について会員の承認を得なければならない。
2　会員総会は、あらかじめ選出された新聞社代表及びその系統販売業者代表（以下「代議員」という。）がその選出系統の会員の委任を受けて出席するものとする。
3　会員総会は、代議員の過半数の出席をもって成立する。

第2節　新聞公正取引協議委員会

〔事業〕
第6条　新聞公正取引協議委員会（以下「協議委員会」という。）は、第4条第4項の会長の委任を受け、第1条の目的を達成するため、規約第7条第3項に掲げる事業を行う。

〔組織及び委員の選任〕
第7条　協議委員会は、委員長及び委員をもって組織する。
2　委員は、新聞社代表及び販売業者代表とする。
3　委員長及び委員の任期は1年とする。ただし、再任は妨げない。

〔委員長〕
第8条　委員長は委員の互選によって選任する。
2　委員長は、協議委員会の会務を総括し、協議委員会を代表し、また会議を招集してその議長となる。
3　委員の中から互選により若干名の副委員長を選任する。副委員長は委員長を補ひつし、委員長に事故あるときは、その職務を代行する。

〔会議〕
第9条　協議委員会は、原則として毎月1回定例会議を開く。
2　委員長は、必要があると認めるときは、臨時に会議を招集することができる。
3　会議は、委員の過半数の出席をもって成立する。

〔常任委員会〕
第10条　協議委員会の下には、委員若干名をもって構成する常任委員会を置く。

〔意見聴取〕

第11条 協議委員会は、必要があると認めるとき
　　は、関係者の出席を求めて意見を聴くことができ
　　る。

〔事務局〕

第12条 協議委員会の事務を処理するため、事務局
　　を置く。協議委員会の事務局の事務は、社団法人
　　日本新聞協会事務局に委嘱する。事務局には必要
　　に応じて事務局長、幹事を置く。

第3節　地域別新聞公正取引協議会

〔地域別新聞公正取引協議会〕

第13条 協議委員会の下に、別表の地区ごとに新聞
　　社代表及び販売業者代表をもって組織する地区新
　　聞公正取引協議会を置く。同協議会の下に常任委
　　員会を置くことができる。

2　地区新聞公正取引協議会の下に、その支部ごと
　　に新聞社代表及び販売業者代表をもって組織する
　　支部新聞公正取引協議会を置く。同協議会の下に
　　常任委員会を置くことができる。

3　支部新聞公正取引協議会の下に、新聞社の販売
　　担当者及び販売業者若しくは販売業者のみをもっ
　　て組織する地域別実行委員会を置く。

〔事業〕

第14条 地区新聞公正取引協議会、支部新聞公正取
　　引協議会及び地域別実行委員会（以下「地域別新
　　聞公正取引協議会」という。）は、その管轄地域
　　内における規約第7条第3項に掲げる事業を行
　　う。

〔届出事項〕

第15条 地域別新聞公正取引協議会は、次の事項に
　　ついて、それぞれの上部機関を経由して協議委員
　　会に届け出るものとする。

①　第20条及び第28条により定めた規則等

②　委員会議事録

③　経費の分担方式

④　その他協議委員会の求める事項

2　上部機関は、それぞれ下部機関に対してその必
　　要とする事項の報告を求めることができる。

〔経費の分担〕

第16条 地域別新聞公正取引協議会の経費は、各協
　　議会構成員が分担するものとし、その徴収方法は
　　各協議会ごとにその協議会において定める。

〔事務局の設置〕

第17条 地域別新聞公正取引協議会は、必要に応
　　じ、事務局を置くことができる。ただし、支部新
　　聞公正取引協議会は必ず事務局を置くものとす
　　る。

〔支部新聞公正取引協議会事務局長〕

第18条 支部新聞公正取引協議会（以下、「支部協
　　議会」という。）は、新聞業の関係者以外の第三
　　者から、支部協議会事務局長を選任する。

2　支部協議会事務局長は、支部協議会の指示によ
　　り支部協議会の運営に係る事務を処理するほか、
　　景品類の届出に係る業務、違反処理に係る業務を
　　自らの権限で行う。

3　支部協議会は支部協議会事務局長に対して前項
　　の業務を遂行するために必要な権限をあらかじめ
　　付与する。

4　本条2項でいう「違反処理」とは、違反情報の
　　探知、違反申告の受付、違反調査、違反の認定、
　　違反認定に係る第三者の活用、違反措置案の作
　　成、支部協議会への報告をいう。

〔地区新聞公正取引協議会事務局長〕

第19条 地区新聞公正取引協議会に事務局を置く場
　　合には、前条を準用する。

〔規則の制定〕

第20条 地域別新聞公正取引協議会は、協議委員会
　　の承認を得て、組織及び運営に関する規則を定め
　　ることができる。

第3章　協議会の運営

〔違反者に対する措置〕

第21条 協議委員会又は地域別新聞公正取引協議会
　　は、第6条又は第14条に基づき、規約の規定に
　　違反する事実があると認めたときは、違反者に対
　　し、次の措置を採ることができる。

①　違反行為の停止又は撤回

②　実害補償又は復元

③　謝罪及び広告

④　違約金の支払い

⑤　その他必要な措置

2　前項第3号の謝罪とは、口頭又は文書による謝
　　罪、違反行為の取消しをいう。

3　第1項第4号の違約金の限度及び支払いの方法
　　は、新聞業における景品類の提供の制限に関する
　　公正競争規約施行規則により定める。

〔地域別新聞公正取引協議会の上申〕

第22条 地域別新聞公正取引協議会は、違反行為の
　　処理について、自ら解決することが困難であると
　　思料したときは、それぞれ直接の上部機関に申し
　　出て、その裁定を受けるものとする。

〔地区新聞公正取引協議会の特別措置〕

第23条 地区新聞公正取引協議会は、緊急を要する
　　と認めるときは、前条の規定にかかわらず、自ら
　　消費者庁長官に報告することができる。この場合
　　には、遅滞なくその旨を協議委員会に報告しなけ

ればならない。

〔小委員会による措置〕

第24条 協議委員会は、違反行為の処理について、地区新聞公正取引協議会から裁定を求められた場合において、当該事案が全国的なものと認められないときは、当該地区に関係のある協議委員会委員をもって小委員会を組織し、これを処理させることができる。

2 前項の場合において、協議委員会委員長は、当該事案を緊急に処理する必要があると認めるときは、協議委員会の議を経ないで、小委員会を組織することができる。

3 小委員会は、協議委員会委員長が招集し、協議委員会委員長がその議長となる。

4 小委員会は、必要に応じ、その会議に関係者の出席を求めて意見を聴くことができる。

〔小委員会の措置報告〕

第25条 協議委員会委員長は、前条第2項により小委員会を組織したときは、その旨を、小委員会が当該事案の処理を決定したときは、その内容を遅滞なく、協議委員会に報告しなければならない。

〔緊急停止勧告〕

第26条 協議委員会委員長は、緊急を要すると認めるときは、協議委員会の議を経ないで、違反社に対し、一時違反行為を停止すべき旨を勧告することができる。

〔協議委員会の特別措置〕

第27条 協議委員会は、違反者が協議委員会又は小委員会の裁定に従わないときは、消費者庁長官に報告することができる。

〔細則の制定〕

第28条 地域別新聞公正取引協議会は、協議委員会の承認を得て、規約の解釈を明確にするため必要な事項及び違反行為の調査その他の手続に関する細則を定めることができる。

附則

1 この規則は、平成10年9月1日から施行する。

2 この規則は施行の日から2年以内に見直しを行うものとする。

附則

1 この規則は、平成11年4月1日から施行する。

2 この規則は施行の日から平成12年8月末までに見直しを行うものとする。

附則

この規則の変更は、公正取引委員会の承認のあった日（平成14年4月16日）から施行する。

附則

この規則の変更は、消費者庁及び消費者委員会設置法（平成21年法律第48号）の施行日から施行する。

※施行日は平成21年9月1日

○新聞折り込み広告基準

1962（昭和37）年9月14日基準・細則制定
1995（平成7）年5月19日基準・細則統合、改正
2002（平成14）年5月17日改正

日本新聞協会に加盟する新聞社とその新聞を取り扱う販売店は、折り込み広告が新聞と同時に配布される社会的影響を考慮し次のような折り込み広告の取り扱いに注意する。

ただし本基準は、あくまでガイドラインを示すにとどまるものであって、会員新聞社と販売店の折り込み広告における判断を拘束したり、法的規制力をもつものではない。

1．責任の所在および内容が不明確な広告

(1) 広告についての責任は表現を含め広告主にある。したがって責任の所在を明らかにするため、広告主名、所在地、連絡先が記載されていない広告は受け付けるべきではない。

(2) 広告をみても広告の意味、目的が分からないものは受け付けるべきではない。

2．虚偽または誤認されるおそれがある広告

(1) 虚偽の広告はもちろん、「日本一」「世界一」等の最高・最大級の表現、「確実に儲かる」「ぜったいにやせる」等の断定的表現を何の裏付けもなく使用した広告は、受け付けるべきではない。

(2) 市価より高い価格を市価とするなどの不当な「二重価格表示広告」、商品が準備されていないのに掲載するなどの「おとり広告」は、受け付けるべきではない。

3．公序良俗を乱す表現の広告

露骨な性表現あるいは暴力や犯罪を肯定、礼賛する広告、麻薬・覚醒剤の使用を賛美したり、その他残虐な表現のある広告は受け付けるべきではない。

4．不動産広告

不動産広告の表示は、「宅地建物取引業法」などの関係法規、不動産公正取引協議会の「不動産の表示に関する公正競争規約」による。

5．求人広告

(1) 「労働基準法」「職業安定法」は、求人にあたって労働条件を明示しなければならないとして

おり、雇用主の名称・所在地・連絡先、企業の業種と就業する職種等必要な事項が表示されていない広告は、受け付けるべきではない。また、「男女雇用機会均等法」によって、例外を除き、男女による差別を禁じる規定があるので、表記については注意すべきである。高齢者の雇用促進を図ることを目的とした「雇用対策法」の趣旨にかんがみ、年齢による差別には留意されたい。

(2) 履歴書用紙付求人広告は、履歴書に本籍地、家族関係、宗教・支持政党等、差別につながる可能性がある項目があるものは受け付けない。

(3) 求人広告に見せかけて講習料をとったり、物品・書籍等を売りつけたりするのが目的である広告、詐欺商法に注意すべきである。

6. 名誉毀損、プライバシーの侵害等のおそれのある広告

広告表現中において名誉毀損、プライバシーの侵害、信用棄損・業務妨害となるおそれがあるものは、受け付けるべきではない。

7. 選挙運動ビラ等

(1) 選挙運動のための折り込み広告は、「公職選挙法」の要件を備えたもの以外は頒布することができない。

(2) 事前運動とみなされるおそれがある広告については、発行本社と協議のうえ受け付けるかどうかを決定する。

8. 弁護士の広告

弁護士および外国特別会員の業務広告は日本弁護士連合会の「弁護士の業務広告に関する規程」「外国特別会員の業務広告に関する規程」により定められた範囲内でなければ広告できない。

9. 医療関係、医薬品、健康食品、エステティック等の広告

(1) 医業・歯科医業・病院・診療所・助産所などの広告は、医療法に定められた事項以外は広告できない。あん摩業・マッサージ業、柔道整復業などについても関連法規に定められた事項以外は広告できない。

(2) 医薬品・医薬部外品・化粧品・医療用具・特定疾病用の医薬品・承認前の医薬品等の広告は、「医薬品等適正広告基準」の範囲内でなければ広告できない。

(3) 健康食品の広告は医薬品的な効能・効果を表示できない。

(4) 美顔・そう身等エステ関連広告については、「特定商取引法」で誇大広告の禁止が定められている。このほか、日本エステティック業協会

が「エステティック業界における事業活動の適正化に関する自主基準」で広告表示に関する禁止事項を定めている。

10. 金融関係の広告

(1) 消費者金融広告等の貸金業の広告では、「貸金業の規制等に関する法律」で利率や登録番号など必要な表示事項を記載するように定められている。また、貸付条件について誇大広告が禁止されている。

(2) 抵当証券業、投資顧問業、金融先物取引業などの広告については関連法規によって虚偽誇大、誤認期待の表現を禁止しているほか、必要表示（注意表示）事項が定められている。

11. その他

前記以外の事項でも、公序良俗に反したり、反社会的な表現の広告、誹謗中傷の恐れのある広告あるいは迷信などに頼る非科学的な広告などは、発行本社と協議のうえ受け付けるかどうかを決定する。その他、独占禁止法、景品表示法、関係告示、規約を順守する。

○私的独占の禁止及び公正取引の確保に関する法律

（1947〈昭和22〉年法律第54号）

第1章　総則

〔目的〕

第1条 この法律は、私的独占、不当な取引制限及び不公正な取引方法を禁止し、事業支配力の過度の集中を防止して、結合、協定等の方法による生産、販売、価格、技術等の不当な制限その他一切の事業活動の不当な拘束を排除することにより、公正且つ自由な競争を促進し、事業者の創意を発揮させ、事業活動を盛んにし、雇傭及び国民実所得の水準を高め、以て、一般消費者の利益を確保するとともに、国民経済の民主的で健全な発達を促進することを目的とする。

〔定義〕

第2条 この法律において「事業者」とは、商業、工業、金融業その他の事業を行う者をいう。事業者の利益のためにする行為を行う役員、従業員、代理人その他の者は、次項又は第3章の規定の適用については、これを事業者とみなす。

2　この法律において「事業者団体」とは、事業者としての共通の利益を増進することを主たる目的

とする2以上の事業者の結合体又はその連合体をいい、次に掲げる形態のものを含む。ただし、2以上の事業者の結合体又はその連合体であつて、資本又は構成事業者の出資を有し、営利を目的として商業、工業、金融業その他の事業を営むことを主たる目的とし、かつ、現にその事業を営んでいるものを含まないものとする。

① 2以上の事業者が社員（社員に準ずるものを含む。）である社団法人その他の社団

② 2以上の事業者が理事又は管理人の任免、業務の執行又はその存立を支配している財団法人その他の財団

③ 2以上の事業者を組合員とする組合又は契約による2以上の事業者の結合体

3 この法律において「役員」とは、理事、取締役、執行役、業務を執行する社員、監事若しくは監査役若しくはこれらに準ずる者、支配人又は本店若しくは支店の事業の主任者をいう。

4 この法律において「競争」とは、2以上の事業者がその通常の事業活動の範囲内において、かつ、当該事業活動の施設又は態様に重要な変更を加えることなく次に掲げる行為をし、又はすることができる状態をいう。

① 同一の需要者に同種又は類似の商品又は役務を供給すること

② 同一の供給者から同種又は類似の商品又は役務の供給を受けること

5 この法律において「私的独占」とは、事業者が、単独に、又は他の事業者と結合し、若しくは通謀し、その他いかなる方法をもつてするかを問わず、他の事業者の事業活動を排除し、又は支配することにより、公共の利益に反して、一定の取引分野における競争を実質的に制限することをいう。

6 この法律において「不当な取引制限」とは、事業者が、契約、協定その他何らの名義をもつてするかを問わず、他の事業者と共同して対価を決定し、維持し、若しくは引き上げ、又は数量、技術、製品、設備若しくは取引の相手方を制限する等相互にその事業活動を拘束し、又は遂行することにより、公共の利益に反して、一定の取引分野における競争を実質的に制限することをいう。

7 この法律において「独占的状態」とは、同種の商品（当該同種の商品に係る通常の事業活動の施設又は態様に重要な変更を加えることなく供給することができる商品を含む。）（以下この項において「一定の商品」という。）並びにこれとその機能及び効用が著しく類似している他の商品で国内

において供給されたもの（輸出されたものを除く。）の価額（当該商品に直接課される租税の額に相当する額を控除した額とする。）又は国内において供給された同種の役務の価額（当該役務の提供を受ける者に当該役務に関して課される租税の額に相当する額を控除した額とする。）の政令で定める最近の1年間における合計額が1000億円を超える場合における当該一定の商品又は役務に係る一定の事業分野において、次に掲げる市場構造及び市場における弊害があることをいう。

① 当該1年間において、一の事業者の事業分野占拠率（当該一定の商品並びにこれとその機能及び効用が著しく類似している他の商品で国内において供給されたもの（輸出されたものを除く。）又は国内において供給された当該役務の数量（数量によることが適当でない場合にあつては、これらの価額とする。以下この号において同じ。）のうち当該事業者が供給した当該一定の商品並びにこれとその機能及び効用が著しく類似している他の商品又は役務の数量の占める割合をいう。以下この号において同じ。）が2分の1を超え、又は二の事業者のそれぞれの事業分野占拠率の合計が4分の3を超えていること。

② 他の事業者が当該事業分野に属する事業を新たに営むことを著しく困難にする事情があること。

③ 当該事業者の供給する当該一定の商品又は役務につき、相当の期間、需給の変動及びその供給に要する費用の変動に照らして、価格の上昇が著しく、又はその低下がきん少であり、かつ、当該事業者がその期間次のいずれかに該当していること。

イ 当該事業者の属する政令で定める業種における標準的な政令で定める種類の利益率を著しく超える率の利益を得ていること。

ロ 当該事業者の属する事業分野における事業者の標準的な販売費及び一般管理費に比し著しく過大と認められる販売費及び一般管理費を支出していること。

8 経済事情が変化して国内における生産業者の出荷の状況及び卸売物価に著しい変動が生じたときは、これらの事情を考慮して、前項の金額につき政令で別段の定めをするものとする。

9 この法律において「不公正な取引方法」とは、次の各号のいずれかに該当する行為をいう。

① 正当な理由がないのに、競争者と共同して、次のいずれかに該当する行為をすること。

イ　ある事業者に対し、供給を拒絶し、又は供
　　給に係る商品若しくは役務の数量若しくは内
　　容を制限すること。
　　ロ　他の事業者に、ある事業者に対する供給を
　　　拒絶させ、又は供給に係る商品若しくは役務
　　　の数量若しくは内容を制限させること。
②　不当に、地域又は相手方により差別的な対価
　　をもつて、商品又は役務を継続して供給するこ
　　とであつて、他の事業者の事業活動を困難にさ
　　せるおそれがあるもの
③　正当な理由がないのに、商品又は役務をその
　　供給に要する費用を著しく下回る対価で継続し
　　て供給することであつて、他の事業者の事業活
　　動を困難にさせるおそれがあるもの
④　自己の供給する商品を購入する相手方に、正
　　当な理由がないのに、次のいずれかに掲げる拘
　　束の条件を付けて、当該商品を供給すること。
　　イ　相手方に対しその販売する当該商品の販売
　　　価格を定めてこれを維持させることその他相
　　　手方の当該商品の販売価格の自由な決定を拘
　　　束すること。
　　ロ　相手方の販売する当該商品を購入する事業
　　　者の当該商品の販売価格を定めて相手方をし
　　　て当該事業者にこれを維持させることその他
　　　相手方をして当該事業者の当該商品の販売価
　　　格の自由な決定を拘束させること。
⑤　自己の取引上の地位が相手方に優越している
　　ことを利用して、正常な商慣習に照らして不当
　　に、次のいずれかに該当する行為をすること。
　　イ　継続して取引する相手方（新たに継続して
　　　取引しようとする相手方を含む。ロにおいて
　　　同じ。）に対して、当該取引に係る商品又は
　　　役務以外の商品又は役務を購入させること。
　　ロ　継続して取引する相手方に対して、自己の
　　　ために金銭、役務その他の経済上の利益を提
　　　供させること。
　　ハ　取引の相手方からの取引に係る商品の受領
　　　を拒み、取引の相手方から取引に係る商品を
　　　受領した後当該商品を当該取引の相手方に引
　　　き取らせ、取引の相手方に対して取引の対価
　　　の支払を遅らせ、若しくはその額を減じ、そ
　　　の他取引の相手方に不利益となるように取引
　　　の条件を設定し、若しくは変更し、又は取引
　　　を実施すること。
⑥　前各号に掲げるもののほか、次のいずれかに
　　該当する行為であつて、公正な競争を阻害する
　　おそれがあるもののうち、公正取引委員会が指
　　定するもの

　　イ　不当に他の事業者を差別的に取り扱うこ
　　　と。
　　ロ　不当な対価をもつて取引すること。
　　ハ　不当に競争者の顧客を自己と取引するよう
　　　に誘引し、又は強制すること。
　　ニ　相手方の事業活動を不当に拘束する条件を
　　　もつて取引すること。
　　ホ　自己の取引上の地位を不当に利用して相手
　　　方と取引すること。
　　ヘ　自己又は自己が株主若しくは役員である会
　　　社と国内において競争関係にある他の事業者
　　　とその取引の相手方との取引を不当に妨害
　　　し、又は当該事業者が会社である場合におい
　　　て、その会社の株主若しくは役員をその会社
　　　の不利益となる行為をするように、不当に誘
　　　引し、唆し、若しくは強制すること。

第2章　私的独占及び不当な取引制限
〔課徴金に関する定義〕
第2条の2（略）
〔私的独占又は不当な取引制限の禁止〕
第3条　事業者は、私的独占又は不当な取引制限を
　　してはならない。
第4条及び第5条削除
〔特定の国際的協定又は契約の禁止〕
第6条（略）
〔排除措置〕
第7条（略）
〔不当な取引制限に係る課徴金の算定基礎等〕
第7条の2〜9（略）

第3章　事業者団体
〔事業者団体の禁止行為〕
第8条　事業者団体は、次の各号のいずれかに該当
　　する行為をしてはならない。
①　一定の取引分野における競争を実質的に制限
　　すること。
②　第6条に規定する国際的協定又は国際的契約
　　をすること。
③　一定の事業分野における現在又は将来の事業
　　者の数を制限すること。
④　構成事業者（事業者団体の構成員である事業
　　者をいう。以下同じ。）の機能又は活動を不当
　　に制限すること。
⑤　事業者に不公正な取引方法に該当する行為を
　　させるようにすること。
〔排除措置〕
第8条の2

前条の規定に違反する行為があるときは、公正取引委員会は、第8章第2節に規定する手続に従い、事業者団体に対し、当該行為の差止め、当該団体の解散その他当該行為の排除に必要な措置を命ずることができる。

2 　第7条第2項の規定は、前条の規定に違反する行為に準用する。

3 　公正取引委員会は、事業者団体に対し、第1項又は前項において準用する第7条第2項に規定する措置を命ずる場合において、特に必要があると認めるときは、第8章第2節に規定する手続に従い、当該団体の役員若しくは管理人又はその構成事業者（事業者の利益のためにする行為を行う役員、従業員、代理人その他の者が構成事業者である場合には、当該事業者を含む。第26条第1項において同じ。）に対しても、第1項又は前項において準用する第7条第2項に規定する措置を確保するために必要な措置を命ずることができる。

〔事業者団体の構成事業者に対する課徴金及び課徴金の減免〕
第8条の3 　（略）

第3章の2　独占的状態
〔独占的状態に対する措置〕
第8条の4 　（略）

第4章　株式の保有、役員の兼任、合併、分割、株式移転及び事業の譲受け
第9条～18条 　（略）

第5章　不公正な取引方法
〔不公正な取引方法の禁止〕
第19条 　事業者は、不公正な取引方法を用いてはならない。

〔排除措置〕
第20条 　前条の規定に違反する行為があるときは、公正取引委員会は、第8章第2節に規定する手続に従い、事業者に対し、当該行為の差止め、契約条項の削除その他当該行為を排除するために必要な措置を命ずることができる。

2 　第7条第2項の規定は、前条の規定に違反する行為に準用する。

〔共同の取引拒絶に係る課徴金〕
第20条の2 　（略）
〔差別対価に係る課徴金〕
第20条の3 　（略）
〔不当廉売に係る課徴金〕
第20条の4 　（略）

〔再販売価格の拘束に係る課徴金〕
第20条の5 　（略）
〔優越的地位の濫用に係る課徴金〕
第20条の6 　（略）
〔不当な取引制限等に係る課徴金の規定の準用〕
第20条の7 　（略）

第6章　適用除外
〔知的財産権の行使行為〕
第21条 　この法律の規定は、著作権法、特許法、実用新案法、意匠法又は商標法による権利の行使と認められる行為にはこれを適用しない。

〔一定の組合の行為〕
第22条 　（略）

〔再販売価格維持〕
第23条 　この法律の規定は、公正取引委員会の指定する商品であつて、その品質が一様であることを容易に識別することができるものを生産し、又は販売する事業者が、当該商品の販売の相手方たる事業者とその商品の再販売価格（その相手方たる事業者又はその相手方たる事業者の販売する当該商品を買い受けて販売する事業者がその商品を販売する価格をいう。以下同じ。）を決定し、これを維持するためにする正当な行為については、これを適用しない。ただし、当該行為が一般消費者の利益を不当に害することとなる場合及びその商品を販売する事業者がする行為にあつてはその商品を生産する事業者の意に反してする場合は、この限りでない。

2 　公正取引委員会は、次の各号に該当する場合でなければ、前項の規定による指定をしてはならない。

① 　当該商品が一般消費者により日常使用されるものであること。

② 　当該商品について自由な競争が行われていること。

3 　第1項の規定による指定は、告示によつてこれを行う。

4 　著作物を発行する事業者又はその発行する物を販売する事業者が、その物の販売の相手方たる事業者とその物の再販売価格を決定し、これを維持するためにする正当な行為についても、第1項と同様とする。

5 　第1項又は前項に規定する販売の相手方たる事業者には、次に掲げる法律の規定に基づいて設立された団体を含まないものとする。ただし、第7号及び第10号に掲げる法律の規定に基づいて設立された団体にあつては、事業協同組合、事業協

同小組合、協同組合連合会、商工組合又は商工組
合連合会が当該事業協同組合、協同組合連合会、
商工組合又は商工組合連合会を直接又は間接に構
成する者の消費の用に供する第2項に規定する商
品又は前項に規定する物を買い受ける場合に限
る。
① 国家公務員法
② 農業協同組合法
③ 消費生活協同組合法
④ 水産業協同組合法
⑤ 行政執行法人の労働関係に関する法律
⑥ 労働組合法
⑦ 中小企業等協同組合法
⑧ 地方公務員法
⑨ 地方公営企業等の労働関係に関する法律
⑩ 中小企業団体の組織に関する法律
⑪ 国家公務員共済組合法
⑫ 地方公務員等共済組合法
⑬ 森林組合法
6　第1項に規定する事業者は、同項に規定する再
販売価格を決定し、これを維持するための契約を
したときは、公正取引委員会規則の定めるところ
により、その契約の成立の日から30日以内に、
その旨を公正取引委員会に届け出なければならな
い。ただし、公正取引委員会規則の定める場合
は、この限りでない。

第24条〜118条（略）

※全文は法令データベース「e-Gov 法令検索」参照

○不公正な取引方法

（1982〈昭和57〉年6月18日
公正取引委員会告示第15号）
改正2009〈平成21〉年10月28日
公正取引委員会告示第18号

〔共同の取引拒絶〕

1　正当な理由がないのに、自己と競争関係にある
他の事業者（以下「競争者」という。）と共同し
て、次の各号のいずれかに掲げる行為をするこ
と。
① ある事業者から商品若しくは役務の供給を受
けることを拒絶し、又は供給を受ける商品若し
くは役務の数量若しくは内容を制限すること。
② 他の事業者に、ある事業者から商品若しくは
役務の供給を受けることを拒絶させ、又は供給
を受ける商品若しくは役務の数量若しくは内容
を制限させること。

〔その他の取引拒絶〕

2　不当に、ある事業者に対し取引を拒絶し若しく
は取引に係る商品若しくは役務の数量若しくは内
容を制限し、又は他の事業者にこれらに該当する
行為をさせること。

〔差別対価〕

3　私的独占の禁止及び公正取引の確保に関する法
律（昭和22年法律第54号。以下「法」という。）
第2条第9項第2号に該当する行為のほか、不当
に、地域又は相手方により差別的な対価をもっ
て、商品若しくは役務を供給し、又はこれらの供
給を受けること。

〔取引条件等の差別取扱い〕

4　不当に、ある事業者に対し取引の条件又は実施
について有利な又は不利な取扱いをすること。

〔事業者団体における差別取扱い等〕

5　事業者団体若しくは共同行為からある事業者を
不当に排斥し、又は事業者団体の内部若しくは共
同行為においてある事業者を不当に差別的に取り
扱い、その事業者の事業活動を困難にさせるこ
と。

〔不当廉売〕

6　法第2条第9項第3号に該当する行為のほか、
不当に商品又は役務を低い対価で供給し、他の事
業者の事業活動を困難にさせるおそれがあるこ
と。

〔不当高価購入〕

7　不当に商品又は役務を高い対価で購入し、他の
事業者の事業活動を困難にさせるおそれがあるこ
と。

〔ぎまん的顧客誘引〕

8　自己の供給する商品又は役務の内容又は取引条
件その他これらの取引に関する事項について、実
際のもの又は競争者に係るものよりも著しく優良
又は有利であると顧客に誤認させることにより、
競争者の顧客を自己と取引するように不当に誘引
すること。

〔不当な利益による顧客誘引〕

9　正常な商慣習に照らして不当な利益をもって、
競争者の顧客を自己と取引するように誘引するこ
と。

〔抱き合わせ販売等〕

10　相手方に対し、不当に、商品又は役務の供給

に併せて他の商品又は役務を自己又は自己の指定する事業者から購入させ、その他自己又は自己の指定する事業者と取引するように強制すること。

〔排他条件付取引〕

11　不当に、相手方が競争者と取引しないことを条件として当該相手方と取引し、競争者の取引の機会を減少させるおそれがあること。

〔拘束条件付取引〕

12　法第2条第9項第4号又は前項に該当する行為のほか、相手方とその取引の相手方との取引その他相手方の事業活動を不当に拘束する条件をつけて、当該相手方と取引すること。

〔取引の相手方の役員選任への不当干渉〕

13　自己の取引上の地位が相手方に優越していることを利用して、正常な商慣習に照らして不当に、取引の相手方である会社に対し、当該会社の役員（法第2条第3項の役員をいう。以下同じ。）の選任についてあらかじめ自己の指示に従わせ、又は自己の承認を受けさせること。

〔競争者に対する取引妨害〕

14　自己又は自己が株主若しくは役員である会社と国内において競争関係にある他の事業者とその取引の相手方との取引について、契約の成立の阻止、契約の不履行の誘引その他いかなる方法をもつてするかを問わず、その取引を不当に妨害すること。

〔競争会社に対する内部干渉〕

15　自己又は自己が株主若しくは役員である会社と国内において競争関係にある会社の株主又は役員に対し、株主権の行使、株式の譲渡、秘密の漏えいその他いかなる方法をもつてするかを問わず、その会社の不利益となる行為をするように、不当に誘引し、そそのかし、又は強制すること。

○不当景品類及び不当表示防止法

1962（昭和37）年法律第134号

第1章　総則

〔目的〕

第1条　この法律は、商品及び役務の取引に関連する不当な景品類及び表示による顧客の誘引を防止するため、一般消費者による自主的かつ合理的な選択を阻害するおそれのある行為の制限及び禁止について定めることにより、一般消費者の利益を保護することを目的とする。

〔定義〕

第2条　この法律で「事業者」とは、商業、工業、金融業その他の事業を行う者をいい、当該事業を行う者の利益のためにする行為を行う役員、従業員、代理人その他の者は、次項及び第31条の規定の適用については、これを当該事業者とみなす。

2　この法律で「事業者団体」とは、事業者としての共通の利益を増進することを主たる目的とする2以上の事業者の結合体又はその連合体をいい、次に掲げる形態のものを含む。ただし、2以上の事業者の結合体又はその連合体であつて、資本又は構成事業者（事業者団体の構成員である事業者をいう。第40条において同じ。）の出資を有し、営利を目的として商業、工業、金融業その他の事業を営むことを主たる目的とし、かつ、現にその事業を営んでいるものを含まないものとする。

① 　2以上の事業者が社員（社員に準ずるものを含む。）である一般社団法人その他の社団

② 　2以上の事業者が理事又は管理人の任免、業務の執行又はその存立を支配している一般財団法人その他の財団

③ 　2以上の事業者を組合員とする組合又は契約による2以上の事業者の結合体

3　この法律で「景品類」とは、顧客を誘引するための手段として、その方法が直接的であるか間接的であるかを問わず、くじの方法によるかどうかを問わず、事業者が自己の供給する商品又は役務の取引（不動産に関する取引を含む。以下同じ。）に付随して相手方に提供する物品、金銭その他の経済上の利益であつて、内閣総理大臣が指定するものをいう。

4　この法律で「表示」とは、顧客を誘引するための手段として、事業者が自己の供給する商品又は役務の内容又は取引条件その他これらの取引に関する事項について行う広告その他の表示であつて、内閣総理大臣が指定するものをいう。

〔景品類及び表示の指定に関する公聴会等及び告示〕

第3条　内閣総理大臣は、前条第3項若しくは第4項の規定による指定をし、又はその変更若しくは廃止をしようとするときは、内閣府令で定めるところにより、公聴会を開き、関係事業者及び一般の意見を求めるとともに、消費者委員会の意見を聴かなければならない。

2　前項に規定する指定並びにその変更及び廃止は、告示によつて行うものとする。

第2章　景品類及び表示に関する規制

第1節　景品類の制限及び禁止
並びに不当な表示の禁止
〔景品類の制限及び禁止〕
第4条　内閣総理大臣は、不当な顧客の誘引を防止し、一般消費者による自主的かつ合理的な選択を確保するため必要があると認めるときは、景品類の価額の最高額若しくは総額、種類若しくは提供の方法その他景品類の提供に関する事項を制限し、又は景品類の提供を禁止することができる。

〔不当な表示の禁止〕
第5条　事業者は、自己の供給する商品又は役務の取引について、次の各号のいずれかに該当する表示をしてはならない。
① 商品又は役務の品質、規格その他の内容について、一般消費者に対し、実際のものよりも著しく優良であると示し、又は事実に相違して当該事業者と同種若しくは類似の商品若しくは役務を供給している他の事業者に係るものよりも著しく優良であると示す表示であつて、不当に顧客を誘引し、一般消費者による自主的かつ合理的な選択を阻害するおそれがあると認められるもの
② 商品又は役務の価格その他の取引条件について、実際のもの又は当該事業者と同種若しくは類似の商品若しくは役務を供給している他の事業者に係るものよりも取引の相手方に著しく有利であると一般消費者に誤認される表示であつて、不当に顧客を誘引し、一般消費者による自主的かつ合理的な選択を阻害するおそれがあると認められるもの
③ 前2号に掲げるもののほか、商品又は役務の取引に関する事項について一般消費者に誤認されるおそれがある表示であつて、不当に顧客を誘引し、一般消費者による自主的かつ合理的な選択を阻害するおそれがあると認めて内閣総理大臣が指定するもの

〔景品類の制限及び禁止並びに不当な表示の禁止に係る指定に関する公聴会等及び告示〕
第6条　内閣総理大臣は、第4条の規定による制限若しくは禁止若しくは前条第3号の規定による指定をし、又はこれらの変更若しくは廃止をしようとするときは、内閣府令で定めるところにより、公聴会を開き、関係事業者及び一般の意見を求めるとともに、消費者委員会の意見を聴かなければならない。
2 前項に規定する制限及び禁止並びに指定並びにこれらの変更及び廃止は、告示によつて行うものとする。

第2節　措置命令
第7条　内閣総理大臣は、第4条の規定による制限若しくは禁止又は第5条の規定に違反する行為があるときは、当該事業者に対し、その行為の差止め若しくはその行為が再び行われることを防止するために必要な事項又はこれらの実施に関連する公示その他必要な事項を命ずることができる。その命令は、当該違反行為が既になくなつている場合においても、次に掲げる者に対し、することができる。
① 当該違反行為をした事業者
② 当該違反行為をした事業者が法人である場合において、当該法人が合併により消滅したときにおける合併後存続し、又は合併により設立された法人
③ 当該違反行為をした事業者が法人である場合において、当該法人から分割により当該違反行為に係る事業の全部又は一部を承継した法人
④ 当該違反行為をした事業者から当該違反行為に係る事業の全部又は一部を譲り受けた事業者
2 内閣総理大臣は、前項の規定による命令に関し、事業者がした表示が第5条第1号に該当するか否かを判断するため必要があると認めるときは、当該表示をした事業者に対し、期間を定めて、当該表示の裏付けとなる合理的な根拠を示す資料の提出を求めることができる。この場合において、当該事業者が当該資料を提出しないときは、同項の規定の適用については、当該表示は同号に該当する表示とみなす。

第3節　課徴金
第8条～第25条　（略）

第4節　景品類の提供及び表示の管理上の措置
第26条～第28条　（略）

第5節　報告の徴収及び立入検査等
第29条　（略）

第3章　適格消費者団体の差止請求権等
第30条　（略）

第4章　協定又は規約
〔協定又は規約〕
第31条　事業者又は事業者団体は、内閣府令で定めるところにより、景品類又は表示に関する事項について、内閣総理大臣及び公正取引委員会の認定を受けて、不当な顧客の誘引を防止し、一般消費者による自主的かつ合理的な選択及び事業者間の公正な競争を確保するための協定又は規約を締結し、又は設定することができる。これを変更しよ

うとするときも、同様とする。

2 内閣総理大臣及び公正取引委員会は、前項の協定又は規約が次の各号のいずれにも適合すると認める場合でなければ、同項の認定をしてはならない。

① 不当な顧客の誘引を防止し、一般消費者による自主的かつ合理的な選択及び事業者間の公正な競争を確保するために適切なものであること。

② 一般消費者及び関連事業者の利益を不当に害するおそれがないこと。

③ 不当に差別的でないこと。

④ 当該協定若しくは規約に参加し、又は当該協定若しくは規約から脱退することを不当に制限しないこと。

3 内閣総理大臣及び公正取引委員会は、第1項の認定を受けた協定又は規約が前項各号のいずれかに適合するものでなくなつたと認めるときは、当該認定を取り消さなければならない。

4 内閣総理大臣及び公正取引委員会は、第1項又は前項の規定による処分をしたときは、内閣府令で定めるところにより、告示しなければならない。

5 私的独占の禁止及び公正取引の確保に関する法律（昭和22年法律第54号）第7条第1項及び第2項（同法第8条の2第2項及び第20条第2項において準用する場合を含む。）、第8条の2第1項及び第3項、第20条第1項、第70条の4第1項並びに第74条の規定は、第1項の認定を受けた協定又は規約及びこれらに基づいてする事業者又は事業者団体の行為には、適用しない。

〔協議〕

第32条 内閣総理大臣は、前条第1項及び第4項に規定する内閣府令を定めようとするときは、あらかじめ、公正取引委員会に協議しなければならない。

第5章 雑則

〔権限の委任等〕

第33条 内閣総理大臣は、この法律による権限（政令で定めるものを除く。）を消費者庁長官に委任する。

2 消費者庁長官は、政令で定めるところにより、前項の規定により委任された権限の一部を公正取引委員会に委任することができる。

3 消費者庁長官は、緊急かつ重点的に不当な景品類及び表示に対処する必要があることその他の政令で定める事情があるため、事業者に対し、第7

条第1項の規定による命令、課徴金納付命令又は第28条第1項の規定による勧告を効果的に行う上で必要があると認めるときは、政令で定めるところにより、第1項の規定により委任された権限（第29条第1項の規定による権限に限る。）を当該事業者の事業を所管する大臣又は金融庁長官に委任することができる。

4 公正取引委員会、事業者の事業を所管する大臣又は金融庁長官は、前2項の規定により委任された権限を行使したときは、政令で定めるところにより、その結果について消費者庁長官に報告するものとする。

5 事業者の事業を所管する大臣は、政令で定めるところにより、第3項の規定により委任された権限及び前項の規定による権限について、その全部又は一部を地方支分部局の長に委任することができる。

6 金融庁長官は、政令で定めるところにより、第3項の規定により委任された権限及び第4項の規定による権限（次項において「金融庁長官権限」と総称する。）について、その一部を証券取引等監視委員会に委任することができる。

7 金融庁長官は、政令で定めるところにより、金融庁長官権限（前項の規定により証券取引等監視委員会に委任されたものを除く。）の一部を財務局長又は財務支局長に委任することができる。

8 証券取引等監視委員会は、政令で定めるところにより、第6項の規定により委任された権限の一部を財務局長又は財務支局長に委任することができる。

9 前項の規定により財務局長又は財務支局長に委任された権限に係る事務に関しては、証券取引等監視委員会が財務局長又は財務支局長を指揮監督する。

10 第6項の場合において、証券取引等監視委員会が行う報告又は物件の提出の命令（第8項の規定により財務局長又は財務支局長が行う場合を含む。）についての審査請求は、証券取引等監視委員会に対してのみ行うことができる。

11 第1項の規定により消費者庁長官に委任された権限に属する事務の一部は、政令で定めるところにより、都道府県知事が行うこととすることができる。

〔内閣府令への委任等〕

第34条 （略）

〔関係者相互の連携〕

第35条 （略）

第6章　罰則

第36条　第7条第1項の規定による命令に違反した者は、2年以下の懲役又は300万円以下の罰金に処する。

2　前項の罪を犯した者には、情状により、懲役及び罰金を併科することができる。

第37条　第29条第1項の規定による報告若しくは物件の提出をせず、若しくは虚偽の報告若しくは虚偽の物件の提出をし、又は同項の規定による検査を拒み、妨げ、若しくは忌避し、若しくは同項の規定による質問に対して答弁をせず、若しくは虚偽の答弁をした者は、1年以下の懲役又は300万円以下の罰金に処する。

第38条　法人の代表者又は法人若しくは人の代理人、使用人その他の従業者が、その法人又は人の業務又は財産に関して、次の各号に掲げる規定の違反行為をしたときは、行為者を罰するほか、その法人又は人に対しても、当該各号に定める罰金刑を科する。

① 第36条第1項　3億円以下の罰金刑
② 前条　同条の罰金刑

2　法人でない団体の代表者、管理人、代理人、使用人その他の従業者がその団体の業務又は財産に関して、次の各号に掲げる規定の違反行為をしたときは、行為者を罰するほか、その団体に対しても、当該各号に定める罰金刑を科する。

① 第36条第1項　3億円以下の罰金刑
② 前条　同条の罰金刑

3　前項の場合においては、代表者又は管理人が、その訴訟行為につきその団体を代表するほか、法人を被告人又は被疑者とする場合の訴訟行為に関する刑事訴訟法（昭和23年法律第131号）の規定を準用する。

第39条　第36条第1項の違反があつた場合においては、その違反の計画を知り、その防止に必要な措置を講ぜず、又はその違反行為を知り、その是正に必要な措置を講じなかつた当該法人（当該法人で事業者団体に該当するものを除く。）の代表者に対しても、同項の罰金刑を科する。

第40条　第36条第1項の違反があつた場合においては、その違反の計画を知り、その防止に必要な措置を講ぜず、又はその違反行為を知り、その是正に必要な措置を講じなかつた当該事業者団体の理事その他の役員若しくは管理人又はその構成事業者（事業者の利益のためにする行為を行う役員、従業員、代理人その他の者が構成事業者である場合には、当該事業者を含む。）に対しても、それぞれ同項の罰金刑を科する。

2　前項の規定は、同項に規定する事業者団体の理事その他の役員若しくは管理人又はその構成事業者が法人その他の団体である場合においては、当該団体の理事その他の役員又は管理人に、これを適用する。

第41条　第30条第3項の規定に違反して、情報を同項に定める目的以外の目的のために利用し、又は提供した適格消費者団体は、30万円以下の過料に処する。

※全文は法令データベース「e-Gov 法令検索」参照

○不当景品類及び不当表示防止法第2条の規定により景品類及び表示を指定する件

1962（昭和37）年6月30日
公正取引委員会告示第3号
1998（平成10）年12月25日
公正取引委員会告示第20号
2009（平成21）年8月28日
公正取引委員会告示第13号

不当景品類及び不当表示防止法（昭和三十七年法律第百三十四号）第二条の規定により、景品類及び表示を次のように指定する。

1　不当景品類及び不当表示防止法（以下「法」という。）第二条第三項に規定する景品類とは、顧客を誘引するための手段として、方法のいかんを問わず、事業者が自己の供給する商品又は役務の取引に附随して相手方に提供する物品、金銭その他の経済上の利益であつて、次に掲げるものをいう。ただし，正常な商慣習に照らして値引又はアフターサービスと認められる経済上の利益及び正常な商慣習に照らして当該取引に係る商品又は役務に附属すると認められる経済上の利益は、含まない。

(1) 物品及び土地、建物その他の工作物
(2) 金銭、金券、預金証書、当せん金附証票及び公社債、株券、商品券その他の有価証券
(3) きよう応（映画，演劇，スポーツ、旅行その他の催物等への招待又は優待を含む。）
(4) 便益、労務その他の役務

2　法第二条第四項に規定する表示とは、顧客を誘引するための手段として、事業者が自己の供給す

る商品又は役務の取引に関する事項について行う広告その他の表示であつて、次に掲げるものをいう。

(1) 商品、容器又は包装による広告その他の表示及びこれらに添付した物による広告その他の表示

(2) 見本、チラシ、パンフレット、説明書面その他これらに類似する物による広告その他の表示（ダイレクトメール、ファクシミリ等によるものを含む。）及び口頭による広告その他の表示（電話によるものを含む。）

(3) ポスター、看板（プラカード及び建物又は電車、自動車等に記載されたものを含む。）、ネオン・サイン、アドバルーン、その他これらに類似する物による広告及び陳列物又は実演による広告

(4) 新聞紙、雑誌その他の出版物、放送（有線電気通信設備又は拡声機による放送を含む。）、映写、演劇又は電光による広告

(5) 情報処理の用に供する機器による広告その他の表示（インターネット、パソコン通信等によるものを含む。）

○景品類等の指定の告示の運用基準について

1977（昭和52）年 4 月 1 日事務局長通達第 7 号
1988（昭和63）年10月 1 日事務局長通達第11号
1996（平成 8 ）年 2 月16日事務局長通達第 1 号
2006（平成18）年 4 月27日事務総長通達第 4 号
2014（平成26）年12月 1 日消費者庁長官決定

景品類等の指定の告示（昭和三十七年公正取引委員会告示第三号）の運用基準を次のとおり定めたので、これによられたい。

景品類等の指定の告示の運用基準

1 「顧客を誘引するための手段として」について

(1) 提供者の主観的意図やその企画の名目のいかんを問わず、客観的に顧客誘引のための手段になっているかどうかによって判断する。したがって、例えば、親ぼく、儀礼、謝恩等のため、自己の供給する商品の容器の回収促進のため又は自己の供給する商品に関する市場調査のアンケート用紙の回収促進のための金品の提供であっても、「顧客を誘引するための手段として」の提供と認められることがある。

(2) 新たな顧客の誘引に限らず、取引の継続又は取引量の増大を誘引するための手段も、「顧客を誘引するための手段」に含まれる。

2 「事業者」について

(1) 営利を目的としない協同組合、共済組合等であっても、商品又は役務を供給する事業については、事業者に当たる。

(2) 学校法人、宗教法人等であっても、収益事業（私立学校法第二十六条等に定める収益事業をいう。）を行う場合は、その収益事業については、事業者に当たる。

(3) 学校法人、宗教法人等又は地方公共団体その他の公的機関等が一般の事業者の私的な経済活動に類似する事業を行う場合は、その事業については、一般の事業者に準じて扱う。

(4) 事業者団体が構成事業者の供給する商品又は役務の取引に附随して不当な景品類の提供を企画し、実施させた場合には、その景品類提供を行った構成事業者に対して景品表示法が適用される。

3 「自己の供給する商品又は役務の取引」について

(1) 「自己の供給する商品又は役務の取引」には、自己が製造し、又は販売する商品についての、最終需要者に至るまでのすべての流通段階における取引が含まれる。

(2) 販売のほか、賃貸、交換等も、「取引」に含まれる。

(3) 銀行と預金者との関係、クレジット会社とカードを利用する消費者との関係等も、「取引」に含まれる。

(4) 自己が商品等の供給を受ける取引（例えば、古本の買入れ）は、「取引」に含まれない。

(5) 商品（甲）を原材料として製造された商品（乙）の取引は、商品（甲）がその製造工程において変質し、商品（甲）と商品（乙）とが別種の商品と認められるようになった場合は、商品（甲）の供給業者にとって、「自己の供給する商品の取引」に当たらない。ただし、商品（乙）の原材料として商品（甲）の用いられていることが、商品（乙）の需要者に明らかである場合（例えば、コーラ飲料の原液の供給業者が、その原液を使用したびん詰コーラ飲料について景品類の提供を行う場合）は、商品（乙）の取引は、商品（甲）の供給業者にとっても、「自己の供給する商品の取引」に当たる。

4 「取引に附随して」について

(1) 取引を条件として他の経済上の利益を提供する場合は、「取引に附随」する提供に当たる。

(2) 取引を条件としない場合であっても、経済上の利益の提供が、次のように取引の相手方を主たる対象として行われるときは、「取引に附随」する提供に当たる（取引に附随しない提供方法を併用していても同様である。）。

ア　商品の容器包装に経済上の利益を提供する企画の内容を告知している場合（例　商品の容器包装にクイズを出題する等応募の内容を記載している場合）

イ　商品又は役務を購入することにより、経済上の利益の提供を受けることが可能又は容易になる場合（例　商品を購入しなければ解答やそのヒントが分からない場合、商品のラベルの模様を模写させる等のクイズを新聞広告に出題し、回答者に対して提供する場合）

ウ　小売業者又はサービス業者が、自己の店舗への入店者に対し経済上の利益を提供する場合（他の事業者が行う経済上の利益の提供の企画であっても、自己が当該他の事業者に対して協賛、後援等の特定の協力関係にあって共同して経済上の利益を提供していると認められる場合又は他の事業者をして経済上の利益を提供させていると認められる場合もこれに当たる。）

エ　次のような自己と特定の関連がある小売業者又はサービス業者の店舗への入店者に対し提供する場合

① 自己が資本の過半を拠出している小売業者又はサービス業者

② 自己とフランチャイズ契約を締結しているフランチャイジー

③ その小売業者又はサービス業者の店舗への入店者の大部分が、自己の供給する商品又は役務の取引の相手方であると認められる場合（例　元売業者と系列ガソリンスタンド）

(3) 取引の勧誘に際して、相手方に、金品、招待券等を供与するような場合は、「取引に附随」する提供に当たる。

(4) 正常な商慣習に照らして取引の本来の内容をなすと認められる経済上の利益の提供は、「取引に附随」する提供に当たらない（例　宝くじの当せん金、パチンコの景品、喫茶店のコーヒーに添えられる砂糖・クリーム）。

(5) ある取引において二つ以上の商品又は役務が提供される場合であっても、次のアからウまでのいずれかに該当するときは、原則として、「取引に附随」する提供に当たらない。ただし、懸賞により提供する場合（例　「○○が当

たる」）及び取引の相手方に景品類であると認識されるような仕方で提供するような場合（例　「○○プレゼント」、「××を買えば○○が付いてくる」、「○○無料」）は、「取引に附随」する提供に当たる。

ア　商品又は役務を二つ以上組み合わせて販売していることが明らかな場合（例　「ハンバーガーとドリンクをセットで○○円」、「ゴルフのクラブ、バッグ等の用品一式で○○円」、美容院の「カット（シャンプー、ブロー付き）○○円」、しょう油とサラダ油の詰め合わせ）

イ　商品又は役務を二つ以上組み合わせて販売することが商慣習となっている場合（例　乗用車とスペアタイヤ）

ウ　商品又は役務が二つ以上組み合わされたことにより独自の機能、効用を持つ一つの商品又は役務になっている場合（例　玩菓、パック旅行）

(6) 広告において一般消費者に対し経済上の利益の提供を申し出る企画が取引に附随するものと認められない場合は、応募者の中にたまたま当該事業者の供給する商品又は役務の購入者が含まれるときであっても、その者に対する提供は、「取引に附随」する提供に当たらない。

(7) 自己の供給する商品又は役務の購入者を紹介してくれた人に対する謝礼は、「取引に附随」する提供に当たらない（紹介者を当該商品又は役務の購入者に限定する場合を除く。）。

5 「物品、金銭その他の経済上の利益」について

(1) 事業者が、そのための特段の出費を要しないで提供できる物品等であっても、又は市販されていない物品等であっても、提供を受ける者の側からみて、通常、経済的対価を支払って取得すると認められるものは、「経済上の利益」に含まれる。ただし、経済的対価を支払って取得すると認められないもの（例　表彰状、表彰盾、表彰バッジ、トロフィー等のように相手方の名誉を表するもの）は、「経済上の利益」に含まれない。

(2) 商品又は役務を通常の価格よりも安く購入できる利益も、「経済上の利益」に含まれる。

(3) 取引の相手方に提供する経済上の利益であっても、仕事の報酬等と認められる金品の提供は、景品類の提供に当たらない（例　企業がその商品の購入者の中から応募したモニターに対して支払うその仕事に相応する報酬）。

6 「正常な商慣習に照らして値引と認められる経済

上の利益」について

(1) 値引と認められる経済上の利益」に当たるか否かについては、当該取引の内容、その経済上の利益の内容及び提供の方法等を勘案し、公正な競争秩序の観点から判断する。

(2) これに関し、公正競争規約が設定されている業種については、当該公正競争規約の定めるところを参酌する。

(3) 次のような場合は、原則として、「正常な商慣習に照らして値引と認められる経済上の利益」に当たる。

　ア　取引通念上妥当と認められる基準に従い、取引の相手方に対し、支払うべき対価を減額すること（複数回の取引を条件として対価を減額する場合を含む。）（例　「×個以上買う方には、○○円引き」、「背広を買う方には、その場でコート○○％引き」、「×××円お買上げごとに、次回の買物で○○円の割引」、「×回御利用していただいたら、次回○○円割引」）。

　イ　取引通念上妥当と認められる基準に従い、取引の相手方に対し、支払った代金について割戻しをすること（複数回の取引を条件として割り戻す場合を含む。）（例　「レシート合計金額の○％割戻し」、「商品シール○枚ためて送付すれば○○円キャッシュバック」）。

　ウ　取引通念上妥当と認められる基準に従い、ある商品又は役務の購入者に対し、同じ対価で、それと同一の商品又は役務を付加して提供すること（実質的に同一の商品又は役務を付加して提供する場合及び複数回の取引を条件として付加して提供する場合を含む（例　「ＣＤ三枚買ったらもう一枚進呈」、「背広一着買ったらスペアズボン無料」、「コーヒー五回飲んだらコーヒー一杯無料券をサービス」、「クリーニングスタンプ○○個でワイシャツ一枚分をサービス」、「当社便○○マイル搭乗の方に××行航空券進呈」）。）。ただし、「コーヒー○回飲んだらジュース一杯無料券をサービス」、「ハンバーガーを買ったらフライドポテト無料」等の場合は実質的な同一商品又は役務の付加には当たらない。

(4) 次のような場合は、「値引と認められる経済上の利益」に当たらない。

　ア　対価の減額又は割戻しであっても、懸賞による場合、減額し若しくは割り戻した金銭の使途を制限する場合（例　旅行費用に充当させる場合）又は同一の企画において景品類の

提供とを併せて行う場合（例　取引の相手方に金銭又は招待旅行のいずれかを選択させる場合）

　イ　ある商品又は役務の購入者に対し、同じ対価で、それと同一の商品又は役務を付加して提供する場合であっても、懸賞による場合又は同一の企画において景品類の提供とを併せて行う場合（例　Ａ商品の購入者に対し、Ａ商品又はＢ商品のいずれかを選択させてこれを付加して提供する場合）

7　「正常な商慣習に照らしてアフターサービスと認められる経済上の利益」について

(1) この「アフターサービスと認められる経済上の利益」に当たるか否かについては、当該商品又は役務の特徴、そのサービスの内容、必要性、当該取引の約定の内容等を勘案し、公正な競争秩序の観点から判断する。

(2) これに関し、公正競争規約が設定されている業種については、当該公正競争規約の定めるところを参酌する。

8　「正常な商慣習に照らして当該取引に係る商品又は役務に附属すると認められる経済上の利益」について

(1) この「商品又は役務に附属すると認められる経済上の利益」に当たるか否かについては、当該商品又は役務の特徴、その経済上の利益の内容等を勘案し、公正な競争秩序の観点から判断する。

(2) これに関し、公正競争規約が設定されている業種については、当該公正競争規約の定めるところを参酌する。

(3) 商品の内容物の保護又は品質の保全に必要な限度内の容器包装は、景品類に当たらない。

○景品類の価額の算定基準について

1978（昭和53）年11月30日事務局長通達第9号
　公正取引委員会の決定に基づき、景品類の価額の算定基準を次のとおり定めたので、以後これによられたい。
　なお、「景品類の価額の算定基準および商店街における共同懸賞について（昭和47年12月19日公取監第773号事務局長通達）」は廃止する。
景品類の価額の算定基準
1　景品類の価額の算定は、次による。
　(1) 景品類と同じものが市販されている場合は、

景品類の提供を受ける者が、それを通常購入するときの価格による。

(2) 景品類と同じものが市販されていない場合は、景品類を提供する者がそれを入手した価格、類似品の市価等を勘案して、景品類の提供を受ける者が、それを通常購入することとしたときの価格を算定し、その価格による。

2 海外旅行への招待又は優待を景品類として提供する場合の価額の算定も1によるが、具体的には次による。

(1) その旅行が、あらかじめ旅行地、日数、宿泊施設、観光サービス等を一定して旅行業者がパンフレット、チラシ等を用いて一般に販売しているもの（以下「セット旅行」という。）である場合又はその旅行がセット旅行ではないが、それと同一内容のセット旅行が他にある場合は、そのセット旅行の価格による。

(2) その旅行がセット旅行ではなく、かつ、その旅行と同一内容のセット旅行が他にない場合は、その旅行を提供する者がそれを入手した価格、類似内容のセット旅行の価格等を勘案して、景品類の提供を受ける者が、それを通常購入することとしたときの価格を算定し、その価格による。

○懸賞による景品類の提供に関する事項の制限

1977（昭和52）年3月1日公正取引委員会告示第3号

改正1981（昭和56）年6月6日公正取引委員会告示第13号

1996（平成8）年2月16日公正取引委員会告示第1号

不当景品類及び不当表示防止法（昭和37年法律第134号）第3条の規定に基づき、懸賞による景品類の提供に関する事項の制限（昭和37年公正取引委員会告示第5号）の全部を次のように改正する。

懸賞による景品類の提供に関する事項の制限

1 この告示において「懸賞」とは、次に掲げる方法によつて景品類の提供の相手方又は提供する景品類の価額を定めることをいう。

(1) くじその他偶然性を利用して定める方法

(2) 特定の行為の優劣又は正誤によつて定める方法

2 懸賞により提供する景品類の最高額は、懸賞に係る取引の価額の20倍の金額（当該金額が10万円を超える場合にあっては、10万円）を超えてはならない。

3 懸賞により提供する景品類の総額は、当該懸賞に係る取引の予定総額の百分の二を超えてはならない。

4 前2項の規定にかかわらず、次の各号に掲げる場合において、懸賞により景品類を提供するときは、景品類の最高額は30万円を超えない額、景品類の総額は懸賞に係る取引の予定総額の100分の3を超えない額とすることができる。ただし、他の事業者の参加を不当に制限する場合は、この限りでない。

(1) 一定の地域における小売業者又はサービス業者の相当多数が共同して行う場合

(2) 一の商店街に属する小売業者又はサービス業者の相当多数が共同して行う場合。ただし、中元、年末等の時期において、年3回を限度とし、かつ、年間通算して70日の期間内で行う場合に限る。

(3) 一定の地域において一定の種類の事業を行う事業者の相当多数が共同して行う場合

5 前3項の規定にかかわらず、2以上の種類の文字、絵、符号等を表示した符票のうち、異なる種類の符票の特定の組合せを提示させる方法を用いた懸賞による景品類の提供は、してはならない。

○「懸賞による景品類の提供に関する事項の制限」の運用基準

2012（平成24）年6月28日消費者庁長官通達第1号

1 「懸賞による景品類の提供に関する事項の制限」（昭和52年公正取引委員会告示第3号。以下「告示」という。）第1項第1号の「くじその他偶然性を利用して定める方法」についてこれを例示すると、次のとおりである。

(1) 抽せん券を用いる方法

(2) レシート、商品の容器包装等を抽せん券として用いる方法

(3) 商品のうち、一部のものにのみ景品類を添付し、購入の際には相手方がいずれに添付されているかを判別できないようにしておく方法

(4) 全ての商品に景品類を添付するが、その価額に差等があり、購入の際には相手方がその価額を判別できないようにしておく方法

（5）いわゆる宝探し、じゃんけん等による方法

2　告示第1項第2号の「特定の行為の優劣又は正誤によって定める方法」についてこれを例示すると、次のとおりである。

（1）応募の際一般に明らかでない事項（例　その年の十大ニュース）について予想を募集し、その回答の優劣又は正誤によって定める方法

（2）キャッチフレーズ、写真、商品の改良の工夫等を募集し、その優劣によって定める方法

（3）パズル、クイズ等の解答を募集し、その正誤によって定める方法

（4）ボーリング、魚釣り、○○コンテストその他の競技、演技又は遊技等の優劣によって定める方法（ただし、セールスコンテスト、陳列コンテスト等相手方事業者の取引高その他取引の状況に関する優劣によって定める方法は含まれない。）

3　先着順について

来店又は申込みの先着順によって定めることは、「懸賞」に該当しない（「一般消費者に対する景品類の提供に関する事項の制限」その他の告示の規制を受けることがある。）。

4　告示第5項（カード合わせ）について

（1）次のような場合は、告示第五項のカード合わせの方法に当たる。

　　携帯電話端末やパソコン端末などを通じてインターネット上で提供されるゲームの中で、ゲームの利用者に対し、ゲーム上で使用することができるアイテム等を、偶然性を利用して提供するアイテム等の種類が決まる方法によって有料で提供する場合であって、特定の2以上の異なる種類のアイテム等を揃えた利用者に対し、例えばゲーム上で敵と戦うキャラクターや、プレーヤーの分身となるキャラクター（いわゆる「アバター」と呼ばれるもの）が仮想空間上で住む部屋を飾るためのアイテムなど、ゲーム上で使用することができるアイテム等その他の経済上の利益を提供するとき。

（2）次のような場合は、告示第5項のカード合わせの方法に当たらない。

ア　異なる種類の符票の特定の組合せの提示を求めるが、取引の相手方が商品を購入する際の選択によりその組合せを完成できる場合（カード合わせ以外の懸賞にも当たらないが、「一般消費者に対する景品類の提供に関する事項の制限」その他の告示の規制を受けることがある。）

イ　一点券、二点券、五点券というように、異なる点数の表示されている符票を与え、合計が一定の点数に達すると、点数に応じて景品類を提供する場合（カード合わせには当たらないが、購入の際には、何点の券が入っているかが分からないようになっている場合は、懸賞の方法に当たる（本運用基準第一項（4）参照）。これが分かるようになっている場合は、「一般消費者に対する景品類の提供に関する事項の制限」その他の告示の規制を受けることがある。）

ウ　符票の種類は二以上であるが、異種類の符票の組合せではなく、同種類の符票を一定個数提示すれば景品類を提供する場合（カード合わせには当たらないが、購入の際にはいずれの種類の符票が入っているかが分からないようになっている場合は、懸賞の方法に当たる（本運用基準第一項（3）参照）。これが分かるようになっている場合は、「一般消費者に対する景品類の提供に関する事項の制限」その他の告示の規制を受けることがある。）

5　告示第二項の「懸賞に係る取引の価額」について

（1）「一般消費者に対する景品類の提供に関する事項の制限」の運用基準第一項（1）から（4）までは、懸賞に係る取引の場合に準用する。

（2）同一の取引に付随して二以上の懸賞による景品類提供が行われる場合については、次による。

ア　同一の事業者が行う場合は、別々の企画によるときであっても、これらを合算した額の景品類を提供したことになる。

イ　他の事業者と共同して行う場合は、別々の企画によるときであっても、それぞれ、共同した事業者がこれらの額を合算した額の景品類を提供したことになる。

ウ　他の事業者と共同しないで、その懸賞の当選者に対して更に懸賞によって景品類を追加した場合は、追加した事業者がこれらを合算した額の景品類を提供したことになる。

6　懸賞により提供する景品類の限度について

懸賞に係る一の取引について、同一の企画で数回の景品類獲得の機会を与える場合であっても、その取引について定められている制限額を超えて景品類を提供してはならない（例えば、一枚の抽せん券により抽せんを行って景品類を提供し、同一の抽せん券により更に抽せんを行って景品類を提供する場合にあっては、これらを合算した額が制限額を超えてはならない。）。

7　告示第三項及び第四項の「懸賞に係る取引の予定総額」について

　　懸賞販売実施期間中における対象商品の売上予定総額とする。

8　告示第四項第一号及び第三号の「一定の地域」について

　(1)　小売業者又はサービス業者の行う告示第四項第一号又は第三号の共同懸賞については、その店舗又は営業施設の所在する市町村（東京都にあっては、特別区又は市町村）の区域を「一定の地域」として取り扱う。

　　　一の市町村（東京都にあっては、特別区又は市町村）の区域よりも狭い地域における小売業者又はサービス業者の相当多数が共同する場合には、その業種及びその地域における競争の状況等を勘案して判断する。

　(2)　小売業者及びサービス業者以外の事業者の行う共同懸賞については、同種類の商品をその懸賞販売の実施地域において供給している事業者の相当多数が参加する場合は、告示第四項第三号に当たる。

9　告示第四項第二号の共同懸賞について

　　商店街振興組合法の規定に基づき設立された商店街振興組合が主催して行う懸賞は、第四項第二号の共同懸賞に当たるものとして取り扱う。

10　告示第四項の「相当多数」について

　　共同懸賞の参加者がその地域における「小売業者又はサービス業者」又は「一定の種類の事業を行う事業者」の過半数であり、かつ、通常共同懸賞に参加する者の大部分である場合は、「相当多数」に当たるものとして取り扱う。

11　告示第四項第三号の「一定の種類の事業」について

　　日本標準産業分類の細分類として掲げられている種類の事業（例　一〇一一　清涼飲料、七八二一　理容業、八〇四三　ゴルフ場）は、原則として、「一定の種類の事業」に当たるものとして取り扱うが、これにより難い場合は、当該業種及び関連業種における競争の状況等を勘案して判断する。

12　共同懸賞への参加の不当な制限について

　　次のような場合は、告示第四項ただし書の規定により、同項の規定による懸賞販売を行うことができない。

　(1)　共同懸賞への参加資格を売上高等によって限定し、又は特定の事業者団体の加入者、特定の事業者の取引先等に限定する場合

　(2)　懸賞の実施に要する経費の負担、宣伝の方

法、抽せん券の配分等について一部の者に対し不利な取扱いをし、実際上共同懸賞に参加できないようにする場合

○一般消費者に対する景品類の提供に関する事項の制限

1977（昭和52）年３月１日
公正取引委員会告示第５号
1996（平成８）年２月16日
公正取引委員会告示第２号
2007（平成19）年３月７日
公正取引委員会告示第９号
2016（平成28）年４月１日
内閣府告示第123号

　不当景品類及び不当表示防止法（昭和37年法律第134号）第３条の規定に基づき、一般消費者に対する景品類の提供に関する事項の制限を次のように定め、昭和52年４月１日から施行する。

**一般消費者に対する景品類の提供に
関する事項の制限**

1　一般消費者に対して懸賞（「懸賞による景品類の提供に関する事項の制限」（昭和52年公正取引委員会告示第３号）第１項に規定する懸賞をいう。）によらないで提供する景品類の価額は、景品類の提供に係る取引の価額の10分の２の金額（当該金額が200円未満の場合にあつては、200円）の範囲内であつて、正常な商慣習に照らして適当と認められる限度を超えてはならない。

2　次に掲げる経済上の利益については、景品類に該当する場合であつても、前項の規定を適用しない。

　(1)　商品の販売若しくは使用のため又は役務の提供のため必要な物品又はサービスであって、正常な商慣習に照らして適当と認められるもの

　(2)　見本その他宣伝用の物品又はサービスであつて、正常な商慣習に照らして適当と認められるもの

　(3)　自己の供給する商品又は役務の取引において用いられる割引券その他割引を約する証票であつて、正常な商慣習に照らして適当と認められるもの

　(4)　開店披露、創業記念等の行事に際して提供する物品又はサービスであつて、正常な商慣習に照らして適当と認められるもの

備考

　不当景品類及び不当表示防止法第四条の規定に基

資料編（法令関係）

づく特定の種類の事業における景品類の提供に関する事項の制限の告示で定める事項については、当該告示の定めるところによる。

○「一般消費者に対する景品類の提供に関する事項の制限」の運用基準について

1977（昭和52）年4月1日事務局長通達第6号
1996（平成8）年2月16日事務局長通達第1号
公正取引委員会の決定に基づき、「一般消費者に対する景品類の提供に関する事項の制限」
（昭和五十二年公正取引委員会告示第五号）の運用基準を次のとおり定めたので、これによられたい。

「一般消費者に対する景品類の提供に関する事項の制限」の運用基準

1　告示第一項の「景品類の提供に係る取引の価額」について
（1）購入者を対象とし、購入額に応じて景品類を提供する場合は、当該購入額を「取引の価額」とする。
（2）購入者を対象とするが購入額の多少を問わないで景品類を提供する場合の「取引の価額」は、原則として、百円とする。ただし、当該景品類提供の対象商品又は役務の取引の価額のうちの最低のものが明らかに百円を下回つていると認められるときは、当該最低のものを「取引の価額」とすることとし、当該景品類提供の対象商品又は役務について通常行われる取引の価額のうちの最低のものが百円を超えると認められるときは、当該最低のものを「取引の価額」とすることができる。
（3）購入を条件とせずに、店舗への入店者に対して景品類を提供する場合の「取引の価額」は、原則として、百円とする。ただし、当該店舗において通常行われる取引の価額のうち最低のものが百円を超えると認められるときは、当該最低のものを「取引の価額」とすることができる。この場合において、特定の種類の商品又は役務についてダイレクトメールを送り、それに応じて来店した顧客に対して景品類を提供する等の方法によるため、景品類提供に係る対象商品をその特定の種類の商品又は役務に限定していると認められるときはその商品又は役務の価額を「取引の価額」として取り扱う。
（4）景品類の限度額の算定に係る「取引の価額」

は、景品類の提供者が小売業者又はサービス業者である場合は対象商品又は役務の実際の取引価格を、製造業者又は卸売業者である場合は景品類提供の実施地域における対象商品又は役務の通常の取引価格を基準とする。
（5）同一の取引に附随して二以上の景品類提供が行われる場合については、次による。
　ア　同一の事業者が行う場合は、別々の企画によるときであっても、これらを合算した額の景品類を提供したことになる。
　イ　他の事業者と共同して行う場合は、別々の企画によるときであっても、共同した事業者が、それぞれ、これらを合算した額の景品類を提供したことになる。
　ウ　他の事業者と共同しないで景品類を追加した場合は、追加した事業者が、これらを合算した額の景品類を提供したことになる。
2　告示第二項第一号の「商品の販売若しくは使用のため又は役務の提供のため必要物品又はサービス」について当該物品又はサービスの特徴、その必要性の程度、当該物品又はサービスが通常別に対価を支払って購入されるものであるか否か、関連業種におけるその物品又はサービスの提供の実態等を勘案し、公正な競争秩序の観点から判断する（例えば、重量家具の配送、講習の教材、交通の不便な場所にある旅館の送迎サービス、ポータブルラジオの電池、劇場内で配布する筋書等を書いたパンフレット等で、適当な限度内のものは、原則として、告示第二項第一号に当たる。）。
3　告示第二項第二号の「見本その他宣伝用の物品又はサービス」について
（1）見本等の内容、その提供の方法、その必要性の限度、関連業種における見本等の提供の実態等を勘案し、公正な競争秩序の観点から判断する。
（2）自己の供給する商品又は役務について、その内容、特徴、風味、品質等を試食、試用等によって知らせ、購買を促すために提供する物品又はサービスで、適当な限度のものは、原則として、告示第二項第二号に当たる（例　食品や日用品の小型の見本・試供品、食品売場の試食品、化粧品売場におけるメイクアップサービス、スポーツスクールの一日無料体験。商品又は役務そのものを提供する場合には、最小取引単位のものであって、試食、試用等のためのものである旨が明確に表示されていなければならない。）。
（3）事業者名を広告するために提供する物品又は

サービスで、適当な限度のものは、原則として、告示第二項第二号に当たる（例　社名入りのカレンダーやメモ帳）。

(4) 他の事業者の依頼を受けてその事業者が供給する見本その他宣伝用の物品又はサービスを配布するものである場合も、原則として、告示第二項第二号に当たる。

4　告示第二項第三号の「自己の供給する商品又は役務の取引において用いられる割引券その他割引を約する証票」について

(1)「証票」の提供方法、割引の程度又は方法、関連業種における割引の実態等を勘案し、公正な競争秩序の観点から判断する。

(2)「証票」には、金額を示して取引の対価の支払いに充当される金額証（特定の商品又は役務と引き換えることにしか用いることのできないものを除く。）並びに自己の供給する商品又は役務の取引及び他の事業者の供給する商品又は役務の取引において共通して用いられるものであって、同額の割引を約する証票を含む。

5　公正競争規約との関係について

本告示で規定する景品類の提供に関する事項について、本告示及び運用基準の範囲内で公正競争規約が設定された場合には、本告示の運用に当たつて、その定めるところを参酌する。

○インターネット上で行われる懸賞企画の取扱いについて

2001（平成13）年4月26日 公正取引委員会

インターネットホームページ上の商取引サイトを利用した電子商取引が飛躍的に発展している中で、インターネットホームページ上で消費者に対する懸賞企画が広く行われるようになってきている。そこで、公正取引委員会としては、インターネット上で行われる懸賞企画について、今後、次のとおり取り扱うこととした。

1　インターネット上のオープン懸賞について

インターネット上のホームページは、誰に対しても開かれているというその特徴から、いわゆるオープン懸賞（顧客を誘引する手段として、広告において一般消費者に対しくじの方法等により特定の者を選び、これに経済上の利益の提供を申し出る企画であって、不当景品類及び不当表示防止法〔昭和三十七年法律第百三十四号。以下「景品表示法」という。〕に規定する景品類として同法

に基づく規制の対象となるものを除くもの。）の告知及び当該懸賞への応募の受付の手段として利用可能なものであり、既に広く利用されてきている。また、消費者はホームページ内のサイト間を自由に移動することができることから、懸賞サイトが商取引サイト上にあったり、商取引サイトを見なければ懸賞サイトを見ることができないようなホームページの構造であったとしても、懸賞に応募しようとする者が商品やサービスを購入することに直ちにつながるものではない。

したがって、ホームページ上で実施される懸賞企画は、当該ホームページの構造が上記のようなものであったとしても、取引に付随する経済上の利益の提供に該当せず、景品表示法に基づく規制の対象とはならない（いわゆるオープン懸賞として取り扱われる。）（図1-1及び図1-2）。ただし、商取引サイトにおいて商品やサービスを購入しなければ懸賞企画に応募できない場合や、商品又はサービスを購入することにより、ホームページ上の懸賞企画に応募することが可能又は容易になる場合（商品を購入しなければ懸賞に応募するためのクイズの正解やそのヒントが分からない場合等）には、取引付随性が認められることから、景品表示法に基づく規制の対象となる。

2　インターネットサービスプロバイダー等によるオープン懸賞について

インターネットサービスプロバイダー、電話会社等一般消費者がインターネットに接続するために必要な接続サービスを提供する事業者がインターネット上で行う懸賞企画は、インターネット上のホームページには当該ホームページを開設しているプロバイダー等と契約している者以外の者でもアクセスすることができるという特徴にかんがみ、懸賞企画に応募できる者を自己が提供する接続サービスの利用者に限定しない限り取引付随性が認められず、景品表示法に基づく規制の対象とはならない（いわゆるオープン懸賞として取り扱われる。）

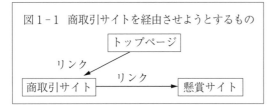

図1-1 商取引サイトを経由させようとするもの

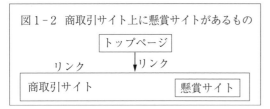

図1-2 商取引サイト上に懸賞サイトがあるもの

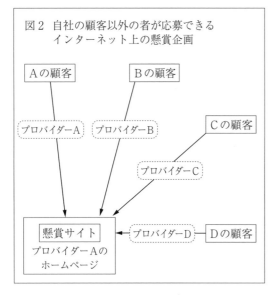

図2 自社の顧客以外の者が応募できる
インターネット上の懸賞企画

○新聞購読契約に関するガイドライン

2013（平成25）年11月21日
日本新聞協会販売委員会
新聞公正取引協議会
新聞公正取引協議委員会

　日本新聞協会、新聞公正取引協議会の会員各系統
は、読者の新聞販売に対する信頼を維持・向上させ
るため、新聞公正競争規約、特定商取引法、新聞訪
問販売自主規制規約を厳守するとともに、読者から
解約の申し出があった場合は読者の利益を一方的に
害することのないよう、以下のとおり対応するもの
とする。

【解約に応じるべき場合】
　以下に該当する場合は、読者の解約申し出に直ち
に応じなければならない。また、新聞公正競争規約
の上限を超える景品類の提供が行われていた場合、
解約にあたって景品類の返還を請求してはならな
い。

（ルールに基づく解約申し出である場合）
・クーリングオフ期間中、書面による解約申し出が
　あったとき
（不適切な契約が行われていた場合）
・威迫や不実告知など、不適切な勧誘を行ったとき
・新聞公正競争規約の上限を超える景品類の提供な
　ど、同規約に沿わない販売方法を行ったとき
・契約期間が自治体が定める条例等の基準を超過し
　ていたとき
・相手方の判断力が不足している状態で契約したと
　き（認知症の方など）
・相手方が本人や配偶者以外の名前で契約したとき
　（その他考慮すべき事情がある場合）
・購読者の死亡、購読が困難になる病気・入院・転
　居など、解約が合理的だと考えられるとき
・未成年者との契約であったとき

【丁寧に話し合い解決すべき場合】
　上記に該当しない、読者の都合による解約申し出
があった場合、話し合いによって解決するものとす
る。申し出に応じる場合、解約の条件は両者の合意
により決定する。ただし、契約事項を振りかざして
解約を一方的に断ったり、過大な解約条件（損害賠
償や違約金の請求など）を要求してはならない。読
者の申し出の理由を丁寧に聞き、申し出の応諾や購
読期間の変更など、お互いが納得できる解決を図ら
なければならない。

○特定商取引に関する法律

（1976〈昭和51〉年法律第57号）

第1章　総則
〔目的〕
第1条　この法律は、特定商取引（訪問販売、通信
　販売及び電話勧誘販売に係る取引、連鎖販売取
　引、特定継続的役務提供に係る取引、業務提供誘
　引販売取引並びに訪問購入に係る取引をいう。以

下同じ。）を公正にし、及び購入者等が受けることのある損害の防止を図ることにより、購入者等の利益を保護し、あわせて商品等の流通及び役務の提供を適正かつ円滑にし、もつて国民経済の健全な発展に寄与することを目的とする。

第2章　訪問販売、通信販売及び電話勧誘販売

第1節　定義

〔定義〕

第2条　この章及び第58条の18第1項において「訪問販売」とは、次に掲げるものをいう。

①　販売業者又は役務の提供の事業を営む者（以下「役務提供事業者」という。）が営業所、代理店その他の主務省令で定める場所（以下「営業所等」という。）以外の場所において、売買契約の申込みを受け、若しくは売買契約を締結して行う商品若しくは特定権利の販売又は役務を有償で提供する契約（以下「役務提供契約」という。）の申込みを受け、若しくは役務提供契約を締結して行う役務の提供

②　販売業者又は役務提供事業者が、営業所等において、営業所等以外の場所において呼び止めて営業所等に同行させた者その他政令で定める方法により誘引した者（以下「特定顧客」という。）から売買契約の申込みを受け、若しくは特定顧客と売買契約を締結して行う商品若しくは特定権利の販売又は特定顧客から役務提供契約の申込みを受け、若しくは特定顧客と役務提供契約を締結して行う役務の提供

2　この章及び第58条の19において「通信販売」とは、販売業者又は役務提供事業者が郵便その他の主務省令で定める方法（以下「郵便等」という。）により売買契約又は役務提供契約の申込みを受けて行う商品若しくは特定権利の販売又は役務の提供であつて電話勧誘販売に該当しないものをいう。

3　この章及び第58条の20第1項において「電話勧誘販売」とは、販売業者又は役務提供事業者が、電話をかけ又は政令で定める方法により電話をかけさせ、その電話において行う売買契約又は役務提供契約の締結についての勧誘（以下「電話勧誘行為」という。）により、その相手方（以下「電話勧誘顧客」という。）から当該売買契約の申込みを郵便等により受け、若しくは電話勧誘顧客と当該売買契約を郵便等により締結して行う商品若しくは特定権利の販売又は電話勧誘顧客から当該役務提供契約の申込みを郵便等により受け、若しくは電話勧誘顧客と当該役務提供契約を郵便等により締結して行う役務の提供をいう。

4　この章並びに第58条の19第1号及び第67条第1項において「特定権利」とは、次に掲げる権利をいう。

①　施設を利用し又は役務の提供を受ける権利のうち国民の日常生活に係る取引において販売されるものであつて政令で定めるもの

②　社債その他の金銭債権

③　株式会社の株式、合同会社、合名会社若しくは合資会社の社員の持分若しくはその他の社団法人の社員権又は外国法人の社員権でこれらの権利の性質を有するもの

第2節　訪問販売

〔訪問販売における氏名等の明示〕

第3条　販売業者又は役務提供事業者は、訪問販売をしようとするときは、その勧誘に先立つて、その相手方に対し、販売業者又は役務提供事業者の氏名又は名称、売買契約又は役務提供契約の締結について勧誘をする目的である旨及び当該勧誘に係る商品若しくは権利又は役務の種類を明らかにしなければならない。

（契約を締結しない旨の意思を表示した者に対する勧誘の禁止等）

第3条の2　販売業者又は役務提供事業者は、訪問販売をしようとするときは、その相手方に対し、勧誘を受ける意思があることを確認するよう努めなければならない。

2　販売業者又は役務提供事業者は、訪問販売に係る売買契約又は役務提供契約を締結しない旨の意思を表示した者に対し、当該売買契約又は当該役務提供契約の締結について勧誘をしてはならない。

〔訪問販売における書面の交付〕

第4条　販売業者又は役務提供事業者は、営業所等以外の場所において商品若しくは特定権利につき売買契約の申込みを受け、若しくは役務につき役務提供契約の申込みを受けたとき又は営業所等において特定顧客から商品若しくは特定権利につき売買契約の申込みを受け、若しくは役務につき役務提供契約の申込みを受けたときは、直ちに、主務省令で定めるところにより、次の事項についてその申込みの内容を記載した書面をその申込みをした者に交付しなければならない。ただし、その申込みを受けた際その売買契約又は役務提供契約を締結した場合においては、この限りでない。

①　商品若しくは権利又は役務の種類

②　商品若しくは権利の販売価格又は役務の対価

③　商品若しくは権利の代金又は役務の対価の支払の時期及び方法

④ 商品の引渡時期若しくは権利の移転時期又は役務の提供時期

⑤ 第9条第1項の規定による売買契約若しくは役務提供契約の申込みの撤回又は売買契約若しくは役務提供契約の解除に関する事項（同条第2項から第7項までの規定に関する事項（第26条第2項、第4項又は第5項の規定の適用がある場合にあつては、当該各項の規定に関する事項を含む。）を含む。）

⑥ 前各号に掲げるもののほか、主務省令で定める事項

2 販売業者又は役務提供事業者は、前項の規定による書面の交付に代えて、政令で定めるところにより、当該申込みをした者の承諾を得て、当該書面に記載すべき事項を電磁的方法（電子情報処理組織を使用する方法その他の情報通信の技術を利用する方法であつて主務省令で定めるものをいう。以下同じ。）により提供することができる。この場合において、当該販売業者又は当該役務提供事業者は、当該書面を交付したものとみなす。

3 前項前段の規定による書面に記載すべき事項の電磁的方法（主務省令で定める方法を除く。）による提供は、当該申込みをした者の使用に係る電子計算機に備えられたファイルへの記録がされた時に当該申込みをした者に到達したものとみなす。

第5条 販売業者又は役務提供事業者は、次の各号のいずれかに該当するときは、次項に規定する場合を除き、遅滞なく（前条第1項ただし書に規定する場合に該当するときは、直ちに）、主務省令で定めるところにより、同条第1項各号の事項（同項第5号の事項については、売買契約又は役務提供契約の解除に関する事項に限る。）についてその売買契約又は役務提供契約の内容を明らかにする書面を購入者又は役務の提供を受ける者に交付しなければならない。

① 営業所等以外の場所において、商品若しくは特定権利につき売買契約を締結したとき又は役務につき役務提供契約を締結したとき（営業所等において特定顧客以外の顧客から申込みを受け、営業所等以外の場所において売買契約又は役務提供契約を締結したときを除く。）。

② 営業所等以外の場所において商品若しくは特定権利又は役務につき売買契約又は役務提供契約の申込みを受け、営業所等においてその売買契約又は役務提供契約を締結したとき。

③ 営業所等において、特定顧客と商品若しくは特定権利につき売買契約を締結したとき又は役

務につき役務提供契約を締結したとき。

2 販売業者又は役務提供事業者は、前項各号のいずれかに該当する場合において、その売買契約又は役務提供契約を締結した際に、商品を引き渡し、若しくは特定権利を移転し、又は役務を提供し、かつ、商品若しくは特定権利の代金又は役務の対価の全部を受領したときは、直ちに、主務省令で定めるところにより、前条第1項第1号及び第2号の事項並びに同項第5号の事項のうち売買契約又は役務提供契約の解除に関する事項その他主務省令で定める事項を記載した書面を購入者又は役務の提供を受ける者に交付しなければならない。

3 前条第2項及び第3項の規定は、前2項の規定による書面の交付について準用する。この場合において、同条第2項及び第3項中「申込みをした者」とあるのは、「購入者又は役務の提供を受ける者」と読み替えるものとする。

〔禁止行為〕

第6条 販売業者又は役務提供事業者は、訪問販売に係る売買契約若しくは役務提供契約の締結について勧誘をするに際し、又は訪問販売に係る売買契約若しくは役務提供契約の申込みの撤回若しくは解除を妨げるため、次の事項につき、不実のことを告げる行為をしてはならない。

① 商品の種類及びその性能若しくは品質又は権利若しくは役務の種類及びこれらの内容その他これらに類するものとして主務省令で定める事項

② 商品若しくは権利の販売価格又は役務の対価

③ 商品若しくは権利の代金又は役務の対価の支払の時期及び方法

④ 商品の引渡時期若しくは権利の移転時期又は役務の提供時期

⑤ 当該売買契約若しくは当該役務提供契約の申込みの撤回又は当該売買契約若しくは当該役務提供契約の解除に関する事項（第9条第1項から第7項までの規定に関する事項（第26条第2項、第4項又は第5項の規定の適用がある場合にあつては、当該各項の規定に関する事項を含む。）を含む。）

⑥ 顧客が当該売買契約又は当該役務提供契約の締結を必要とする事情に関する事項

⑦ 前各号に掲げるもののほか、当該売買契約又は当該役務提供契約に関する事項であつて、顧客又は購入者若しくは役務の提供を受ける者の判断に影響を及ぼすこととなる重要なもの

2 販売業者又は役務提供事業者は、訪問販売に係

188

る売買契約又は役務提供契約の締結について勧誘
をするに際し、前項第1号から第5号までに掲げ
る事項につき、故意に事実を告げない行為をして
はならない。
3　販売業者又は役務提供事業者は、訪問販売に係
る売買契約若しくは役務提供契約を締結させ、又
は訪問販売に係る売買契約若しくは役務提供契約
の申込みの撤回若しくは解除を妨げるため、人を
威迫して困惑させてはならない。
4　販売業者又は役務提供事業者は、訪問販売に係
る売買契約又は役務提供契約の締結について勧誘
をするためのものであることを告げずに営業所等
以外の場所において呼び止めて同行させることそ
の他政令で定める方法により誘引した者に対し、
公衆の出入りする場所以外の場所において、当該
売買契約又は当該役務提供契約の締結について勧
誘をしてはならない。

〔合理的な根拠を示す資料の提出〕
第6条の2　主務大臣は、前条第1項第1号に掲げ
る事項につき不実のことを告げる行為をしたか否
かを判断するため必要があると認めるときは、当
該販売業者又は当該役務提供事業者に対し、期間
を定めて、当該告げた事項の裏付けとなる合理的
な根拠を示す資料の提出を求めることができる。
この場合において、当該販売業者又は当該役務提
供事業者が当該資料を提出しないときは、次条第
1項及び第8条第1項の規定の適用については、
当該販売業者又は当該役務提供事業者は、同号に
掲げる事項につき不実のことを告げる行為をした
ものとみなす。

〔指示等〕
第7条　主務大臣は、販売業者又は役務提供事業者
が第3条、第3条の2第2項、第4条第1項、第
5条第1項若しくは第2項若しくは第6条の規定
に違反し、又は次に掲げる行為をした場合におい
て、訪問販売に係る取引の公正及び購入者又は役
務の提供を受ける者の利益が害されるおそれがあ
ると認めるときは、その販売業者又は役務提供事
業者に対し、当該違反又は当該行為の是正のため
の措置、購入者又は役務の提供を受ける者の利益
の保護を図るための措置その他の必要な措置をと
るべきことを指示することができる。
①　訪問販売に係る売買契約若しくは役務提供契
約に基づく債務又は訪問販売に係る売買契約若
しくは役務提供契約の解除によつて生ずる債務
の全部又は一部の履行を拒否し、又は不当に遅
延させること。
②　訪問販売に係る売買契約又は役務提供契約の

締結について勧誘をするに際し、当該売買契約
又は当該役務提供契約に関する事項であつて、
顧客の判断に影響を及ぼすこととなる重要なも
の（第6条第1項第1号から第5号までに掲げ
るものを除く。）につき、故意に事実を告げな
いこと。
③　訪問販売に係る売買契約又は役務提供契約の
申込みの撤回又は解除を妨げるため、当該売買
契約又は当該役務提供契約に関する事項であつ
て、顧客又は購入者若しくは役務の提供を受け
る者の判断に影響を及ぼすこととなる重要なも
のにつき、故意に事実を告げないこと。
④　正当な理由がないのに訪問販売に係る売買契
約又は役務提供契約であつて日常生活において
通常必要とされる分量を著しく超える商品若し
くは特定権利（第2条第4項第1号に掲げるも
のに限る。）の売買契約又は日常生活において
通常必要とされる回数、期間若しくは分量を著
しく超えて役務の提供を受ける役務提供契約の
締結について勧誘することその他顧客の財産の
状況に照らし不適当と認められる行為として主
務省令で定めるもの
⑤　前各号に掲げるもののほか、訪問販売に関す
る行為であつて、訪問販売に係る取引の公正及
び購入者又は役務の提供を受ける者の利益を害
するおそれがあるものとして主務省令で定める
もの
2　主務大臣は、前項の規定による指示をしたとき
は、その旨を公表しなければならない。

〔販売業者等に対する業務の停止等〕
第8条　主務大臣は、販売業者若しくは役務提供事
業者が第3条、第3条の2第2項、第4条第1
項、第5条第1項若しくは第2項若しくは第6条
の規定に違反し若しくは前条第1項各号に掲げる
行為をした場合において訪問販売に係る取引の公
正及び購入者若しくは役務の提供を受ける者の利
益が著しく害されるおそれがあると認めるとき、
又は販売業者若しくは役務提供事業者が同項の規
定による指示に従わないときは、その販売業者又
は役務提供事業者に対し、2年以内の期間を限
り、訪問販売に関する業務の全部又は一部を停止
すべきことを命ずることができる。この場合にお
いて、主務大臣は、その販売業者又は役務提供事
業者が個人である場合にあつては、その者に対し
て、当該停止を命ずる期間と同一の期間を定め
て、当該停止を命ずる範囲の業務を営む法人（人
格のない社団又は財団で代表者又は管理人の定
めのあるものを含む。以下同じ。）の当該業務を

担当する役員（業務を執行する社員、取締役、執行役、代表者、管理人又はこれらに準ずる者をいい、相談役、顧問その他いかなる名称を有する者であるかを問わず、法人に対し業務を執行する社員、取締役、執行役、代表者、管理人又はこれらに準ずる者と同等以上の支配力を有するものと認められる者を含む。以下同じ。）となることの禁止を併せて命ずることができる。

2　主務大臣は、前項前段の規定により業務の停止を命ずる場合において、当該販売業者又は当該役務提供事業者が個人であり、かつ、その特定関係法人（販売業者若しくは役務提供事業者又はその役員若しくはその営業所の業務を統括する者その他の政令で定める使用人（以下単に「使用人」という。）（当該命令の日前1年以内において役員又は使用人であつた者を含む。次条第2項、第15条の2第2項及び第23条の2第2項において同じ。）が事業経営を実質的に支配する法人その他の政令で定める法人をいう。以下この章において同じ。）において、当該停止を命ずる範囲の業務と同一の業務を行つていると認められるときは、当該販売業者又は当該役務提供事業者に対して、当該停止を命ずる期間と同一の期間を定めて、その特定関係法人で行つている当該同一の業務を停止すべきことを命ずることができる。

3　主務大臣は、前2項の規定による命令をしたときは、その旨を公表しなければならない。

〔役員等に対する業務の禁止等〕

第8条の2　主務大臣は、販売業者又は役務提供事業者に対して前条第1項前段の規定により業務の停止を命ずる場合において、次の各号に掲げる場合の区分に応じ、当該各号に定める者が当該命令の理由となつた事実及び当該事実に関してその者が有していた責任の程度を考慮して当該命令の実効性を確保するためにその者による訪問販売に関する業務を制限することが相当と認められる者として主務省令で定める者に該当するときは、その者に対して、当該停止を命ずる期間と同一の期間を定めて、当該停止を命ずる範囲の業務を新たに開始すること（当該業務を営む法人の当該業務を担当する役員となることを含む。）の禁止を命ずることができる。

①　当該販売業者又は当該役務提供事業者が法人である場合　その役員及び当該命令の日前1年以内においてその役員であつた者並びにその使用人及び当該命令の日前1年以内においてその使用人であつた者

②　当該販売業者又は当該役務提供事業者が個人

である場合　その使用人及び当該命令の日前1年以内においてその使用人であつた者

2　主務大臣は、前項の規定により業務の禁止を命ずる役員又は使用人が、次の各号に掲げる者に該当するときは、当該役員又は当該使用人に対して、当該禁止を命ずる期間と同一の期間を定めて、その行つている当該各号に規定する同一の業務を停止すべきことを命ずることができる。

①　当該命令の理由となつた行為をしたと認められる販売業者又は役務提供事業者の特定関係法人において、当該命令により禁止を命ずる範囲の業務と同一の業務を行つていると認められる者

②　自ら販売業者又は役務提供事業者として当該命令により禁止を命ずる範囲の業務と同一の業務を行つていると認められる者

3　主務大臣は、前2項の規定による命令をしたときは、その旨を公表しなければならない。

〔訪問販売における契約の申込みの撤回等〕

第9条　販売業者若しくは役務提供事業者が営業所等以外の場所において商品若しくは特定権利若しくは役務につき売買契約若しくは役務提供契約の申込みを受けた場合若しくは販売業者若しくは役務提供事業者が営業所等において特定顧客から商品若しくは特定権利若しくは役務につき売買契約若しくは役務提供契約の申込みを受けた場合におけるその申込みをした者又は販売業者若しくは役務提供事業者が営業所等以外の場所において商品若しくは特定権利若しくは役務につき売買契約若しくは役務提供契約を締結した場合（営業所等において申込みを受け、営業所等以外の場所において売買契約又は役務提供契約を締結した場合を除く。）若しくは販売業者若しくは役務提供事業者が営業所等において特定顧客と商品若しくは特定権利若しくは役務につき売買契約若しくは役務提供契約を締結した場合におけるその購入者若しくは役務の提供を受ける者（以下この条から第9条の3までにおいて「申込者等」という。）は、書面又は電磁的記録（電子的方式、磁気的方式その他人の知覚によつては認識することができない方式で作られる記録であつて、電子計算機による情報処理の用に供されるものをいう。以下同じ。）によりその売買契約若しくは役務提供契約の申込みの撤回又はその売買契約若しくは役務提供契約の解除（以下この条において「申込みの撤回等」という。）を行うことができる。ただし、申込者等が第5条第1項又は第2項の書面を受領した日（その日前に第4条第1項の書面を受領した場合

にあつては、その書面を受領した日）から起算して8日を経過した場合（申込者等が、販売業者若しくは役務提供事業者が第6条第1項の規定に違反して申込みの撤回等に関する事項につき不実のことを告げる行為をしたことにより当該告げられた内容が事実であるとの誤認をし、又は販売業者若しくは役務提供事業者が同条第3項の規定に違反して威迫したことにより困惑し、これらによつて当該期間を経過するまでに申込みの撤回等を行わなかつた場合には、当該申込者等が、当該販売業者又は当該役務提供事業者が主務省令で定めるところにより当該売買契約又は当該役務提供契約の申込みの撤回等を行うことができる旨を記載して交付した書面を受領した日から起算して8日を経過した場合）においては、この限りでない。

2　申込みの撤回等は、当該申込みの撤回等に係る書面又は電磁的記録による通知を発した時に、その効力を生ずる。

3　申込みの撤回等があつた場合においては、販売業者又は役務提供事業者は、その申込みの撤回等に伴う損害賠償又は違約金の支払を請求することができない。

4　申込みの撤回等があつた場合において、その売買契約に係る商品の引渡し又は権利の移転が既にされているときは、その引取り又は返還に要する費用は、販売業者の負担とする。

5　販売業者又は役務提供事業者は、商品若しくは特定権利の売買契約又は役務提供契約につき申込みの撤回等があつた場合には、既に当該売買契約に基づき引き渡された商品が使用され若しくは当該権利が行使され又は当該役務提供契約に基づき役務が提供されたときにおいても、申込者等に対し、当該商品の使用により得られた利益若しくは当該権利の行使により得られた利益に相当する金銭又は当該役務提供契約に係る役務の対価その他の金銭の支払を請求することができない。

6　役務提供事業者は、役務提供契約につき申込みの撤回等があつた場合において、当該役務提供契約に関連して金銭を受領しているときは、申込者等に対し、速やかに、これを返還しなければならない。

7　役務提供契約又は特定権利の売買契約の申込者等は、その役務提供契約又は売買契約につき申込みの撤回等を行つた場合において、当該役務提供契約又は当該特定権利に係る役務の提供に伴い申込者等の土地又は建物その他の工作物の現状が変更されたときは、当該役務提供事業者又は当該特定権利の販売業者に対し、その原状回復に必要な

措置を無償で講ずることを請求することができる。

8　前各項の規定に反する特約で申込者等に不利なものは、無効とする。

（通常必要とされる分量を著しく超える商品の売買契約等の申込みの撤回等）

第9条の2　申込者等は、次に掲げる契約に該当する売買契約若しくは役務提供契約の申込みの撤回又は売買契約若しくは役務提供契約の解除（以下この条において「申込みの撤回等」という。）を行うことができる。ただし、申込者等に当該契約の締結を必要とする特別の事情があつたときは、この限りでない。

①　その日常生活において通常必要とされる分量を著しく超える商品若しくは特定権利（第2条第4項第1号に掲げるものに限る。次号において同じ。）の売買契約又はその日常生活において通常必要とされる回数、期間若しくは分量を著しく超えて役務の提供を受ける役務提供契約

②　当該販売業者又は役務提供事業者が、当該売買契約若しくは役務提供契約に基づく債務を履行することにより申込者等にとつて当該売買契約に係る商品若しくは特定権利と同種の商品若しくは特定権利の分量がその日常生活において通常必要とされる分量を著しく超えることとなること若しくは当該役務提供契約に係る役務と同種の役務の提供を受ける回数若しくは期間若しくはその分量がその日常生活において通常必要とされる回数、期間若しくは分量を著しく超えることとなることを知り、又は申込者等にとつて当該売買契約に係る商品若しくは特定権利と同種の商品若しくは特定権利の分量がその日常生活において通常必要とされる分量を既に著しく超えていること若しくは当該役務提供契約に係る役務と同種の役務の提供を受ける回数若しくは期間若しくはその分量がその日常生活において通常必要とされる回数、期間若しくは分量を既に著しく超えていることを知りながら、申込みを受け、又は締結した売買契約又は役務提供契約

2　前項の規定による権利は、当該売買契約又は当該役務提供契約の締結の時から1年以内に行使しなければならない。

3　前条第3項から第8項までの規定は、第1項の規定による申込みの撤回等について準用する。この場合において、同条第8項中「前各項」とあるのは、「次条第1項及び第2項並びに同条第3項において準用する第3項から前項まで」と読み替

えるものとする。

〔訪問販売における契約の申込み又はその承諾の意思表示の取消し〕

第9条の3 申込者等は、販売業者又は役務提供事業者が訪問販売に係る売買契約又は役務提供契約の締結について勧誘をするに際し次の各号に掲げる行為をしたことにより、当該各号に定める誤認をし、それによつて当該売買契約若しくは当該役務提供契約の申込み又はその承諾の意思表示をしたときは、これを取り消すことができる。

① 第6条第1項の規定に違反して不実のことを告げる行為 当該告げられた内容が事実であるとの誤認

② 第6条第2項の規定に違反して故意に事実を告げない行為 当該事実が存在しないとの誤認

2 前項の規定による訪問販売に係る売買契約若しくは役務提供契約の申込み又はその承諾の意思表示の取消しは、これをもつて善意でかつ過失がない第3者に対抗することができない。

3 第1項の規定は、同項に規定する訪問販売に係る売買契約若しくは役務提供契約の申込み又はその承諾の意思表示に対する民法（明治29年法律第89号）第96条の規定の適用を妨げるものと解してはならない。

4 第1項の規定による取消権は、追認をすることができる時から1年間行わないときは、時効によつて消滅する。当該売買契約又は当該役務提供契約の締結の時から5年を経過したときも、同様とする。

5 民法第121条の2第1項の規定にかかわらず、訪問販売に係る売買契約又は役務提供契約に基づく債務の履行として給付を受けた申込者等は、第1項の規定により当該売買契約若しくは当該役務提供契約の申込み又はその承諾の意思表示を取り消した場合において、給付を受けた当時その意思表示が取り消すことができるものであることを知らなかつたときは、当該売買契約又は当該役務提供契約によつて現に利益を受けている限度において、返還の義務を負う。

〔訪問販売における契約の解除等に伴う損害賠償等の額の制限〕

第10条 販売業者又は役務提供事業者は、第5条第1項各号のいずれかに該当する売買契約又は役務提供契約の締結をした場合において、その売買契約又はその役務提供契約が解除されたときは、損害賠償額の予定又は違約金の定めがあるときにおいても、次の各号に掲げる場合に応じ当該各号に定める額にこれに対する法定利率による遅延損害

金の額を加算した金額を超える額の金銭の支払を購入者又は役務の提供を受ける者に対して請求することができない。

① 当該商品又は当該権利が返還された場合 当該商品の通常の使用料の額又は当該権利の行使により通常得られる利益に相当する額（当該商品又は当該権利の販売価格に相当する額から当該商品又は当該権利の返還された時における価額を控除した額が通常の使用料の額又は当該権利の行使により通常得られる利益に相当する額を超えるときは、その額）

② 当該商品又は当該権利が返還されない場合 当該商品又は当該権利の販売価格に相当する額

③ 当該役務提供契約の解除が当該役務の提供の開始後である場合 提供された当該役務の対価に相当する額

④ 当該契約の解除が当該商品の引渡し若しくは当該権利の移転又は当該役務の提供の開始前である場合 契約の締結及び履行のために通常要する費用の額

2 販売業者又は役務提供事業者は、第5条第1項各号のいずれかに該当する売買契約又は役務提供契約の締結をした場合において、その売買契約についての代金又はその役務提供契約についての対価の全部又は一部の支払の義務が履行されない場合（売買契約又は役務提供契約が解除された場合を除く。）には、損害賠償額の予定又は違約金の定めがあるときにおいても、当該商品若しくは当該権利の販売価格又は当該役務の対価に相当する額から既に支払われた当該商品若しくは当該権利の代金又は当該役務の対価の額を控除した額にこれに対する法定利率による遅延損害金の額を加算した金額を超える額の金銭の支払を購入者又は役務の提供を受ける者に対して請求することができない。

第11条～第69条（略）

第7章 罰則

第70条 次の各号のいずれかに該当する場合には、当該違反行為をした者は、3年以下の懲役又は300万円以下の罰金に処し、又はこれを併科する。

① 第6条、第13条の2、第21条、第34条、第44条、第52条又は第58条の10の規定に違反したとき。

② 第12条の6第1項の規定に違反して、表示をせず、又は不実の表示をしたとき。

③ 第8条第1項若しくは第2項、第8条の2第1項若しくは第2項、第15条第1項から第3項まで、第15条の2第1項若しくは第2項、

第23条第1項若しくは第2項、第23条の2第1項若しくは第2項、第39条第1項から第5項まで、第39条の2第1項から第4項まで、第47条第1項若しくは第2項、第47条の2第1項若しくは第2項、第57条第1項から第3項まで、第57条の2第1項若しくは第2項、第58条の13第1項若しくは第2項又は第58条の13の二第1項若しくは第2項の規定による命令に違反したとき。

第71条　次の各号のいずれかに該当する場合には、当該違反行為をした者は、6月以下の懲役又は100万円以下の罰金に処し、又はこれを併科する。

① 第4条第1項、第5条第1項若しくは第2項、第18条第1項、第19条第1項若しくは第2項、第37条第1項若しくは第2項、第42条第1項から第3項まで、第55条第1項若しくは第2項、第58条の7第1項又は第58条の8第1項若しくは第2項の規定に違反して、書面を交付せず、又はこれらの規定に規定する事項が記載されていない書面若しくは虚偽の記載のある書面を交付したとき。

② 第7条第1項、第14条第1項若しくは第2項、第22条第1項、第38条第1項から第4項まで、第46条第1項、第56条第1項若しくは第2項又は第58条の12第1項の規定による指示に違反したとき。

③ 第66条第1項（同条第6項において準用する場合を含む。以下この号において同じ。）の規定による報告をせず、若しくは虚偽の報告をし、若しくは同条第1項の規定による物件を提出せず、若しくは虚偽の物件を提出し、又は同項の規定による検査を拒み、妨げ、若しくは忌避し、若しくは同項の規定による質問に対し陳述をせず、若しくは虚偽の陳述をしたとき。

④ 第66条第2項（同条第6項において読み替えて準用する場合を含む。以下この号において同じ。）の規定による報告をせず、若しくは虚偽の報告をし、若しくは同条第2項の規定による資料を提出せず、若しくは虚偽の資料を提出し、又は同項の規定による検査を拒み、妨げ、若しくは忌避し、若しくは同項の規定による質問に対し陳述をせず、若しくは虚偽の陳述をしたとき。

第72条　次の各号のいずれかに該当する場合には、当該違反行為をした者は、100万円以下の罰金に処する。

① 第12条、第36条、第43条又は第54条の規定に違反して、著しく事実に相違する表示をし、又は実際のものよりも著しく優良であり、若しくは有利であると人を誤認させるような表示をしたとき。

② 第12条の3第1項若しくは第2項（第12条の4第2項において準用する場合を含む。）、第12条の4第1項、第36条の3第1項若しくは第2項（第36条の4第2項において準用する場合を含む。）、第36条の4第1項、第54条の3第1項若しくは第2項（第54条の4第2項において準用する場合を含む。）又は第54条の4第1項の規定に違反したとき。

③ 第12条の3第3項（第12条の4第2項において読み替えて準用する場合を含む。）、第36条の3第3項（第36条の4第2項において読み替えて準用する場合を含む。）又は第54条の3第3項（第54条の4第2項において読み替えて準用する場合を含む。）の規定に違反して、記録を作成せず、若しくは虚偽の記録を作成し、又は記録を保存しなかつたとき。

④ 第12条の6第2項の規定に違反して、同項各号に掲げる表示をしたとき。

⑤ 第13条第1項又は第20条第1項の規定に違反して通知しなかつたとき。

⑥ 第35条又は第53条の規定に違反して表示しなかつたとき。

⑦ 第45条第1項の規定に違反して、同項に定める書類を備え置かず、又はこれに不正の記載をしたとき。

⑧ 第45条第2項の規定に違反して、正当な理由がないのに、書類の閲覧又は謄本若しくは抄本の交付を拒んだとき。

2　前項第2号の罪を犯した者が、その提供した電子メール広告において、第11条、第12条の3第4項（第12条の4第2項において読み替えて準用する場合を含む。）、第35条、第36条の3第4項（第36条の4第2項において読み替えて準用する場合を含む。）、第53条若しくは第54条の3第4項（第54条の4第2項において読み替えて準用する場合を含む。）の規定に違反して表示しなかつたとき、又は第12条、第36条若しくは第54条の規定に違反して著しく事実に相違する表示をし、若しくは実際のものよりも著しく優良であり、若しくは有利であると人を誤認させるような表示をしたときは、1年以下の懲役又は200万円以下の罰金に処し、又はこれを併科する。

第73条　次の各号のいずれかに該当する場合には、当該違反行為をした者は、30万円以下の罰金に処する。

① 第28条第2項又は第31条第2項の規定に違反して、その名称又は商号中に訪問販売協会会員又は通信販売協会会員であると誤認されるおそれのある文字を用いたとき。

② 第66条第3項（同条第6項において読み替えて準用する場合を含む。）の規定による検査を拒み、妨げ、又は忌避したとき。

③ 第66条第4項（同条第6項において読み替えて準用する場合を含む。以下この号において同じ。）の規定による報告をせず、若しくは虚偽の報告をし、又は同条第4項の規定による資料を提出せず、若しくは虚偽の資料を提出したとき。

④ 第66条第5項の規定による報告をせず、若しくは虚偽の報告をし、又は同項の規定による検査を拒み、妨げ、若しくは忌避したとき。

第74条 法人の代表者若しくは管理人又は法人若しくは人の代理人、使用人その他の従業者が、その法人又は人の業務に関し、次の各号に掲げる規定の違反行為をしたときは、行為者を罰するほか、その法人に対して当該各号に定める罰金刑を、その人に対して各本条の罰金刑を科する。

① 第70条第3号 3億円以下の罰金刑

② 第70条第1号及び第2号 1億円以下の罰金刑

③ 前3条 各本条の罰金刑

2 人格のない社団又は財団について前項の規定の適用がある場合には、その代表者又は管理人が、その訴訟行為につきその人格のない社団又は財団を代表するほか、法人を被告人又は被疑者とする場合の刑事訴訟に関する法律の規定を準用する。

第75条 次の各号のいずれかに該当する者は、50万円以下の過料に処する。

① 第27条の3第1項、第27条の4第1項、第30条の2第1項又は第30条の3第1項の規定による届出をせず、又は虚偽の届出をした者

② 第29条の5第2項若しくは第32条の2第2項の規定による検査を拒み、妨げ、若しくは忌避し、又は第29条の5第2項若しくは第32条の2第2項の規定による命令に違反した者

第76条 第28条第1項又は第31条第1項の規定に違反して、その名称又は商号中に訪問販売協会又は通信販売協会であると誤認されるおそれのある文字を用いた者は、10万円以下の過料に処する。

※全文は法令データベース「e-Gov法令検索」参照

○新聞の訪問販売に関する自主規制規約

1986（昭和61）年2月18日
改正 1992（平成4）年6月19日
改正 2015（平成27）年6月18日

〔目的〕

第1条 この自主規制規約は、「特定商取引に関する法律（昭和51年法律第57号）」（以下「特定商取引法」という。）を順守し、新聞の訪問販売をめぐる購読者の苦情やトラブルを未然に防止し、苦情等が発生した場合の適正かつ速やかな解決を図るため定めるものである。

〔定義〕

第2条 この規約において「訪問販売」とは、新聞社、販売店（所）等の店舗以外の場所において、購読契約の申し込みの受け付け、または購読契約の締結（以下「購読契約の締結等」という。）をして行う新聞の販売をいう。

〔氏名等の明示〕

第3条 訪問販売を行う者は、訪問販売をしようとするとき、その相手方に対し、本人の氏名、新聞社名ならびに販売店名、販売店の所在地およびその電話番号、勧誘をする目的である旨および販売しようとする新聞名を、口頭または書面で明らかにしなければならない。

〔書面の交付〕

第4条 購読契約の締結等を行ったときは、直ちにその相手方とその内容を明らかにした購読契約書を交わさなければならない。その際、相手方に対し交付すべき書面は、特定商取引法その他関係法令に規定された事項を満たすものでなければならない。

〔禁止行為〕

第5条 訪問販売を行う者は、次の行為をしてはならない。

（1）購読契約の締結等の勧誘に際し、またはその撤回もしくは解除（以下「解除等」という。）を妨げるため、その相手方の判断に影響をおよぼすこととなる重要なものにつき、不実のことを告げること。

（2）購読契約の締結等の勧誘に際し、またはその解除等を妨げるため、その相手方の判断に影響をおよぼすこととなる重要なものにつき、故意に事実を告げないこと。

資料編（法令関係）

(3) 購読契約の締結等の勧誘に際し、またはその解除等を妨げるため、その相手方を威迫して困惑させること。

(4) 購読契約の締結等を行う意思がない旨を表示している相手方に対し、勧誘を継続すること。

(5) 老人その他相手方の判断力の不足に乗じて購読契約の締結等をさせること。

(6) 購読契約の締結等を行うに際し、購読契約書に購読契約期間その他の事項についてその相手方に虚偽の記載をさせること。

(7) 購読契約の締結等またはその解除等によって生ずる債務の全部または一部の履行を拒否し、または不当に遅延させること。

(8) その他関係法令に違反する行為や、公序良俗に反する行為を行うこと。

〔購読契約の締結等の解除等〕

第6条 販売店は、第4条に定める相手方に交付すべき書面を相手方が受領した日からその日を含む8日以内に、相手方が購読契約の締結等の解除等または変更の申し入れに係る書面を発した場合には、これに応じなければならない。

〔登録および研修〕

第7条 新聞社は訪問販売を職業とする者(販売店に雇用される者を含む)の登録および研修制度を実施する。この場合、公益社団法人日本訪問販売協会と密接な連絡をとるものとする。

2 新聞社は訪問販売を職業とする者の登録および研修制度の制定または改廃を行おうとするときは、日本新聞協会販売委員会に対し、その内容を報告するものとする。

3 日本新聞協会販売委員会は、新聞社に対し、訪問販売を職業とする者の登録および研修制度について助言を行うことができるものとする。

〔苦情処理〕

第8条 訪問販売についての苦情の処理は、この自主規制規約の精神にのっとり、新聞社および販売店が責任をもって速やかにかつ適正に対処するものとする。

〔日本新聞協会販売委員会が行う措置〕

第9条 日本新聞協会販売委員会は、訪問販売を行う者が、第3条、第4条、第5条または第6条の規定に違反した場合、その者が関係する新聞社に対し、必要な措置をとることができる。

附 則

1. この規約を実施するうえで必要な事項については、別に細則を定める。

2. この規約は、平成27年6月18日から施行する。

○新聞の訪問販売に関する自主規制規約実施細則

1986(昭和61)年2月18日施行
改正 1992(平成4)年6月19日
改正 2013(平成25)年12月12日

第1条 この細則は「特定商取引に関する法律」(以下「特定商取引法」という。)を順守し、新聞の訪問販売をめぐる購読者の苦情やトラブルを未然に防止し、発生した場合は円満かつ速やかに解決するため定める「新聞の訪問販売に関する自主規制規約」の適正な運用を図るため、順守すべき事項および実施の細目について定めるものである。

第2条 購読契約の申し込みの撤回または解除等(以下「契約の解除等」という。)は、個々の購読者が行うものであることに照らし、新聞社、販売店の従業員および訪問販売を職業とする者が、以下のことをしてはならない。

ただし、新聞公正競争規約や特定商取引法の趣旨に反するものではなく、他紙の営業の妨害を目的としない場合は、この限りではない。

(1) 契約の解除等を勧めたり、示唆したり、代行したりすること。

(2) 契約の解除等にかかわる申出書またはこれに類するものを作成配布すること。

第3条 新聞社および販売店は、その従業員の販売活動に伴う購読者の苦情やトラブルにつき、責任をもってその解決に努める。訪問販売を職業とする者の場合は、両者の責任において処理する。

2 新聞社および販売店は、購読者の苦情やトラブルを解決するため、それぞれ苦情の受付、処理体制を確立し、新聞社は処理窓口を第4条に定める当該地域の新聞訪問販売委員会および日本新聞協会販売委員会に登録する。

第4条 日本新聞協会販売委員会は、苦情の受付、トラブルの処理機関として地域別新聞訪問販売委員会(以下「訪販委員会」という。)を設ける。

第5条 訪販委員会は、各地域の販売担当者等で構成する。訪販委員会は委員長を置き、委員過半数の出席をもって成立する。

第6条 訪販委員会は購読者もしくは関係機関からの苦情やトラブルを受け付け、当該新聞社もしくは販売店に対し、十分調査のうえ自主的に解決を図り、その内容を訪販委員会に報告するよう指示する。訪販委員会は、当該新聞社もしくは販売店の報告を、当該購読者もしくは関係機関に伝える。

第7条 新聞社および販売店で購読者の苦情やトラブルが解決できなかった場合、訪販委員会は速やかにその内容を審議し、審議結果を当該購読者もしくは関係機関に伝える。

　調査は、訪販委員会委員長が自らの権限と責任のもとで、各地域の事務局を指示して行うことができる。

第8条 訪販委員会は、購読者もしくは関係機関からの苦情やトラブルと、新聞社、販売店の報告から、違法行為が顕著であると認められる新聞社、販売店に対し、次の措置をとることができる。

　(1) 注意（口頭、文書）

　(2) 警告（口頭、文書）

　2　第1項の措置を受けた新聞社、販売店は、トラブルの解決に一層努めるとともに、責任をもって再発防止の措置をとる。

　3　訪販委員会は、第1項、第2項の措置をとった場合、日本新聞協会販売委員会に報告する。

第9条 訪販委員会は関係機関と常時連絡をとり、違法行為が顕著であると認められる新聞社、販売店に対しても、前条と同様の措置をとる。

第10条 訪販委員会は、自主規制規約および実施細則の実施にあたり、さらに必要な事項を、販売委員会の承認を得て定めることができる。

　2　自主規制規約および実施細則の実施にあたり、疑義を生じた場合には、日本新聞協会販売委員会が必要に応じ担当行政庁と連絡調整のうえ、その解決にあたるものとする。

附　則

1．新聞社および販売店は、紙面、チラシ等の広告により、購読者への周知に努める。

2．購読者に周知するためチラシを配布する場合は、原則として地域ごとに該当新聞社および販売店の連名で行う。

○新聞の訪問販売に関する自主規制規約実施細則に関する販売委員会確認事項

1986（昭和61）年2月18日

1　第4条の「紙面、チラシによる広告」は、購読者に周知するため必ず実施するというもので、テレビ、ラジオ、ポスター等第2条に違反しない範囲内で、他の方法により周知を図ることは妨げない。第2条との関連で問題が生じた場合は、担当委員、部長会で協議し処理する。

2　第5条ただし書きのうち「あらかじめ他の系統に連絡のうえ」は、事前連絡すればよく、他系統の諾否は不要である。

○消費者契約法

2000（平成12）年法律第61号

第1章　総則

〔目的〕

第1条 この法律は、消費者と事業者との間の情報の質及び量並びに交渉力の格差に鑑み、事業者の一定の行為により消費者が誤認し、又は困惑した場合等について契約の申込み又はその承諾の意思表示を取り消すことができることとするとともに、事業者の損害賠償の責任を免除する条項その他の消費者の利益を不当に害することとなる条項の全部又は一部を無効とするほか、消費者の被害の発生又は拡大を防止するため適格消費者団体が事業者等に対し差止請求をすることができることとすることにより、消費者の利益の擁護を図り、もって国民生活の安定向上と国民経済の健全な発展に寄与することを目的とする。

〔定義〕

第2条 この法律において「消費者」とは、個人（事業として又は事業のために契約の当事者となる場合におけるものを除く。）をいう。

　2　この法律（第43条第2項第2号を除く。）において「事業者」とは、法人その他の団体及び事業として又は事業のために契約の当事者となる場合における個人をいう。

　3　この法律において「消費者契約」とは、消費者と事業者との間で締結される契約をいう。

　4　この法律において「適格消費者団体」とは、不特定かつ多数の消費者の利益のためにこの法律の規定による差止請求権を行使するのに必要な適格性を有する法人である消費者団体（消費者基本法（昭和43年法律第78号）第8条の消費者団体をいう。以下同じ。）として第13条の定めるところにより内閣総理大臣の認定を受けた者をいう。

〔事業者及び消費者の努力〕

第3条 事業者は、次に掲げる措置を講ずるよう努めなければならない。

　①　消費者契約の条項を定めるに当たっては、消費者の権利義務その他の消費者契約の内容が、その解釈について疑義が生じない明確なもので、かつ、消費者にとって平易なものになるよ

う配慮すること。

② 消費者契約の締結について勧誘をするに際しては、消費者の理解を深めるために、物品、権利、役務その他の消費者契約の目的となるものの性質に応じ、事業者が知ることができた個々の消費者の年齢、心身の状態、知識及び経験を総合的に考慮した上で、消費者の権利義務その他の消費者契約の内容についての必要な情報を提供すること。

③ 民法（明治29年法律第89号）第548条の2第1項に規定する定型取引合意に該当する消費者契約の締結について勧誘をするに際しては、消費者が同項に規定する定型約款の内容を容易に知り得る状態に置く措置を講じているときを除き、消費者が同法第548条の3第1項に規定する請求を行うために必要な情報を提供すること。

④ 消費者の求めに応じて、消費者契約により定められた当該消費者が有する解除権の行使に関して必要な情報を提供すること。

2 消費者は、消費者契約を締結するに際しては、事業者から提供された情報を活用し、消費者の権利義務その他の消費者契約の内容について理解するよう努めるものとする。

第2章　消費者契約
第1節　消費者契約の申込み又はその承諾の意思表示の取消し
〔消費者契約の申込み又はその承諾の意思表示の取消し〕

第4条 消費者は、事業者が消費者契約の締結について勧誘をするに際し、当該消費者に対して次の各号に掲げる行為をしたことにより当該各号に定める誤認をし、それによって当該消費者契約の申込み又はその承諾の意思表示をしたときは、これを取り消すことができる。

① 重要事項について事実と異なることを告げること。　当該告げられた内容が事実であるとの誤認

② 物品、権利、役務その他の当該消費者契約の目的となるものに関し、将来におけるその価額、将来において当該消費者が受け取るべき金額その他の将来における変動が不確実な事項につき断定的判断を提供すること。　当該提供された断定的判断の内容が確実であるとの誤認

2 消費者は、事業者が消費者契約の締結について勧誘をするに際し、当該消費者に対してある重要事項又は当該重要事項に関連する事項について当該消費者の利益となる旨を告げ、かつ、当該重要

事項について当該消費者の不利益となる事実（当該告知により当該事実が存在しないと消費者が通常考えるべきものに限る。）を故意又は重大な過失によって告げなかったことにより、当該事実が存在しないとの誤認をし、それによって当該消費者契約の申込み又はその承諾の意思表示をしたときは、これを取り消すことができる。ただし、当該事業者が当該消費者に対し当該事実を告げようとしたにもかかわらず、当該消費者がこれを拒んだときは、この限りでない。

3 消費者は、事業者が消費者契約の締結について勧誘をするに際し、当該消費者に対して次に掲げる行為をしたことにより困惑し、それによって当該消費者契約の申込み又はその承諾の意思表示をしたときは、これを取り消すことができる。

① 当該事業者に対し、当該消費者が、その住居又はその業務を行っている場所から退去すべき旨の意思を示したにもかかわらず、それらの場所から退去しないこと。

② 当該事業者が当該消費者契約の締結について勧誘をしている場所から当該消費者が退去する旨の意思を示したにもかかわらず、その場所から当該消費者を退去させないこと。

③ 当該消費者に対し、当該消費者契約の締結について勧誘をすることを告げずに、当該消費者が任意に退去することが困難な場所であることを知りながら、当該消費者をその場所に同行し、その場所において当該消費者契約の締結について勧誘をすること。

④ 当該消費者が当該消費者契約の締結について勧誘を受けている場所において、当該消費者が当該消費者契約を締結するか否かについて相談を行うために電話その他の内閣府令で定める方法によって当該事業者以外の者と連絡する旨の意思を示したにもかかわらず、威迫する言動を交えて、当該消費者が当該方法によって連絡することを妨げること。

⑤ 当該消費者が、社会生活上の経験が乏しいことから、次に掲げる事項に対する願望の実現に過大な不安を抱いていることを知りながら、その不安をあおり、裏付けとなる合理的な根拠がある場合その他の正当な理由がある場合でないのに、物品、権利、役務その他の当該消費者契約の目的となるものが当該願望を実現するために必要である旨を告げること。

イ　進学、就職、結婚、生計その他の社会生活上の重要な事項

ロ　容姿、体型その他の身体の特徴又は状況に

関する重要な事項

⑥　当該消費者が、社会生活上の経験が乏しいことから、当該消費者契約の締結について勧誘を行う者に対して恋愛感情その他の好意の感情を抱き、かつ、当該勧誘を行う者も当該消費者に対して同様の感情を抱いているものと誤信していることを知りながら、これに乗じ、当該消費者契約を締結しなければ当該勧誘を行う者との関係が破綻することになる旨を告げること。

⑦　当該消費者が、加齢又は心身の故障によりその判断力が著しく低下していることから、生計、健康その他の事項に関しその現在の生活の維持に過大な不安を抱いていることを知りながら、その不安をあおり、裏付けとなる合理的な根拠がある場合その他の正当な理由がある場合でないのに、当該消費者契約を締結しなければその現在の生活の維持が困難となる旨を告げること。

⑧　当該消費者に対し、霊感その他の合理的に実証することが困難な特別な能力による知見として、当該消費者又はその親族の生命、身体、財産その他の重要な事項について、そのままでは現在生じ、若しくは将来生じ得る重大な不利益を回避することができないとの不安をあおり、又はそのような不安を抱いていることに乗じて、その重大な不利益を回避するためには、当該消費者契約を締結することが必要不可欠である旨を告げること。

⑨　当該消費者が当該消費者契約の申込み又はその承諾の意思表示をする前に、当該消費者契約を締結したならば負うこととなる義務の内容の全部若しくは一部を実施し、又は当該消費者契約の目的物の現状を変更し、その実施又は変更前の原状の回復を著しく困難にすること。

⑩　前号に掲げるもののほか、当該消費者が当該消費者契約の申込み又はその承諾の意思表示をする前に、当該事業者が調査、情報の提供、物品の調達その他の当該消費者契約の締結を目指した事業活動を実施した場合において、当該事業活動が当該消費者からの特別の求めに応じたものであったことその他の取引上の社会通念に照らして正当な理由がある場合でないのに、当該事業活動が当該消費者のために特に実施したものである旨及び当該事業活動の実施により生じた損失の補償を請求する旨を告げること。

4　消費者は、事業者が消費者契約の締結について勧誘をするに際し、物品、権利、役務その他の当該消費者契約の目的となるものの分量、回数又は期間（以下この項において「分量等」という。）が当該消費者にとっての通常の分量等（消費者契約の目的となるものの内容及び取引条件並びに事業者がその締結について勧誘をする際の消費者の生活の状況及びこれについての当該消費者の認識に照らして当該消費者契約の目的となるものの分量等として通常想定される分量等をいう。以下この項において同じ。）を著しく超えるものであることを知っていた場合において、その勧誘により当該消費者契約の申込み又はその承諾の意思表示をしたときは、これを取り消すことができる。事業者が消費者契約の締結について勧誘をするに際し、消費者が既に当該消費者契約の目的となるものと同種のものを目的とする消費者契約（以下この項において「同種契約」という。）を締結し、当該同種契約の目的となるものの分量等と当該消費者契約の目的となるものの分量等とを合算した分量等が当該消費者にとっての通常の分量等を著しく超えるものであることを知っていた場合において、その勧誘により当該消費者契約の申込み又はその承諾の意思表示をしたときも、同様とする。

5　第1項第1号及び第2項の「重要事項」とは、消費者契約に係る次に掲げる事項（同項の場合にあっては、第3号に掲げるものを除く。）をいう。

①　物品、権利、役務その他の当該消費者契約の目的となるものの質、用途その他の内容であって、消費者の当該消費者契約を締結するか否かについての判断に通常影響を及ぼすべきもの

②　物品、権利、役務その他の当該消費者契約の目的となるものの対価その他の取引条件であって、消費者の当該消費者契約を締結するか否かについての判断に通常影響を及ぼすべきもの

③　前2号に掲げるもののほか、物品、権利、役務その他の当該消費者契約の目的となるものが当該消費者の生命、身体、財産その他の重要な利益についての損害又は危険を回避するために通常必要であると判断される事情

6　第1項から第4項までの規定による消費者契約の申込み又はその承諾の意思表示の取消しは、これをもって善意でかつ過失がない第3者に対抗することができない。

〔媒介の委託を受けた第3者及び代理人〕
第5条　（省略）
〔解釈規定〕
第6条　第4条第1項から第4項までの規定は、これらの項に規定する消費者契約の申込み又はその承諾の意思表示に対する民法第96条の規定の適

用を妨げるものと解してはならない。

〔取消権を行使した消費者の返還義務〕

第6条の2 民法第121条の2第1項の規定にかかわらず、消費者契約に基づく債務の履行として給付を受けた消費者は、第4条第1項から第4項までの規定により当該消費者契約の申込み又はその承諾の意思表示を取り消した場合において、給付を受けた当時その意思表示が取り消すことができるものであることを知らなかったときは、当該消費者契約によって現に利益を受けている限度において、返還の義務を負う。

〔取消権の行使期間等〕

第7条 第4条第1項から第4項までの規定による取消権は、追認をすることができる時から1年間（同条第3項第8号に係る取消権については、3年間）行わないときは、時効によって消滅する。当該消費者契約の締結の時から5年（同号に係る取消権については、10年）を経過したときも、同様とする。

2　会社法（平成17年法律第86号）その他の法律により詐欺又は強迫を理由として取消しをすることができないものとされている株式若しくは出資の引受け又は基金の拠出が消費者契約としてされた場合には、当該株式若しくは出資の引受け又は基金の拠出に係る意思表示については、第4条第1項から第4項までの規定によりその取消しをすることができない。

第2節　消費者契約の条項の無効

〔事業者の損害賠償の責任を免除する条項等の無効〕

第8条 次に掲げる消費者契約の条項は、無効とする。

①　事業者の債務不履行により消費者に生じた損害を賠償する責任の全部を免除し、又は当該事業者にその責任の有無を決定する権限を付与する条項

②　事業者の債務不履行（当該事業者、その代表者又はその使用する者の故意又は重大な過失によるものに限る。）により消費者に生じた損害を賠償する責任の一部を免除し、又は当該事業者にその責任の限度を決定する権限を付与する条項

③　消費者契約における事業者の債務の履行に際してされた当該事業者の不法行為により消費者に生じた損害を賠償する責任の全部を免除し、又は当該事業者にその責任の有無を決定する権限を付与する条項

④　消費者契約における事業者の債務の履行に際してされた当該事業者の不法行為（当該事業者、その代表者又はその使用する者の故意又は重大な過失によるものに限る。）により消費者に生じた損害を賠償する責任の一部を免除し、又は当該事業者にその責任の限度を決定する権限を付与する条項

2　前項第1号又は第2号に掲げる条項のうち、消費者契約が有償契約である場合において、引き渡された目的物が種類又は品質に関して契約の内容に適合しないとき（当該消費者契約が請負契約である場合には、請負人が種類又は品質に関して契約の内容に適合しない仕事の目的物を注文者に引き渡したとき（その引渡しを要しない場合には、仕事が終了した時に仕事の目的物が種類又は品質に関して契約の内容に適合しないとき。）。以下この項において同じ。）に、これにより消費者に生じた損害を賠償する事業者の責任を免除し、又は当該事業者にその責任の有無若しくは限度を決定する権限を付与するものについては、次に掲げる場合に該当するときは、前項の規定は、適用しない。

①　当該消費者契約において、引き渡された目的物が種類又は品質に関して契約の内容に適合しないときに、当該事業者が履行の追完をする責任又は不適合の程度に応じた代金若しくは報酬の減額をする責任を負うこととされている場合

②　当該消費者と当該事業者の委託を受けた他の事業者との間の契約又は当該事業者と他の事業者との間の当該消費者のためにする契約で、当該消費者契約の締結に先立って又はこれと同時に締結されたものにおいて、引き渡された目的物が種類又は品質に関して契約の内容に適合しないときに、当該他の事業者が、その目的物が種類又は品質に関して契約の内容に適合しないことにより当該消費者に生じた損害を賠償する責任の全部若しくは一部を負い、又は履行の追完をする責任を負うこととされている場合

3　事業者の債務不履行（当該事業者、その代表者又はその使用する者の故意又は重大な過失によるものを除く。）又は消費者契約における事業者の債務の履行に際してされた当該事業者の不法行為（当該事業者、その代表者又はその使用する者の故意又は重大な過失によるものを除く。）により消費者に生じた損害を賠償する責任の一部を免除する消費者契約の条項であって、当該条項において事業者、その代表者又はその使用する者の重大な過失を除く過失による行為にのみ適用されることを明らかにしていないものは、無効とする。

〔消費者の解除権を放棄させる条項等の無効〕

第8条の2 事業者の債務不履行により生じた消費者の解除権を放棄させ、又は当該事業者にその解除権の有無を決定する権限を付与する消費者契約の条項は、無効とする。

〔事業者に対し後見開始の審判等による解除権を付与する条項の無効〕

第8条の3 事業者に対し、消費者が後見開始、保佐開始又は補助開始の審判を受けたことのみを理由とする解除権を付与する消費者契約（消費者が事業者に対し物品、権利、役務その他の消費者契約の目的となるものを提供することとされているものを除く。）の条項は、無効とする。

〔消費者が支払う損害賠償の額を予定する条項等の無効等〕

第9条 次の各号に掲げる消費者契約の条項は、当該各号に定める部分について、無効とする。

① 当該消費者契約の解除に伴う損害賠償の額を予定し、又は違約金を定める条項であって、これらを合算した額が、当該条項において設定された解除の事由、時期等の区分に応じ、当該消費者契約と同種の消費者契約の解除に伴い当該事業者に生ずべき平均的な損害の額を超えるもの　当該超える部分

② 当該消費者契約に基づき支払うべき金銭の全部又は一部を消費者が支払期日（支払回数が2以上である場合には、それぞれの支払期日。以下この号において同じ。）までに支払わない場合における損害賠償の額を予定し、又は違約金を定める条項であって、これらを合算した額が、支払期日の翌日からその支払をする日までの期間について、その日数に応じ、当該支払期日に支払うべき額から当該支払期日に支払うべき額のうち既に支払われた額を控除した額に年14.6パーセントの割合を乗じて計算した額を超えるもの　当該超える部分

2 事業者は、消費者に対し、消費者契約の解除に伴う損害賠償の額を予定し、又は違約金を定める条項に基づき損害賠償又は違約金の支払を請求する場合において、当該消費者から説明を求められたときは、損害賠償の額の予定又は違約金の算定の根拠（第12条の4において「算定根拠」という。）の概要を説明するよう努めなければならない。

〔消費者の利益を一方的に害する条項の無効〕

第10条 消費者の不作為をもって当該消費者が新たな消費者契約の申込み又はその承諾の意思表示をしたものとみなす条項その他の法令中の公の秩序に関しない規定の適用による場合に比して消費者の権利を制限し又は消費者の義務を加重する消費者契約の条項であって、民法第1条第2項に規定する基本原則に反して消費者の利益を一方的に害するものは、無効とする。

第3節　補則

〔他の法律の適用〕

第11条 消費者契約の申込み又はその承諾の意思表示の取消し及び消費者契約の条項の効力については、この法律の規定によるほか、民法及び商法（明治32年法律第48号）の規定による。

2 消費者契約の申込み又はその承諾の意思表示の取消し及び消費者契約の条項の効力について民法及び商法以外の他の法律に別段の定めがあるときは、その定めるところによる。

第12条〜第53条（省略）

※全文は法令データベース「e-Gov法令検索」参照

○著作物再販制度の取扱いについて

2001（平成13）年3月23日　公正取引委員会

公正取引委員会は、著作物の再販適用除外制度（以下「著作物再販制度」という。）について、規制緩和の推進に関する累次の閣議決定に基づき、独占禁止法適用除外制度の見直しの一環として検討を行ってきた。その中で、平成10年3月に、競争政策の観点からは廃止の方向で検討されるべきものであるが、本来的な対応とはいえないものの文化の振興・普及と関係する面もあるとの指摘があることから、著作物再販制度を廃止した場合の影響も含め引き続き検討し、一定期間経過後に制度自体の存廃について結論を得る旨の見解を公表した。

これに基づき、著作物再販制度を廃止した場合の影響等について関係業界と対話を行うとともに、国民各層から意見を求めるなどして検討を進めてきたところ、このたび、次のとおり結論を得るに至った。

1 著作物再販制度は、独占禁止法上原則禁止されている再販売価格維持行為に対する適用除外制度であり、独占禁止法の運用を含む競争政策を所管する公正取引委員会としては、規制改革を推進し、公正かつ自由な競争を促進することが求めら

資料編（法令関係）

れている今日、競争政策の観点からは同制度を廃止し、著作物の流通において競争が促進されるべきであると考える。

　しかしながら、国民各層から寄せられた意見をみると、著作物再販制度を廃止すべきとする意見がある反面、同制度が廃止されると、書籍・雑誌及び音楽用CD等の発行企画の多様性が失われ、また、新聞の戸別配達制度が衰退し、国民の知る権利を阻害する可能性があるなど、文化・公共面での影響が生じるおそれがあるとし、同制度の廃止に反対する意見も多く、なお同制度の廃止について国民的合意が形成されるに至っていない状況にある。

　したがって、現段階において独占禁止法の改正に向けた措置を講じて著作物再販制度を廃止することは行わず、当面同制度を存置することが相当であると考える。

2　著作物再販制度の下においても、消費者利益の向上につながるような運用も可能であり、関係業界においてこれに向けての取組もみられるが、前記の意見の中には、著作物再販制度が硬直的に運用されているという指摘もある。

　このため、公正取引委員会は、現行制度の下で可能な限り運用の弾力化等の取組が進められることによって、消費者利益の向上が図られるよう、関係業界に対し、非再販商品の発行・流通の拡大、各種割引制度の導入等による価格設定の多様化等の方策を一層推進することを提案し、その実施を要請する。また、これらの方策が実効を挙げているか否かを検証し、より効果的な方途を検討するなど、著作物の流通についての意見交換をする場として、公正取引委員会、関係事業者、消費者、学識経験者等を構成員とする協議会を設けることとする。

　公正取引委員会としては、今後とも著作物再販制度の廃止について国民的合意が得られるよう努力を傾注するとともに、当面存置される同制度が硬直的に運用されて消費者利益が害されることがないよう著作物の取引実態の調査・検証に努めることとする。

3　また、著作物再販制度の対象となる著作物の範囲については、従来から公正取引委員会が解釈・運用してきた6品目（書籍・雑誌、新聞及びレコード盤・音楽用テープ・音楽用CD）に限ることとする。

○特殊指定の見直しについて

2006（平成18）年6月2日　公正取引委員会
1　これまでの取組
　公正取引委員会は、制定後長期間を経過し、近年運用実績のない5つの特殊指定について、昨年11月以降見直しを行ってきたところ、これまでに、下記の4つの特殊指定については廃止することとした。
① 「食品かん詰または食品びん詰業における特定の不公正な取引方法」（平成18年2月1日廃止）
② 「海運業における特定の不公正な取引方法」（平成18年4月13日廃止）
③ 「広告においてくじの方法等による経済上の利益の提供を申し出る場合の不公正な取引方法」（平成18年4月27日廃止）
④ 「教科書業における特定の不公正な取引方法」（平成18年6月6日廃止、施行9月1日予定）
2　新聞特殊指定の取扱い
　「新聞業における特定の不公正な取引方法」については、新聞業界等との間で鋭意議論を進めてきたところであるが、その取扱いについて、別紙のとおり、今回の見直しでは結論を出すことを見合わせることとした。

別紙

特殊指定の見直しについて
平成18年5月31日　公正取引委員会
1　これまでの取組状況
　公正取引委員会は、制定後長期間を経過し、近年運用実績のない5つの特殊指定について、昨年11月以降見直しを行ってきたところ、これまでに、下記の4つの特殊指定については廃止することとした。
① 「食品かん詰または食品びん詰業における特定の不公正な取引方法」
② 「海運業における特定の不公正な取引方法」
③ 「広告においてくじの方法等による経済上の利益の提供を申し出る場合の不公正な取引方法」
④ 「教科書業における特定の不公正な取引方法」
　残る「新聞業における特定の不公正な取引方法」（以下「新聞特殊指定」という。）については、新聞業界等との間で鋭意議論を進めてきたところである。
2　新聞特殊指定を巡る議論

(1) 公正取引委員会の指摘

　新聞特殊指定は価格競争を原則的又は全面的に禁止するとの考え方に立脚しており、同特殊指定を維持することは、次のとおり、法的相当性や消費者利益の観点から問題がある。

　独占禁止法第2条第9項は、同項に定める6つの行為類型のいずれかに該当する行為であって、「公正な競争を阻害するおそれがあるもの」について公正取引委員会が「不公正な取引方法」として指定できるとしているところ、価格競争は、本来、競争の最重要な要素そのものであって、「公正な競争を阻害するおそれがあるもの」とは言えず、価格競争を原則的又は全面的に禁止するような新聞特殊指定は、独占禁止法上の要件を満たしていると言えない。

　新聞特殊指定が存在するがゆえに、本来、独占禁止法第23条に基づく著作物再販制度の下では各発行本社ごとの判断により実施が可能である長期購読割引定価、口座振替割引定価、高齢者・学生向け割引定価なども導入されておらず、この意味で、同特殊指定は、消費者利益増進の障害となっている。また、新聞特殊指定が廃止されると戸別配達がされなくなるとの主張があるが、戸別配達は、消費者及び新聞販売店・発行本社双方の強いニーズから成り立っているものであり、新聞特殊指定がなくなったとしても戸別配達が行われなくなるというものではない。

(2) 新聞業界の主張

　新聞業界からは、次のような主張がなされた。

① 新聞特殊指定が現実に存在している以上、その告示の際、法的根拠が必ず存在したはずであり、新聞については、販売店による定価の割引行為がそれ自体として独占禁止法で規定されている「不当な対価」及び「不当な顧客誘引」に該当し、したがって消費者の利益を損ない、公正な競争を阻害するものであると考える。

② 新聞は、他の商品と異なり、報道・言論のメディアであり、国民の「知る権利」に応え、民主主義の維持・発展に欠かせない商品である。新聞特殊指定の見直しは、単に競争政策や経済原理によってのみ判断されるべきではなく、新聞の商品特性や文字・活字文化の振興といった文化政策の観点からの議論も必要である。

③ 著作物再販制度と新聞特殊指定が補完し合うことで、同一紙同一価格と新聞の戸別配達が支えられている。すなわち、著作物再販制度だけでは仮に販売業者が指定価格を守らなくても直接独占禁止法違反に問われることはないため、

新聞特殊指定がなければ定価の割引が広がり、同じ新聞を届ける販売店間の価格競争の結果、配達区域が入り組んでしまって安定した新聞配達が困難になったり、一部の販売店が淘汰されて、経済効率の悪い地域には新聞が配達されなくなることも予想され、読者の情報に対する平等なアクセスが保障されなくなる。

3　今回の対応

　上記2（2）記載の新聞業界の主張は、公正取引委員会が指摘する上記2（1）記載の問題点を解消することのできるものではないと考える。しかしながら、これまで公正取引委員会と新聞業界との間で議論を繰り返してきたものの、議論が噛み合っておらず、これ以上の議論を続けても特段の進展は望めない状況にある。また、各政党においても、新聞特殊指定を存続させるべきとの議論がなされているところである。

　これらの状況を踏まえ、公正取引委員会は、新聞特殊指定については、今回の見直しでは結論を出すことを見合わせることとした。

新聞販売関連年表（1947年〜2024年）

1947（昭和22）年4月 「私的独占の禁止及び公正取引の確保に関する法律」（独占禁止法）制定（14日）

1951（昭和26）年5月 新聞用紙の価格・配給と新聞購読料の統制が撤廃（1日）、各社専売制へ移行

1953（昭和28）年3月 新聞販路協定事件に関する東京高裁判決（9日）

           9月 「不公正な取引方法」（一般指定）告示（1日）
独占禁止法に再販適用除外規定を新設（1日）

1954（昭和29）年1月 新聞業務代表者会（業代会）、全国各地に倫理化委員会を組織し、実情に応じた販売倫理化の協定を各社に求める（18日）

          12月 日本新聞協会、「新聞販売綱領」制定（16日）

1955（昭和30）年7月 東京高裁、愛知県毎日新聞挙母専売所の景品付き販売に対する独禁法による緊急停止命令で決定（29日）

          11月 東京高裁、大阪読売新聞の景品付き販売に対し、「…購読の勧誘は新聞自体のもつ価値によって行い、景品等の供与をもってなされるべきでないこと等を内容とする新聞販売綱領なるものを定め、協会加盟各新聞社をして、これが実践につとめさせた結果、…（中略）…大規模なものはおおむねその影をひそめるに至り、この状態が全国の新聞発行の販売の分野における一の商慣習として確立されるに至っている」と決定、独禁法による緊急停止命令（5日）

          12月 公取委、「新聞業における特定の不公正な取引方法」（新聞特殊指定）、同実施要綱告示（29日）。新聞公正取引協議委員会（中央協）発足

1957（昭和32）年3月 北國新聞差別定価事件、東京高裁判決（18日）

1959（昭和34）年4月 公取委、同調的値上げの疑いで新聞協会事務局を強制調査（18日）

1961（昭和36）年5月 公取委、新聞協会に特殊指定励行について警告。北陸地区協、特殊指定励行について申し合わせ（25日）

1962（昭和37）年8月 「不当景品類及び不当表示防止法」（景品表示法）施行（15日）

          9月 「懸賞による景品類の提供に関する事項の制限」（一般懸賞告示）施行（1日）。日本新聞協会、「新聞折り込み広告基準」、同細則制定（14日）

1964（昭和39）年10月 「新聞業における特定の不公正な取引方法」、同実施要綱改正（9日）。「新聞業における景品類の提供に関する事項の制限」（告示）、「新聞業における景品類提供の禁止に関する公正競争規約」施行（9日）

1969（昭和44）年5月 「新聞業における景品類の提供に関する事項の制限」（告示）改正施行（1日）、編集企画に関する条項を追加

1970（昭和45）年2月 「新聞業における景品類提供の禁止に関する公正競争規約」改正施行（1日）、編集企画に関する条項を追加

1972（昭和47）年5月 景品表示法改正（30日）。権限の一部を都道府県知事に委任

1974（昭和49）年10月 九州の4新聞社に業界初の排除命令（24日）

1975（昭和50）年4月 東京高裁、中部読売新聞社の不当廉売に対する緊急停止命令を決定（30日）

1976（昭和51）年6月 「訪問販売等に関する法律」（訪販法）公布（4日）

1977（昭和52）年3月 「懸賞による景品類の提供に関する事項の制限」（一般懸賞告示）全面改正（1日）

          4月 「新聞業における景品類提供の禁止に関する公正競争規約」改正施行（1日）。公取委が一般懸賞告示を全面改正したため、これに基づき規約を改正

          7月 販売正常化に関する共同宣言（1日）

          9月〜 9月から都内3か所（月島、小台、羽田）、10月から大阪（三原台）、京都（向島）、神戸（浜山）、12月から北海道（苗穂地区）で共同集金開始

          12月 新聞協会理事会「新聞販売正常化に関する申し合わせ」を承認。無代紙排除特別委員会を設置（14日）

資料編（年表）

1979（昭和54）年10月		中央協、販売正常化4原則を確認（14日）、①自由増減の完全実行、②拡張材料（優招待券を含む）の使用禁止、③無代紙の使用禁止、④定価売りの実行
1980（昭和55）年6月		独占禁止法「価格の同調的引き上げに関する報告の徴収」運用基準改正（24日）、一般日刊全国紙を適用対象として指定品目に追加
1981（昭和56）年6月		「懸賞による景品類の提供に関する事項の制限」（一般懸賞告示）改正（6日）
1982（昭和57）年6月		「不公正な取引方法」（一般指定）全部改正（18日）
	9月	中央協、「東京地区新聞販売管理センター運営細則」承認、発足（18日）
	12月	公取委、中央協あて文書「新聞販売の正常化について」（14項目）の要望（14日）
1983（昭和58）年2月		中央協、「販売正常化の新方針」を採択、支部協に販売所代表参加、各支部協に事務局を設置することを決定（17日）
1984（昭和59）年1月		埼玉県戸田市の3系統3販売所に排除命令（31日）
	9月	公取委、中央協あて文書「新聞販売正常化に関する要望」（8項目）（18日）
	10月	長野県長野市の3系統3販売所に排除命令（31日）
1985（昭和60）年2月		愛知県名古屋市および刈谷市、佐賀県唐津市の7系統8販売所に排除命令（7日）。新聞協会加盟社、販売正常化いっせい社告（20日）
	3月	中央協、「地区新聞公正取引協議会運営細則（モデル）」制定（19日）
1986（昭和61）年2月		販売委員会、「新聞の訪問販売に関する自主規制規約」、同実施細則、同販売委員会確認事項、施行（18日）
	3月	愛知県名古屋市の2系統2販売所に排除命令（3日）
	10月	「新聞業における景品類提供の禁止に関する公正競争規約」改正施行（21日）、災害見舞いは物品に限ることを明確化、宣伝用パンフレットの内容を拡大など
1988（昭和63）年4月		公取委、中央協に6項目の要望（18日）
1990（平成2）年6月		福岡県大野城市、太宰府市の4系統4販売所に排除命令（8日）
	10月	「新聞のクーポン付き広告に関する規則」、同運営細則施行（1日）、附則で折り込み広告については6か月経過後の実施を明記
1991（平成3）年7月		訪販法の指定商品に新聞を追加（1日）
1992（平成4）年2月		「新聞業における景品類提供の禁止に関する公正競争規約」「地区新聞公正取引協議会運営細則（モデル）」一部改正施行（1日）、新聞類似の付録のうち家計簿、メモ帳、新聞整理袋等の条文を新設、支部協議会に常任委員会を置くことを可能とした。公取委、多摩新聞販売同業組合に対する勧告（17日）
	4月	公取委、「再販指定商品の見直しについて」を発表（15日）、著作物の取り扱いを明確にするため、立法措置で対応するとし、総合的な検討の着手方針を発表
	10月	日本新聞協会「新聞販売綱領」改正（7日）
1993（平成5）年5月		公取委、「新聞のクーポン付き広告に関する規則」、同運営細則の改正および同違反処理規程、承認（21日）
1994（平成6）年9月		中央協、「販売正常化に関する申し合わせ」（20日）
		公取委、「政府規制等と競争政策に関する研究会」の下に「再販問題検討小委員会」を設置（26日）、著作物の範囲の明確化等を検討
	10月	第47回新聞大会、特別宣言採択
	11月	行政改革推進本部、「規制緩和検討委員会」を設置（25日）
1995（平成7）年2月		中央協、「阪神大震災の被災地と周辺地区の販売正常化に関する申し合わせ」採択（17日）
	3月	規制緩和検討委員会報告書に基づき、公取委が「著作物再販については平成10年末までにその範囲の限定・明確化を図る」との検討状況を発表（10日）
	5月	販売委員会、「新聞折り込み広告基準」改正（19日）
	10月	第48回新聞大会、再販維持に関する特別宣言採択（17日）
1996（平成8）年2月		「懸賞による景品類の提供に関する事項の制限」（一般懸賞告示）改正、「一般消費者に対する景品類の提供に関する事項の制限」（総付景品告示）改正、オープ

ン懸賞告示における「過大な経済上の利益」の取り扱い変更（16日）。オープン懸賞で提供できる上限額が100万円から1000万円に

2月　公取委、「景品規制に関する告示、運用基準」の改正を官報により公告・通達。これにより景品類指定告示の運用基準から「新聞の無代紙は景品」との記述を削除（16日）

2月　公取委、「景品規制に関する告示、運用基準」の改正に即して業界別告示・公正競争規約の見直しを要請（16日）

1997（平成9）年12月　行政改革委員会、「最終意見」を公表（12日）、著作物再販の見直しについて「国民の議論を深め、速やかに適切な措置を講じるべき」

公取委、北國新聞社に対し押し紙で排除勧告（22日）

1998（平成10）年1月　公取委、再販問題検討のための政府規制等と競争政策に関する研究会「著作物再販適用除外制度の取扱いについて」を公表（13日）

公取委、取引部長名文書「新聞業の景品規制の見直しについて」で「無代紙は値引きと認められる経済上の利益であり景品類には当たらない」と考え方を通達（16日）

熊本県熊本市と香川県木田郡の3系統4販売店に排除命令（30日）

2月　公取委、北海道新聞社に対して新規参入妨害で排除勧告（5日）

3月　公取委、「著作物再販制度の取扱いについて」を公表（31日）、「引き続き検討を行い、一定期間経過後に制度自体の存廃に結論を得るのが相当」との方針を発表
「規制緩和推進3か年計画」を閣議決定（31日）、著作物再販制度について「今後さらに議論を深め、適切な措置を講ずる」との方針を発表

4月　「新聞業における景品類の提供に関する事項の制限」（告示）を全部改正（10日、5月1日施行）、2年以内の見直しを明記

8月　「新聞業における景品類の提供の制限に関する公正競争規約」全部変更承認（31日、9月1日施行）

9月　「新聞公正取引協議会の組織及び運営に関する規則」「新聞業における景品類の提供の制限に関する公正競争規約施行規則」新設、施行（1日）、3か月8％ルール施行、販売店代表が中央協に参加

1999（平成11）年1月　「新聞業における景品類の提供の制限に関する公正競争規約施行規則」一部変更施行（20日）、懸賞に関する規定を追加

5月　中央協、初の全体会議を開催（19日）、販売店代表が出席

6月　「新聞公正取引協議会の組織及び運営に関する規則」一部変更承認（3日、施行は4月1日）、販売業者の中央協参加に伴う変更

7月　「新聞業における特定の不公正な取引方法」（新聞特殊指定）全部改正（21日）、「学校教育教材用、大量一括購読者向けその他正当かつ合理的な理由」の規定を追加

8月　「新聞業における景品類の提供の制限に関する公正競争規約施行規則」一部変更承認（24日、9月1日施行）、懸賞の当選者の選定の透明性確保の手段を具体的に明記するため、および試読紙の戸別配布のルールが確定したことに伴う変更

2000（平成12）年3月　和歌山県有田郡の4系統4販売店に排除命令（15日）

6月　「新聞倫理綱領」を改正（21日）

8月　「新聞業における景品類の提供に関する事項の制限」（告示）改正、「新聞業における景品類の提供の制限に関する公正競争規約」一部変更承認（15日、9月1日施行）

9月　「新聞業における景品類の提供の制限に関する公正競争規約施行規則」変更施行（1日）、6か月8％ルール施行

2001（平成13）年3月　公取委、「著作物再販制度の取扱いについて」を公表（23日）、著作物再販制度を「当面存置することが相当であると考える」との結論

	6月	「特定商取引に関する法律」（旧・訪問販売等に関する法律）施行（1日） 「新聞販売綱領」を改正（20日）
	11月	新聞公正取引協議会、第1回会員総会を開催（20日）
2002（平成14）年4月		「新聞業における景品類の提供の制限に関する公正競争規約施行規則」「新聞公正取引協議会の組織及び運営に関する規則」一部変更承認・施行、販売業者の実施する一般懸賞が解禁。「新聞のクーポン付き広告に関する規則」、同運営細則、同違反処理規程、廃止（16日） 地域別協議会の組織、事務局体制の見直しの結果、支部新聞公正取引協議会が69から61に減少
	5月	「新聞折り込み広告基準」改正（17日）
2003（平成15）年5月		東京地区協と新聞セールス近代化センターが合併。東京地区新聞販売管理センターは廃止（1日） 「景品表示法」一部改正案が成立（16日、公布は23日）。主な改正点は①不当表示の規制、②都道府県知事による執行力の強化、③排除命令の手続きの簡素化──の3点
2004（平成16）年11月		「特定商取引に関する法律及び割賦販売法の一部を改正する法律」施行（11日）。妨害行為があった場合のクーリングオフ期間延長
	12月	「新聞業における景品類の提供の制限に関する公正競争規約施行規則」一部変更承認・施行（24日）。友の会、災害見舞いの2項目と公開招待の条文の一部削除
2005（平成17）年4月		「独占禁止法」一部改正案が成立（20日、公布は27日）。18条の2（価格の引き上げに対する報告の徴収）が廃止（5月施行）、その他は平成18年1月施行 「新聞公正取引協議会の組織及び運営に関する規則」第8条について、中央協に委員長代行を置くこととし、副委員長の中から次期委員長社が務めることを中央協で確認（21日）
	11月	公正取引委員会・上杉秋則事務総長が記者会見で、新聞特殊指定を含む5つの特殊指定の見直しに着手することを表明（2日）。 新聞協会「新聞の特殊指定見直し表明に関する新聞協会の声明」を発表（2日）。現行特殊指定の維持を強く求める
2006（平成18）年3月		新聞協会第83回会員総会開催（15日）。「新聞特殊指定の堅持を求める特別決議」採択
	4月	公取委、「広告においてくじの方法等による経済上の利益の提供を申し出る場合の不公正な取引方法」（オープン懸賞告示）廃止（27日）
	6月	公取委・野口文雄取引企画課長記者会見（2日）。特殊指定見直しについて「結論を出すことを見合わせた」ことを正式表明。 新聞協会、「国民の意見を適切に判断したものと受け止める」との北村正任会長の談話を公表（2日） 「消費者契約法」改正（7日、施行は平成19年6月7日）。事業者の不当な行為に対して、差し止め請求権を行使できる消費者団体訴訟制度が導入される
	11月	公取委、「一般消費者に対する景品類の提供に関する事項の制限」（総付景品告示）について、総付景品の最高額を取引価額の10分の1から10分の2に引き上げる改正案を公表（24日）
	12月	中央協、総付景品告示改正案への意見募集に対し「一般ルールの見直しではあるが、業界の個別ルールにも波及する可能性まで考慮すると、反対せざるを得ない」旨の意見書を提出（21日）
2007（平成19）年3月		「一般消費者に対する景品類の提供に関する事項の制限」（総付景品告示）改正（7日）
	6月	経済産業省・産業構造審議会、特定商取引法の改正に関する検討状況をまとめた「中間取りまとめ」公表（19日）。訪問販売について、勧誘を拒絶した消費者に対する再勧誘を規制する方針が示される

	11月	販売委員会、産業構造審議会・特定商取引小委員会委員長に対し「審議にあたっては、営業の自由、新聞の持つ公共的役割に十分配慮するよう求める」旨の意見書を提出（27日）
2008（平成20）年	6月	「特定商取引法」一部改正案成立（11日、公布は18日）。断りの意思を示した者への再勧誘の禁止、勧誘を受ける意思確認の努力義務などが追加 日本新聞協会「新聞セールスインフォメーションセンターの全国展開」「読者からの苦情・相談窓口に関する新聞社ごとの窓口組織の充実」「全国の消費生活センターとの連携強化」を柱とする、「訪問販売にかかわるさらなる自浄努力の具体策」を公表（18日）
	7月	新聞セールス近代化センターを新聞セールスインフォメーションセンターに改称。関西に新たに事務局を開設（1日）、九州は8月1日に事務局開設
	10月	「新聞業における景品類の提供の制限に関する公正競争規約施行規則」一部変更承認・施行（6日）。ポイントサービスに関する条文を追加するとともに、条文中の新聞セールス近代化センターの名称を新聞セールスインフォメーションセンターに変更
2009（平成21）年	5月	京阪神・近畿地区からルール厳守を進め、全国に広げていく「さらなる販売正常化に向けた委員長提案」を中央協で承認（19日）
	8月	「新聞業における景品類の提供の制限に関する公正競争規約」「新聞業における景品類の提供の制限に関する公正競争規約施行規則」「新聞公正取引協議会の組織及び運営に関する規則」一部変更承認（25日、施行は9月1日）。景表法の所管が公取委から消費者庁に移管されることに伴う変更
	9月	新聞協会の内山斉会長、秋山耿太郎販売正常化委員長、飯田真也販売委・中央協委員長、関西7社の経営トップおよび販売責任者など25人が出席し、関西新聞販売正常化推進会議を開催（16日）。6・8ルールの厳守や販売所活性化策の推進をうたった「関西7社販売局長共同声明」採択
	10月	第62回新聞大会、「販売正常化宣言」採択（15日）
	12月	再勧誘の禁止、勧誘を受ける意思確認の努力義務などが加わった改正「特定商取引法」施行（1日）
2010（平成22）年	1月	一般指定16項目のうち「再販売価格の拘束」「優越的地位の濫用」など5項目を課徴金の対象とした、改正「独占禁止法」施行（1日）
	2月	関西地区に続き、福岡・山口地区新聞販売正常化推進会議を開催（25日）。内山会長、秋山販売正常化委員長、飯田販売委・中央協委員長、福岡・山口地区で新聞を発行する7社の経営トップおよび販売責任者が出席。新聞販売の過当競争を是正し、新聞公正競争規約を厳守する共同声明を採択
	3月	「新聞業における景品類の提供の制限に関する公正競争規約施行規則」一部変更承認・施行（15日）。戸別配布による試読紙の配布期間制限、懸賞企画の当選者氏名公表に関する規定を削除した
	9月	第2回関西新聞販売正常化推進会議を開催（29日）。1年間の関西地区における正常化進捗状況報告を了承し、「正常化推進のための緊急4項目指示」の確実な実行を約束
2011（平成23）年	2月	第2回福岡・山口地区新聞販売正常化推進会議を開催（9日）
	3月	東日本大震災が発生（11日）。新聞販売関係でも多くの販売所長・従業員が犠牲となり、販売所店舗も全壊、半壊など多数の被害があった。4月14日には、被災地での公正販売を維持するため東北地区協委員長が声明を発表
	5月	中央協が、京阪神・近畿地区協から上申のあった大阪府・大阪市両支部協の施行細則改正ならびに同地区協施行細則の改正を承認（26日）。内容は上限違反の違約金額引き上げ等。6月1日施行
	9月	中国地区新聞販売正常化推進会議を開催（20日）。関係9社が主催し、販売・中

<table>
<tr><td></td><td></td><td>央協は共催として参加。発行本社が責任をもって正常化を進めていくこと等を合意</td></tr>
</table>

		央協は共催として参加。発行本社が責任をもって正常化を進めていくこと等を合意
		第3回関西新聞販売正常化推進会議を開催（28日）
2012（平成24年）	2月	第3回福岡・山口地区新聞販売正常化推進会議を開催（8日）
		中央協が、クーポン広告の先着表示について、一般の表示ルールに即して表示どおりにクーポンを利用させるよう、新聞公正競争規約上の従来の運用を変更することを決定（16日）
	3月	京都市内の新聞販売所所長・従業員が特定商取引法違反容疑で逮捕されたことを受け、下林販売委・中央協委員長が各支部協（訪販委）、各系統に指導徹底を要請（22日）
	7月	販売委、「新聞購読契約書作成の手引き」を策定（19日）
	9月	第4回関西新聞販売正常化推進会議を開催（26日）
	10月	石見支部協（九州地区協管内）が島根県支部協（中国地区協管内）に統合。支部協数は全国で60となった（1日）
		第2回中国地区新聞販売正常化推進会議を開催（26日）
2013（平成25）年	2月	第4回福岡・山口地区新聞販売正常化推進会議を開催（28日）
	3月	第5回関西新聞販売正常化推進会議を開催（21日）。公正販売の実現が遅れている一部地域について、重点的に検証。取り組みの継続を確認するとともに、1年後にフォローアップの会議を開催することを決定
	5月	第3回中国地区新聞販売改革推進会議（旧新聞販売正常化推進会議）を開催（30日）
	8月	国民生活センターが、販売委員会および中央協委員長あてに新聞の訪問販売に関するトラブル防止を求め文書で要請（20日）
	11月	新聞公正取引協議会、第13回会員総会を開催。国民生活センターからの要望に対し、販売委・中央協が策定した「新聞購読契約に関するガイドライン」を発表（21日）
	12月	電子サービスの公正競争規約上の扱いに関して中央協見解とその内容を解説したQ&Aを承認（12日）
		新聞の訪問販売に関する自主規制規約・同実施細則を改正（12日）
2014（平成26）年	3月	関西、福岡・山口地区新聞販売改革推進会議を開催（19日）
	5月	第4回中国地区新聞販売改革推進会議を開催（28日）
	6月	「景品表示法」一部改正案が成立（6日、施行は12月1日）。①事業者のコンプライアンス体制の確立、②情報提供・連携の確保、③監視指導態勢の強化、④課徴金制度の検討等――が柱
	7月	「新聞購読契約書作成の手引き」を一部改訂（8日）
2015（平成27）年	2月	中央協、東北地区協からの上申に基づきクーポン広告の集金時配布に関する留意点を確認（20日）。新聞協会、消費者契約法の見直しを進める内閣府消費者委員会に「消費者契約法見直しに関する日本新聞協会販売委員会の意見」を提出（26日）。不招請勧誘規制の導入に反対を表明
	3月	新聞協会、公取委「流通・取引慣行に関する独占禁止法上の指針」（流通・取引慣行ガイドライン）一部改正案に対して意見書を提出（6日）。著作物再販制度の必要性をあらためて主張
		関西、福岡・山口地区新聞販売改革推進会議を開催（18日）
		流通・取引慣行ガイドラインが一部改正（30日）
	4月	新聞公正取引協議会、臨時総会を開催（16日）
	5月	第5回中国地区新聞販売改革推進会議を開催（25日）
	6月	新聞協会、特定商取引法の見直しを進める内閣府消費者委員会専門調査会の事業者ヒアリングに出席するとともに、意見書を提出。訪問販売や電話勧誘販売に関

する規制強化に反対（10日）。「新聞の訪問販売に関する自主規制規約」「新聞購読契約書作成の手引き」を一部改訂（18日）

9月　新聞協会、内閣府消費者委員会の意見募集に応じ、特定商取引法専門調査会「中間整理」、消費者契約法専門調査会「中間取りまとめ」に対する意見を表明（14日）。事業者の規制強化に強く反対

12月　新聞協会、内閣府消費者委員会のほか、消費者庁、経済産業省に対し意見書を提出。特商法専門調査会による報告書の取りまとめを前に、訪問販売・電話勧誘販売の勧誘行為に関する解釈拡大や自主規制の強化による事業者負担に対し、懸念を表明（11日）。特商法専門調査会報告書公表、訪問販売や電話勧誘販売に関する新たな規制を見送り（24日）。消費者契約法専門調査会報告書公表、不招請勧誘規制については特商法の見直しの状況などを踏まえた上で、必要に応じて検討する方針を提示（25日）

2016（平成28）年3月　関西、福岡・山口地区新聞販売改革推進会議を開催（16日）

5月　「特定商取引法」「消費者契約法」一部改正案成立（25日）。特商法は、①不当な勧誘を行った事業者への罰金が現行300万円以下から1億円以下に引き上げ、②業務停止命令を受けた事業者が違反を繰り返さないよう、会社名を変えて同種事業を行うことを禁じる「業務禁止命令」を新設。消契法には、過剰な量の商品を業者側が認識しながら勧誘して結ばせた契約を、消費者が取り消せる規定が盛り込まれた。第6回中国地区新聞販売改革推進会議を開催（25日）

11月　新聞協会、消費者からの相談件数を減らすため①ルールとマナーの順守徹底、②消費生活センターとの連携強化の一層の促進──に取り組むことを確認（17日）。新聞協会、成年年齢を18歳に引き下げる民法改正論議に関連し、若年層の消費者被害防止・救済策を検討している内閣府消費者委員会に対し意見書を提出（18日）。

12月　新聞協会、消費者委員会および同「消費者委員会成年年齢引下げ対応検討ワーキング・グループ（WG）」に対し意見書を提出、WG報告書の取りまとめに先立ち「18歳から22歳」を若年成人とした制度整備の提案は、消費者庁長官の諮問の範囲を逸脱しているとして、事業者の自主的な取り組みや若年層に対する消費者教育の充実、現行法の執行強化で対応することを申し入れた（15日、21日）。

2017（平成29）年1月　新聞協会、WG報告書の取りまとめを受け、消費者庁長官に意見書を提出、事業者に対する過度な規制を導入することがないよう慎重な対応を求めた（17日）

3月　関西、福岡・山口地区新聞販売改革推進会議を開催（15日）

4月　新聞協会、自民党政務調査会「若年成人の教育・育成に関する特命委員会」ヒアリングで意見表明、成人年齢引き下げに際して、新聞販売に影響を及ぼす過度な事業者規制に反対した（6日）

6月　第7回中国地区新聞販売改革推進会議を開催（15日）

9月　新聞協会、消費者庁に意見書を提出、消契法見直しに関する意見募集に対し、悪質な事業者から消費者を保護する趣旨には賛成の立場を示したうえで、曖昧な規程により拡大解釈を招き、健全な営業行為が阻害されないよう条文および解釈の明確化を求めた（15日）

12月　禁止行為違反による業務停止命令の期間伸長、刑事罰の強化などが盛り込まれた改正「特定商取引法」施行（1日）

2018（平成30）年3月　関西、福岡・山口地区新聞販売改革推進会議を開催（22日）

4月　関東地区協管内の神奈川県支部協と京浜支部協が統合。支部協数は全国で59となった（1日）

6月　「消費者契約法」一部改正案成立（8日）。取り消しうる不当な勧誘行為に、不安をあおる告知や、恋愛感情等に乗じた人間関係の濫用等が追加された。第8回中国地区新聞販売改革推進会議を開催（8日）

<table>
<tr><td>7月</td><td>「中央協だより」最終号（193号）を発行（10日）。以後、中央協の確認・決定事項は、新聞協会販売委員会・中央協のウェブサイト（https://www.nftc.jp/）に掲載</td></tr>
<tr><td>9月</td><td>各地区・支部協に対して、当該管内の自治体の訪問販売規制の動きを把握し、動きがあれば報告するよう指示（21日）</td></tr>
</table>

2019（平成31）年1月　　各地区・支部協に対して、事務局費用を含めた実状を把握するアンケート調査を実施するとともに、会計監査体制を強化するよう指示（17日）

3月　　関西、福岡・山口地区新聞販売改革推進会議を開催（13日）、各地区・支部協用の会計監査マニュアルを作成・配布（15日）、大阪府が産経新聞社ならびに系統2販売所に対し、景品表示法第4条の違反（過大な景品類の提供）で措置命令（19日）

4月　　京阪神・近畿地区協管内の京都市支部協と京都府支部協が統合。支部協数は全国で58となった（1日）

6月　　第9回中国地区新聞販売改革推進会議を開催（13日）

10月　　新聞協会、消費者庁に意見書を提出。消費者契約法改正に向けた専門技術的側面の研究会報告書で示された、消費者の心身状態、経済事情など、事業者が外形的に容易に判断できない要件を規定に盛り込むことについて、慎重に検討するよう求めた（9日）

12月　　大阪府が毎日系統3販売所に対し、景品表示法第4条の違反（過大な景品類の提供）で措置命令および特定商取引法の書面交付義務の違反（記載不備）で指示（10日）

2020（令和2）年2月　　中央協、関東地区協から上申のあった山梨県支部協の運営細則改正を承認（20日、4月1日施行）

3月　　関西、福岡・山口地区新聞販売改革推進会議を開催（18日）。
中央協、北海道地区協から上申のあった同地区協組織運営規則の改正を承認（19日、4月1日施行）。
中央協、規約施行規則4条③ロで定める戸別配布による試読紙配布期間の限度を1か月につき7回から14回に拡大する改正案を了承（19日）、改正案を消費者庁に提出（23日）

6月　　中央協、オープン懸賞に関する新解釈を確認。新聞社がオープン懸賞を実施する場合、本紙での告知に加えて自社サイトで告知すればオープン性が担保されるとした（18日）

10月　　中央協、熊本県玉名市など1市3町でステッカー規制条例が導入されたことを受け、各地区・支部協に対し、管内自治体における訪販規制の動向把握の徹底を指示（15日）

11月　　「新聞業における景品類の提供の制限に関する公正競争規約施行規則」一部変更承認・施行（17日）。戸別配布による試読紙配布期間の限度が1か月につき7回から14回に拡大。

2021（令和3）年2月　　中央協、購読契約に際して提供する電子マネーの扱いに関する新解釈を確認。購読契約に際して、新聞購読料以外に支払い可能な電子マネーを提供する場合、景品類に該当するとした（18日）、販売委員会、特定商取引法改正法案について消費者庁に意見書を提出。契約書面とクーリングオフ通知の電子化は、消費者（読者）が電子化の対応を望んでも、事業者（販売店）が電子化に対応できない場合は、事業者が電子化を義務として強制されることなく、書面対応ができることを制度上明記するよう求めた（26日）

3月　　関西、福岡・山口地区新聞販売改革推進会議を開催（17日）

6月　　「特定商取引法」一部改正案が成立（9日）。①メールなどによる「電磁的クーリングオフ」の導入（施行は22年6月1日）、②契約書面の電子化（施行日未定）

――などが柱

7月	産経新聞社が、2019年3月に大阪府から景表法に基づく措置命令を受けた後も、6・8ルールを超える景品類提供を推奨または容認し、販売店では制限を超える景品類提供をしていたとする調査報告書を公表（9日）。中央協が京阪神・近畿地区で新聞を発行する中央協委員社および京阪神・近畿両地区協に対し、現地で正常化に向けた対策を早急に検討するよう指示（15日）
10月	販売委員会、「消費者契約に関する検討会」報告書に関する意見書を提出。通常行われている何ら問題のない勧誘行為が、規定の対象とならないよう求めた（20日）、大阪市・府支部協主催の「大阪府新聞販売改革会議」を開催、新聞販売に関するルールを順守する宣言を採択（22日）

2022（令和4）年2月　中央協、一般懸賞の当選者名簿提出ルールを改正。当選者名簿の提出義務は撤廃し、懸賞実施社（販売所）が3か月間保管。違反の疑義が生じた際は、支部協委員が事務局に申し出た後、懸賞実施社（販売所）を訪問して閲覧（17日、4月1日施行）

3月　関西、福岡・山口地区新聞販売改革推進会議を開催（16日）

5月　消費者契約法改正案が成立。「困惑類型の脱法防止規定」として①勧誘することを告げずに、退去困難な場所へ連れ出し勧誘②消費者が他者に連絡しようとするのを威迫する言動を交えて妨害――が追加される（25日）

7月　「新聞購読契約書作成の手引き」を改訂（21日）

10月　中央協、読者名義で新聞事業者以外の団体に行う寄付および試読申込者に提供する記念品の扱いについて、いずれも景品類には該当しないとの解釈を確認（17日）。販売委、「災害時の新聞販売所行動マニュアル」を作成（17日）

2023（令和5）年3月　関西、福岡・山口地区新聞販売改革推進会議を開催（15日）。大阪府が産経新聞社に対し、2019年3月の措置命令後も6・8ルールの制限を超えた景品類を提供していたとして、景表法第4条の違反（過大な景品類の提供）で2度目の措置命令を発出（30日）

4月　大阪府が中央協、大阪府支部協、在阪5社宛てに要請文を発出。①中央協には規約順守、各販売所への指導および在阪の全国紙5社への指導、②府支部協には規約に基づく適切な調査・措置を行い結果を報告すること、③在阪5社には販売店への指導を要請（24日）

5月　景品表示法改正案が成立。「確約手続き」を導入（10日）

9月　中央協、施行規則に定める届け出用紙（様式第1～6号）への押印省略を認めることを決定。22日施行（21日）

2024（令和6）年2月　京阪神地区協管内の大阪市支部協と大阪府支部協の統合を中央協が承認。施行は24年4月1日。これにより支部協は全国で57となる（22日）。

地区・支部新聞公正取引協議会事務局（2024年4月現在）

◆北海道地区

地区協	電話：011-221-8244
道北、道央、	
道南	電話：011-281-0785
道東	電話：011-211-8244
〒060-006	札幌市中央区南一条西7-20-1
	札幌スカイビル8階

◆東北地区

地区協	電話：022-211-1337
〒980-8660	仙台市青葉区五橋1-2-28 河北新報社
青　森	電話：017-777-1203
〒030-0802	青森市本町1-2-20 青森柳町ビル8階
岩　手	電話：019-653-5051
〒020-0024	盛岡市菜園1-3-6　農林会館9階
秋　田	電話：018-836-2304
〒010-0001	秋田市中通6-7-9
	秋田県畜産会館4階
宮　城	電話：022-224-6791
〒980-0811	仙台市青葉区一番町1-11-16
	朝日プラザ一番町307
山　形	電話：023-641-4360
〒990-0042	山形市七日町3-5-18　工藤ビル3階
福　島	電話：024-533-8868
〒960-8131	福島市北五老内町1-3
	福島法曹ビル302

◆関東地区

地区協	電話：03-3571-7942
〒104-0061	東京都中央区銀座6-7-16
	岩月ビル6階
神奈川	電話：045-201-9051
〒231-0011	横浜市中区太田町2-23
	横浜メディア・ビジネスセンター13階
埼　玉	電話：048-865-2211
〒330-0063	さいたま市浦和区高砂3-17-21-601
千　葉	電話：043-224-8841
〒260-0013	千葉市中央区中央4-14-10
	千葉日報社内3階
茨　城	電話：029-231-7771
〒310-0805	水戸市中央2-8-8
	アシスト第2ビル402
栃　木	電話：028-621-8878
〒320-8686	宇都宮市昭和1-8-11　下野新聞社
群　馬	電話：027-252-3618
〒371-0843	前橋市新前橋町17-36 新前橋ビル3階

新　潟

新　潟	電話：025-241-0554
〒950-0088	新潟市中央区万代3-1-1 新潟日報
	メディアシップ14階
長　野	電話：026-233-3104
〒380-0838	長野市県町472
山　梨	電話：055-226-1754
〒400-0032	甲府市中央2-13-20　川上ビル302
静　岡	電話：054-283-5940
〒422-8067	静岡市駿河区南町1-13
	横山事務器ビル4階
多　摩	電話：03-3289-1361
〒104-0061	東京都中央区銀座6-7-16
	岩月ビル6階

◆東京地区

地区協（東部、中部、西部）	電話：03-3575-0696
〒104-0061	東京都中央区銀座6-7-16
	岩月ビル6階

◆中部地区

名古屋市、尾張、三河、三重、岐阜	
	電話：052-231-4448
〒460-0001	名古屋市中区三の丸1-13-6
	大和丸の内ビル8A

◆北陸地区

石　川	電話：076-263-7353
富　山	電話：076-263-6544
福　井	電話：0776-43-0980
〒920-0919	金沢市南町5-6　河崎文栄堂ビル

◆京阪神・近畿地区

地区協	電話：06-6341-4098
大阪府、奈良、和歌山	
	電話：06-6341-4097
神戸・阪神、兵庫	電話：06-6341-4153
京都府、滋賀	電話：06-6341-4140
〒530-0001	大阪市北区梅田1-1-3
	大阪駅前第3ビル12階

◆中国地区

岡　山	電話：086-232-0380
〒700-0904	岡山市北区柳町1-14-15
	藤井ビル3階
広　島	電話：082-249-2600
〒730-0043	広島市中区富士見町12-6
	上田ビル2階

島　根　　電話：0852-27-1524
〒690-0054　松江市新雑賀町11- 1　ホープビル 2 階
鳥　取　　電話：0857-27-1030
〒680-0846　鳥取市扇町 3　東栄ビル 3 階

◆四国地区
香　川　　電話：087-833-2676
〒760-0008　高松市中野町15-24　サトウビル 2 階
愛　媛　　電話：089-945-1260
〒790-0003　松山市三番町 7 -13-13
　　　　　　　　　　　　ミツネビル704号室
徳　島　　電話：088-653-5888
〒770-0852　徳島市徳島町 2 -58 細川ビル 2 階
高　知　　電話：088-875-5281
〒780-0870　高知市本町 5 - 1 -10
　　　　　　　　　　　ヨンカブルービル 6 階

◆九州地区
地区協　　電話：092-771-5088
〒810-0001　福岡市中央区天神 4 - 7 -18
　　　　　　　　　　　　　永島ビル401
山　口　　電話：083-989-3431
〒754-0896　山口市江崎2212- 1　嘉川プラザ B103

北福・筑豊　電話：092-771-5088
南　福　　電話：092-771-2366
〒810-0001　福岡市中央区天神 4 - 7 -18
　　　　　　　　　　　　　永島ビル401
佐　賀　　電話：0952-29-6573
〒840-0826　佐賀市白山 1 - 4 -28 益本白山ビル 3 階
長　崎　　電話：095-848-7020
〒852-8102　長崎市坂本 1 - 1 - 7　円口ビル 5 階
熊　本　　電話：096-371-1449
〒862-0971　熊本市中央区大江 5 -13-20
大　分　　電話：097-534-6640
〒870-0022　大分市大手町 2 - 3 -32　平野ビル101号
宮　崎　　電話：0985-24-7703
〒880-0014　宮崎市鶴島 2 - 9 - 6
　　　　　　　　みやざき NPO ハウス308号室
鹿児島　　電話：099-204-9995
〒890-0062　鹿児島市与次郎 1 - 9 -33 南日本新聞社
沖　縄　　電話：098-987-4536
〒901-1111　沖縄県島尻郡南風原町字兼城378- 2
　　　　　　　　サウスエレガンテ M101号室

※地区協議会事務局は、委員長の交代等により連絡
　先が変わることがあります。

資料編（地区・支部公取協事務局連絡先）

わかりやすい **新聞販売の諸規則** 〈改訂 5 版〉 定価800円（本体728円＋税10%）

2024年 3 月

編集・発行　新聞公正取引協議委員会

〒100-8543　東京都千代田区内幸町 2 - 2 - 1
日本プレスセンタービル 7 階
電話（03）3591-4401（代）